D1215024

Cinema For French Conversation

Le cinéma en cours de français

2ND EDITION

Cahier du professeur

Anne-Christine Rice

TUFTS UNIVERSITY

Focus Publishing / R. Pullins Co.
Newburyport, MA

Book Team:

Ron Pullins, Publisher
Melissa Wood, Production Editor
Cynthia Zawalich, Editorial Manager
Melissa Massello, Sales and Marketing Manager

Copyright 2003, 2004 Anne-Christine Rice

ISBN 1-58510-081-1

This book is published by Focus Publishing, R. Pullins & Company, Inc., PO Box 369, Newburyport MA 01950. All rights are reserved. No part of this publication may be reproduced, stored in a retrieval system, or transmitted in any form or by any means, electronic, mechanical, by photocopying, recording, or by any other means, without the prior written permission of the publisher.

TABLE DES MATIERES

AVANT-PROPOS

L'analyse de films n'étant pas une science exacte, ce livre du professeur n'a ni le but ni l'ambition d'avoir réponse à tout. C'est plutôt un guide qui propose des pistes de réponses et de réflexion.

Certains films ne plairont pas aux autorités "morales" des établissements scolaires. Ils font néanmoins partie de la sélection car ils présentent un intérêt culturel et linguistique. Il revient à chaque professeur de juger, en fonction de l'âge et de la maturité de sa classe, de ce qui peut être étudié. Les classements ("ratings") sont donnés à titre indicatif. Monsieur Cinéma est l'équivalent en France d'Imdb aux Etats-Unis et *Télérama* est un hebdomadaire culturel sérieux et respecté.

Enfin la dernière section, "Pour aller plus loin" propose des lectures, des films, des chansons complémentaires à l'étude de chaque film. Là encore ce n'est pas une liste exhaustive mais des suggestions pour approfondir.

CHAPITRE **1**

Rouge baiser

Rouge baiser est une comédie dramatique. C'est un film sensible, romantique et politique, qui se passe dans les années 50, période peu représentée dans le cinéma français. Il n'est pas bien connu aux Etats-Unis mais mérite d'être choisi car les étudiants l'apprécient beaucoup.

Il n'est pas classé aux Etats-Unis. J'approuve le classement de Monsieur Cinéma qui considère qu'il est approprié à partir de 15 ans. C'est l'âge de la jeune fille du film, donc les jeunes pourront s'identifier avec elle.

Il est important de bien préparer les étudiants au contexte pour qu'ils comprennent les activités de Nadia. Dans les années 50 le Parti Communiste représentait un espoir pour beaucoup de gens. La Deuxième Guerre mondiale était encore très présente dans les esprits et certains membres du Parti s'étaient illustrés dans la Résistance. Le Parti Communiste était donc une force politique importante, à côté d'autres partis politiques plus traditionnels et modérés. Aujourd'hui, une toute petite minorité de Français vote pour le Parti Communiste.

PREPARATION

Traduisez!

1. Nadia colle des affiches pour son parti politique et participe à des manifestations.

2. Elle était mouillée et blessée quand ils l'ont arrêtée au cimetière.

3. Il s'est tu pour ne pas décevoir ses copains.

4. Avant de se séparer elle voulait lui donner un collier pour qu'il se souvienne d'elle.

2. Repères culturels

1. *Paris-Match*: Appelé *Match* à l'origine (de 1926 à 1940), cet hebdomadaire illustré est reparu en 1949 et s'appelle désormais *Paris-Match*. Il s'intéresse à l'actualité et aux faits-divers.

    L'Humanité: C'est un quotidien communiste fondé en 1904 par Jean Jaurès. C'est l'organe central du parti communiste.

2. Apollinaire (1880-1918) a écrit des romans, des essais, des nouvelles, mais surtout de la poésie (*Alcools* -1913 et *Calligrammes* -1918). C'était un grand innovateur, un défenseur du cubisme (il était ami avec Picasso) et un précurseur du surréalisme. Très gravement blessé à la tête pendant la première guerre mondiale, il est mort de la grippe espagnole.

3. *Guerre de Corée:* Cette guerre a opposé les deux Corées de 1950 à 1953. Elle a éclaté après que la Corée du Nord a envahi la Corée du Sud en 1950. Pour répondre à cette attaque, les Nations-Unies, Etats-Unis en tête, se sont alliées aux Coréens du Sud et ont repoussé leurs voisins du nord. Les Etats-Unis et l'URSS ont reconnu les deux Corées en 1953. C'était un conflit diplomatique en pleine guerre froide entre l'Est et l'Ouest.

Guerre d'Indochine: Cette guerre est la guerre d'indépendance d'une colonie française. Elle a éclaté en 1946 et s'est terminée en 1954, après la défaite de la France à Diên Biên Phu, et avec les accords de la conférence de Genève. C'était une guerre idéologique qui a beaucoup marqué les Français, et qui a fait 100 000 tués et 114 000 blessés parmi les soldats français.

3. Bande-annonce

1. Le personnage principal est une jeune fille.

2. On la voit avec ses parents et ses petits amis, à une manifestation, dans un cimetière, dans un club de jazz, sur la plage, et en train de danser.

3. Les autres personnages montrés dans la bande-annonce sont ses parents, ses deux petits amis, et quelques amis.

4. Il semble que ce film soit une histoire d'amour, la vie d'une adolescente.

CONVERSATION EN CLASSE

2. Dans cette première scène nous assistons à la séparation de Bronka et de Moishe, qui part pour Moscou.

3. Nadia colle des affiches en cachette avec sa copine Henriette.

4. Nadia ne va pas à l'école. Elle travaille dans un atelier de couture. Dans son milieu et à cette époque, il est normal qu'une fille de 15 ans apprenne un métier et gagne sa vie.

5. Ils se rencontrent pendant une manifestation contre la guerre de Corée à laquelle Nadia participe et que Stéphane couvre en tant que photographe. Nadia est blessée par la police et Stéphane la ramasse et la ramène chez lui.

6. Elle trouve dégoûtant qu'il travaille pour *Paris-Match* ("ce torchon fasciste").

7. Bronka est émue et troublée quand elle reçoit la lettre de Moishe. Son passé avec lui ressurgit et cela la bouleverse.

8. Nadia ment: elle invente une nuit passée au commissariat. C'était "horrible", les policiers l'ont "interrogée toute la nuit", ils l'ont "trainée par les cheveux pour qu'[elle se] mette à genoux". Elle n'arrête son histoire que quand elle voit Stéphane dans la salle.

9. Elles se chamaillent mais sont assez proches, malgré la différence d'âge. Elles ont besoin l'une de l'autre et partagent quelques secrets. Rosa a de l'admiration pour Nadia.

10. Il l'invite à le rejoindre dans un club de jazz le samedi soir.

11. C'est sans doute la première fois que Nadia se rend dans ce genre d'endroit. Elle ne sait que penser de Stéphane: il semble s'intéresser à elle, et pourtant il se moque d'elle en

la mettant dans les bras de Staline. Ils dansent ensemble, mais Nadia comprend qu'elle a de la concurrence avec Marion.

12. Nadia est supposée vendre les journaux pour gagner de l'argent pour le parti. Elle se demande donc ce qu'elle va bien pouvoir dire à ses copains. Stéphane propose de tous les acheter pour la sortir d'embarras, et aussi "pour qu'[elle le préfère] à Apollinaire".

13. Comme les photos de Stéphane ont été publiées dans *Paris-Match*, Nadia est persuadée qu'il travaille pour la police. Elle est révoltée car un de ses camarades a été arrêté pendant une réunion des Jeunesses Communistes, à cause des photos.

14. Herschel est excédé par les bêtises de sa fille. Il la trouve bien trop jeune pour découcher. Le comportement de Nadia est en opposition avec la façon dont il a été élevé.

15. Moishe est accueilli triomphalement par la communauté polonaise de Paris. Bronka et ses filles se trouvent aussi à la gare.

16. Nadia est gênée de voir sa mère danser avec Moishe, et veut briser cette situation embarrassante. Herschel est soucieux et jaloux, mais ne dit rien et laisse Bronka tranquille.

17. Moishe ne veut pas décevoir Nadia, et préfère donc se taire.

18. La première phrase de son discours jette un froid dans l'assemblée: "Je bois à la santé de mes camarades prisonniers qui creusent la terre en Sibérie". Ensuite il jette une bouteille de vodka contre le portrait de Staline, et montre ses cicatrices, en expliquant que les communistes n'aiment pas les Juifs.

19. L'assemblée est incrédule et pense que Moishe ment. Herschel aime Staline car il a écrasé l'Allemagne nazie et sauvé les Juifs.

20. Il est clair qu'ils s'aiment toujours, mais alors que Moishe n'a cessé de penser et d'attendre Bronka, celle-ci a refait sa vie. Elle s'est mariée avec Herschel car il l'aimait, elle n'avait aucune nouvelle de Moishe, et la vie à Paris était très dure pour une femme seule.

21. Il lui propose de partir en Amérique, mais elle refuse à cause de ses filles. Elle lui demande d'attendre quelques années.

22. Nadia est perturbée par la scène à laquelle elle a assisté entre sa mère et Moishe. Elle ne veut pas rentrer chez elle et va donc chez Stéphane. Comme il est sur le point de partir en Normandie, elle s'invite et part avec lui.

23. L'inspecteur propose à Herschel de porter plainte pour détournement de mineur. Au départ Herschel ne veut pas, il veut juste retrouver Nadia. Il finit par accepter quand il comprend que c'est la seule façon de la faire revenir à la maison.

24. Nadia quitte Stéphane quand elle apprend que Staline est mort. Il lui donne un appareil-photo.

25. Les membres des Jeunesses Communistes votent pour l'exclusion de Nadia, à cause de son comportement en général et parce qu'elle sort avec Stéphane, considéré comme "un homme de droite". Nadia est dégoûtée par les méthodes de ses camarades. C'est parce qu'elle a élargi son horizon qu'elle s'en rend compte.

26. Nadia tombe malade, ce qui donne à Bronka l'occasion de lui parler de Moishe et de leur histoire d'amour. Cela rapproche la mère et la fille. Nadia dit à Bronka qu'elle a compris que Moishe était son père.

27. Elle le retrouve grâce à un mot qu'il a écrit pour Marion. Il ne voulait pas la revoir à cause de la plainte déposée par Herschel: Stéphane est condamné et a le choix entre trois ans de prison fermes ou l'Indochine. Il choisit l'Indochine.

28. Stéphane ne veut pas du collier de Nadia car il a déjà la photo d'elle qu'il avait prise au cimetière, sur la tombe d'Apollinaire.

APPROFONDISSEMENT

1. Vocabulaire

A. Trouvez les mots qui se cachent derrière les définitions:

Indice: le mot en gras est le poète préféré de Nadia: <u>Apollinaire</u>

CICATRICE	Marque sur le corps
COPAIN	Ami
VICTOIRE	Contraire de défaite
COLLIER	Bijou
MOUILLE	Contraire de sec
AFFICHE	Poster
GENE	Embarrassé
CONVAINCU	Persuadé
MENTIR	Ne pas dire la vérité
COUTURIERE	Fait des vêtements
GOUVERNER	Diriger

B. Retrouvez les mots du Vocabulaire en utilisant une syllabe de chaque colonne:
2. Elire
3. Expulser
4. Accuser
5. Sondage
6. Tirage
7. Changement
8. Elever
9. Immigrer
10. Résultat
11. Imprimer
12. Décevoir

2. Réflexion - Essais

1. Nadia a 15 ans. Ses parents ont émigré de Pologne en France, pour fuir les persécutions

(ils sont juifs). Ils parlent bien français mais font des fautes, ont un accent, et parsèment leurs conversations de mots polonais. D'ailleurs, même s'ils sont bien insérés en France, ils se sentent étrangers ("J'ai été une étrangère toute la vie" assure Bronka). Les traditions polonaises sont encore très vivaces, notamment au retour de Moishe: la musique et les danses sont polonaises, et on boit de la vodka. Les parents de Nadia font partie de la classe ouvrière: Herschel est menuisier et Bronka fait de la couture.

Nadia, quant à elle, cherche sa voie. Elle est née en France, mais est très influencée par sa famille. Comme Herschel, elle se passionne pour le communisme, elle y croit et vend l'*Humanité* dans la rue. Elle milite aux Jeunesses Communistes et participe aux manifestations. Ceci dit, comme toutes les adolescentes des années 50, Nadia est fascinée par l'Amérique. Elle est contre les jeans, le Coca et le whisky, mais elle admire Rita Hayworth et a une photo de Scarlett O'Hara au-dessus de son lit. Quant au jazz, elle l'accepte car "c'est la musique des Noirs, pas celle des Yankees". Enfin, Nadia aime les garçons et Apollinaire (elle a d'ailleurs mis une photo d'elle sur sa tombe: "Il s'ennuie tellement que je lui tiens compagnie"!).

2. Stéphane est adulte et travaille comme photographe pour *Paris-Match*. Il est complètement libre et semble n'avoir aucune attache. Il est bien plus mûr que Nadia, et est désabusé. Contrairement à elle qui est révoltée et essaie de changer la société, Stéphane est apolitique et ne croit pas à grand chose.

3. Tout les oppose (l'âge, l'expérience de la vie, le milieu social, l'idéologie), et pourtant ils sont attirés l'un par l'autre. Ils sont fascinés par leurs différences: Nadia n'a jamais rencontré de photographe de *Paris-Match* à l'idéologie si éloignée de la sienne, et Stéphane s'amuse de la conviction de Nadia des bienfaits du communisme. Nadia est curieuse et intriguée par Stéphane et la vie qu'il mène. Petit à petit, elle est grisée par ce qu'elle découvre avec lui: le club de jazz, l'escapade en Normandie et la photographie. Stéphane, quant à lui, tombe sous le charme pétillant de Nadia: elle est jeune, elle est fraîche, et elle l'aime de l'amour inconditionnel qu'est le premier amour.

4. Il est difficile de savoir quels sentiments Stéphane éprouve pour Nadia, et il ne le sait peut-être même pas lui-même. Dans un sens, Stéphane s'amuse avec Nadia: elle est mignonne, elle l'aime, et elle est différente des femmes qu'il a connues. Il ne lui dit jamais qu'il l'aime et est habitué à avoir des aventures. Pourtant, il avait pris la photo de Nadia sur la tombe d'Apollinaire, et il a laissé tomber Marion pour elle. Est-il vraiment amoureux? Peut-être pas, mais il est certainement attaché à elle, et c'est avec elle qu'il passe sa dernière soirée avant son départ pour l'Indochine.

5. Dans le film, la communauté polonaise juive est communiste, car elle est reconnaissante à Staline de les avoir sauvés des Nazis. Les enfants sont baignés dans le communisme, et militent comme leurs parents, auxquels cette foi donne une identité politique. Ils vont aux réunions du Parti Communiste, se passionnent pour Staline et affichent son portrait partout. Nadia lui a même brodé des chaussons! Les Jeunesses Communistes, quant à elles, participent aux manifestations, collent des affiches, échangent des idées et écrivent des lettres. Hommes et femmes y prennent part, mais on remarque que

Bronka n'est jamais impliquée politiquement. Les communistes ne peuvent accepter les propos de Moishe: en effet, si Staline est véritablement un dictateur brutal et antisémite, leur idéologie s'effondre. La mort de Staline leur cause une profonde tristesse: ils ont perdu leur héros, leur père. D'ailleurs, la réaction de Nadia est éloquente. A Stéphane qui trouve "qu'un homme est mort, c'est tout", elle répond "mais c'est Staline!".

6. Les relations sont tendues et difficiles entre Herschel et Nadia. Elle n'est pas sa fille, il le sait mais l'élève sans faire de différence. Il lui dit qu'elle est "la honte de [sa]vie" et n'a pas grand espoir dans l'avenir de Nadia. Celle-ci veut sortir, être libre, et ne pas être comme ses parents. Elle trouve Herschel borné, elle le voudrait plus ouvert aux idées nouvelles. Quand elle lui annonce qu'elle a trouvé ce qui l'intéressait, il lui répond simplement que "la photographie, c'est pas un travail".

Nadia est beaucoup plus proche de sa mère, même si elle lui ment à propos de ses sorties. D'ailleurs, Bronka n'est pas dupe de Nadia ("Je ne t'ai rien demandé") et la laisse très libre. Elle est beaucoup plus libérale que Herschel, qui voudrait une éducation stricte. Bronka n'approuve pas qu'il tape les filles. Pour le faire arrêter, elle casse un beau vase parce qu'elle "a horreur du bruit". Enfin, Bronka et Nadia partagent quelque chose: elles ont toutes les deux perdu le grand amour de leur jeunesse.

7. Pendant cette année l'univers de Nadia a vacillé:

~ elle a perdu ses illusions sur le communisme. Elle n'a jamais reçu de réponse de Staline, elle a été exclue des Jeunesses Communistes, elle a pris conscience des excès de ses camarades, et le témoignage de Moishe l'a affectée. Tout cela lui a permis de se rendre compte des limites du communisme.

~ elle s'est rapproché de sa mère. Nadia la comprend mieux maintenant qu'elle sait que sa mère a souffert dans une histoire d'amour, comme elle.

~ elle est tombée amoureuse d'un "bourgeois". Avec Stéphane, elle a vécu son premier grand amour et sa première relation adulte. Il l'a aussi introduite dans un milieu qu'elle ne connaissait pas, et lui a ouvert les yeux.

~ Elle a compris à quel point la justice est injuste, terrible et cruelle.

8. Toutes deux semblent impossibles.

Les projets de Moishe sont irréalisables car Bronka est mariée et a ses filles. Elle doit beaucoup à Herschel, qui l'a épousée bien qu'elle fût enceinte (ou qu'elle avait déjà Nadia), et se sentirait sans doute coupable de le laisser pour partir avec Moishe. Il ne faut pas oublier non plus qu'il s'est écoulé quinze ans et qu'ils ont tous les deux beaucoup changé: Bronka a fait sa vie, elle a des enfants, et Moishe a vécu des années de cauchemar en URSS. Ils pourraient peut-être s'aimer à nouveau, mais il semble difficile que cela soit comme avant. Moishe est rentré trop tard, l'occasion est passée et a été manquée.

L'avenir de Nadia et de Stéphane est tout aussi incertain. Stéphane part pour l'Indochine et il est fort possible qu'il n'en revienne pas. Même s'il n'est pas tué et s'il rentre en

France, que restera-t-il de leur amour? Nadia aura mûri et réfléchi, elle aura peut-être rencontré quelqu'un d'autre, et Stéphane aura été impliqué dans une guerre terrible qui l'aura sûrement transformé. Il ne pourra pas oublier non plus que c'est Herschel qui l'y a envoyé.

9. Le titre peut être compris de plusieurs façons. Il fait référence à la chanson que Nadia et Rosa écoutent. Cette chanson parle d'un rouge à lèvres à la couleur "rouge baiser". Ce rouge à lèvres a véritablement existé et était très à la mode dans les années 50. Le rouge à lèvres est un attribut de femme alors Nadia, qui se dépêche de devenir adulte, en porte quand elle sort avec Stéphane. Le rouge résume parfaitement deux aspects de la personnalité de Nadia: c'est la couleur de la passion amoureuse et aussi celle du communisme.

10. Les deux scènes peuvent aisément être mises en parallèle. On a en effet le sentiment que l'histoire se répète en voyant ces deux couples d'amoureux se séparer. Dans les deux cas l'homme s'en va mais les deux couples espèrent être réunis très rapidement.

3. Analyse d'une photo

1. Cette scène se passe pendant la fête organisée pour le retour de Moishe.

2. Bronka danse avec Moishe.

3. Bronka porte la robe Scarlett O'Hara que Nadia voulait tant!

4. Bronka sourit et semble songeuse. Danser avec Moishe après tant d'années de séparation est un rêve devenu réalité.

4. Analyse de citations

1. C'est ce que Bronka dit à Moishe quand ils se séparent au début du film, pour l'encourager à partir en URSS. C'est représentatif de leur foi dans le communisme, et dans leur conviction que la vie est meilleure là-bas. Bien que difficile, leur séparation est nécessaire puisqu'elle est pour la bonne cause.

2. Quand Stéphane raconte à Nadia qu'il travaille pour *Paris-Match*, elle le catalogue immédiatement dans la catégorie des bourgeois. Dans un sens, elle est dégoûtée, mais sa curiosité l'emporte devant cette découverte: elle a rencontré une espèce d'homme qu'elle ne connaissait pas!

3. C'est ce que Nadia répond au club de jazz aux amis de Stéphane qui lui demandent son avis. Son agressivité est révélatrice de sa nature et de ses habitudes. Elle ne prend pas la politique comme un jeu, pour elle c'est une cause qu'il faut défendre. Elle est en totale opposition avec Stéphane et ses amis.

4. Cette remarque de Moishe résume la tristesse de la situation. Il a vécu les pires épreuves pendant 15 ans et pourtant il a tenu bon pour Bronka. Ses espoirs l'ont maintenu en vie, mais c'est trop tard. On prend conscience du terrible gâchis et de l'injustice de la vie.

5. Ces deux remarques sont ironiques et pathétiques. Quand Moishe affirme à Bronka qu'ils se retrouveront bientôt, il croit sincèrement (et naïvement) que les camarades russes les aideront. Certes leur amour était fort, puisqu'ils s'aiment toujours après 15 ans, mais à quoi bon? "On" a réussi à les séparer, car Bronka est mariée et leurs chances de reformer un couple sont bien minces. Stéphane, quant à lui, est sans doute moins convaincu, mais il essaie de rassurer Nadia. Il ne sait pas encore pour quel enfer il s'embarque.

5. Sous-titres

a. Il n'était pas possible de traduire "L'Huma" ("L'Humanité") littéralement. Cette adaptation est donc judicieuse car "Worker" implique un journal pour la classe ouvrière. Le spectateur anglophone comprend donc à quel type de journal Nadia pense.

b. "Ah non! J'aurais trop peur" n'est pas traduit. "Ah non" n'est pas nécessaire car le spectateur entend "non" et reconnaît la négation. En revanche, "they might" est une sous-traduction.

c. Le changement du "tu" au "vous" n'est pas rendu mais le sera dans la réplique suivante.

d. Cette réplique est impossible à traduire littéralement donc il était nécessaire de trouver autre chose. "Call me Stéphane" rend bien l'idée puisque c'est une invitation à être informel. C'est donc un excellent sous-titre qui surmonte la différence linguistique et culturelle tout en restant fidèle à l'idée originale.

6. Les critiques

1. Serge Toubiana décrit parfaitement l'état d'esprit des communistes français de 1952, et de Herschel en particulier. Le plus important était de croire en son idéal, et pour s'assurer de le conserver, on ne posait aucune question à ceux qui revenaient d'URSS, et s'ils s'aventuraient à critiquer le régime, on les accusait de trahir la cause.

2. Il est vrai que les camarades de Nadia se prennent très au sérieux, et avec le recul de l'histoire, on ne trouve pas si grave qu'elle soit exclue de leur cercle. C'est cependant un moment triste, car il montre le fanatisme de ces jeunes qui préfèrent se détruire plutôt qu'élargir leurs idées. Nadia avait été affectée par l'exclusion d'Henriette ("Avec Henriette, on n'est plus copine. Elle est titiste!"), et sa tristesse est évidente lors de son exclusion. Il est fort probable que cette rupture aura des conséquences à long terme pour les deux jeunes filles, qui ont été rejetées par leurs pairs. Leur exclusion les aura déçues et éclairées sur les pratiques et la cruauté de leurs camarades.

7. Parallèles avec d'autres films

1. Dans *Rouge baiser* le cimetière est un refuge et une cachette. C'est là que se cache Nadia quand les gendarmes sont à ses trousses. C'est là aussi qu'elle dépose ses journaux et qu'elle se change pour retrouver Stéphane.

Dans *Le grand chemin* le cimetière est un lieu où Martine s'amuse. Elle se promène dans les allées et fait de l'équilibre sur les tombes. Pour Louis le cimetière a une signification différente et plus profonde puisqu'il lui permet de comprendre le drame de Pelo et Marcelle.

Dans les deux films le cimetière est un lieu de vie plutôt qu'un lieu associé à la mort, même dans *Le grand chemin*. En effet, le film n'insiste pas sur la mort de l'enfant mais plutôt sur les conséquences pour Pelo et Marcelle.

2. Dans les deux cas la différence d'âge est assez grande pour que les enfants ne puissent avoir ni les mêmes amis ni les mêmes activités. D'ailleurs, certaines choses sont tolérées pour l'aîné(e) (François fume et Nadia sort le soir) et refusées au/à la cadet(te). Dans les deux films les jeunes comptent sur leurs aînés pour répondre à leurs questions, et les aînés se servent des jeunes (François voudrait que Julien donne un mot de sa part au professeur de piano et Nadia demande à Rosa d'aller chercher une robe appartenant à leur mère). Cependant dans les deux cas ils/elles ont besoin l'un(e) de l'autre, se respectent et s'estiment mutuellement.

3. Pour tous ces personnages un départ pour les Etats-Unis est une façon d'oublier le passé et de refaire sa vie. Moishe espère que Bronka acceptera de partir avec lui pour qu'ils puissent enfin vivre ensemble. Irène et Jacques vont partir pour se marier et vivre loin de la France, de la guerre, des compromissions et du souvenir de Charles. Quand à Irène de Courtil, elle est partie à New York car elle n'a plus personne: elle est veuve, les révélations sur sa belle-famille l'ont déçue, et Dellaplane l'a repoussée.

8. Lecture

1. Le poème est structuré comme une chanson, avec une alternance de strophes de quatre vers et un refrain ("Vienne la nuit…").

2. Le 2e vers complète le premier (la Seine et nos amours coulent sous le pont Mirabeau) et commence le 3e (dois-je me souvenir de nos amours).

3. L'usage du pronom est ambigu: il peut faire référence à ses amours ou au 4e vers.

4. Les bras du 9e vers symbolisent le pont.

5. L'image de l'eau qui coule est une métaphore pour le temps qui passe et pour la disparition de ses amours.

6. On remarque une opposition entre la vitesse à laquelle l'amour s'enfuit et le fait que le temps passe très lentement maintenant qu'il est seul.

7. Le poète utilise "ni… ni" pour insister sur le fait que rien ne sera plus comme avant. Il est conscient de cette double réalité et l'accepte.

8. Quoiqu'il arrive, l'eau continue de couler et le temps de passer. La vie suit son cours malgré la douleur du poète.

9. Le refrain insiste sur le fait que le temps passe, mais que rien ne change pour lui. A l'impatience du début succède la résignation.

10. C'est la fuite de l'amour que l'auteur regrette.

11. Sans pontuation le poème est fluide comme l'eau qui coule. La forme du poème reflète donc le fond de la pensée de l'auteur.

12. On peut supposer qu'Apollinaire a choisi ce titre pour deux raisons: le pont Mirabeau lui rappelle des souvenirs, et le pont évoque les bras des amants.

13. C'est un poème romantique qui a tout pour plaire à une jeune fille de quinze ans comme Nadia. La personnalité, les goûts, les relations et le mode de vie d'Apollinaire avaient aussi de quoi enthousiasmer Nadia.

9. Pour aller plus loin

a. **Journaux:** Il serait intéressant d'apporter des exemplaires de *L'Humanité* et de *Paris-Match* en classe et d'en étudier quelques articles.

b. **Films:** D'autres films sur l'adolescence pourraient être étudiés en parallèle avec *Rouge baiser*: *Diabolo Menthe* de Diane Kurys, *La petite voleuse* de Claude Miller, et *La boum (1 et 2)* de Claude Pinoteau.

Chapitre 2
Jean de Florette

Jean de Florette est l'un des films français les plus montrés en classe. C'est un grand classique qui peut être étudié à différents niveaux.

Il est classé PG aux Etats-Unis, "Famille" par Monsieur Cinéma et "Tous" par *Télérama*. Je pense aussi que ce film peut plaire à tous les publics.

Il est cependant important de bien préparer les étudiants. C'est effectivement un film triste et il est peut-être judicieux de les prévenir (sans en dire trop!) pour qu'ils ne soient pas déçus. Comme ils ont toujours envie de savoir la suite de l'histoire, il convient de montrer *Manon des sources* peu de temps après *Jean de Florette* pour que leur intérêt n'ait pas le temps de retomber.

PREPARATION

Traduisez!

1. Qui est le nouveau-venu? C'est un bossu travailleur et confiant.

2. Je sais comment m'enrichir: je ferai pousser des œillets et j'élèverai des lapins.

3. Nous n'avons pas eu un seul orage depuis juin. Si seulement nous avions une source et un grand puits!

4. Le vieil homme est calculateur et cupide, et le jeune est bête mais sensible.

2. Repères culturels

1. Marcel Pagnol est un écrivain et cinéaste français, né en 1895 et mort en 1974. Il est né en Provence et l'a beaucoup décrite dans ses livres et dans ses films. Il est entré à l'Académie française en 1946.

Quelques pièces:	*Marius* (1929)
	Fanny (1931)
Quelques romans:	*La gloire de mon père* (1957)
	Le château de ma mère (1958)
	Le temps des secrets (1960)
	L'eau des collines (1963)
Quelques films:	*César* (1936)
	La femme du boulanger (1939)
	Manon des sources (1953)

L'eau des collines est constitué de deux parties: *Jean de Florette* et *Manon des sources*. C'est sur ce roman que Claude Berri a basé son film.

2. La Provence:
    a. Elle se situe au sud-est de la France.
    b. Marseille, Aix-en-Provence, Nice, Toulon, Cannes et Avignon sont les villes principales.
    c. C'est un climat méditerranéen, sec et chaud en été.
    d. Le blé, l'olivier, la vigne et les fleurs (pour la fabrication des parfums) sont les principales cultures.
    e. Alphonse Daudet et Jean Giono sont d'autres écrivains célèbres de Provence.

3. D'après le Larousse, une source est de l'"eau sortant du sol" et le "lieu où elle sort".

4. La pétanque est un jeu de boules. Le gagnant est celui dont la boule est la plus proche du cochonnet (petite boule qui sert de but). C'est un jeu très répandu dans le sud de la France.

CONVERSATION EN CLASSE

2. Ugolin rentre chez lui car il est pressé de commencer sa culture d'œillets.

3. La maison du Papet est grande, rose, et a deux étages, alors que celle d'Ugolin est petite, n'a qu'un étage, et le mobilier y est très simple. Les deux maisons sont sombres, elle n'ont que de petites ouvertures à cause de la chaleur. Ugolin vivra chez le Papet car c'est la maison des Soubeyran.

4. Il voudrait qu'Ugolin refasse le grand verger des Soubeyran, avec des figuiers, des pruniers, des amandiers.

5. Non, "c'est un secret".

6. Il n'est pas impressionné par la culture d'Ugolin ("C'est à ça que tu t'amuses"). C'est seulement quand il voit que les fleurs se vendent bien au marché qu'il trouve l'idée bonne.

7. Ils font le projet d'acheter la terre et la source de Pique-Bouffigue, le voisin. Pique-Bouffigue est très fâché de cette proposition. S'ensuit une dispute, au cours de laquelle il est tué accidentellement par le Papet.

8. C'est Florette, la sœur de Pique-Bouffigue qui hérite, mais comme elle vient de mourir elle aussi, c'est son fils Jean l'héritier.

9. Le Papet est accablé par la mort de Florette. Nous comprenons qu'il a été amoureux d'elle dans sa jeunesse. Ils ne sont pas restés en contact, mais le Papet peut avoir des nouvelles par la meilleure amie de Florette. Cette liaison le rend plus sympathique à nos yeux car nous sentons qu'il a une faille, et cela le rend humain.

10. Le bonheur, c'est "être un homme de la nature".

11. En mentionnant "l'authentique", Jean parle d'un retour à la terre et à des valeurs

simples, et veut vivre au contact de la nature. Ugolin prend ses paroles littéralement. Il croit que "l'authentique" va réellement sortir de terre!

12. Ils ne veulent pas le dire car le village aimait Florette, et donc si les gens savaient qui est Jean, ils l'accueilleraient avec plaisir. Les Soubeyran ne sont pas aimés au village, sans doute à cause de leur argent et de leur possible malhonnêteté.

13. Il veut faire un élevage de lapins et faire pousser des cucurbitacées pour les nourrir.

14. Il ne lui plaît pas et il fait peur à Manon.

15. Ils sont traités en étrangers mal venus. On les regarde, la vie s'arrête quand ils passent. La boule jetée à leurs pieds est une attaque et une insulte.

16. La dame vit avec son mari dans une grotte sur les terres de Jean. Elle apprend à Manon à attraper des oiseaux. On la revoit à plusieurs reprises, notamment quand Jean tombe malade, puis à son enterrement.

17. Manon est fière, distante, intelligente, et calme. Elle ne parle pas beaucoup.

18. Tout va très bien au début: les cucurbitacées poussent, les lapins se reproduisent, et il peut même en vendre quelques-uns au marché.

19. On craint que le printemps pluvieux (et donc bénéfique aux cultures de Jean) soit suivi d'un été sec où tous ses beaux projets seront perdus.

20. Le Papet est jaloux des superbes légumes de Jean et de cette terre si fertile.

21. Jean se met à boire quand il commence à avoir des soucis d'eau. Il est déçu que ses projets ne se réalisent pas comme il l'espérait.

22. Ugolin a pitié de Jean. Il veut l'aider car il est devenu son ami. Pour le Papet il n'est pas question de prêter le mulet, car dans ce cas-là Jean réussirait son entreprise et Ugolin ne ferait jamais ses œillets. Le Papet se justifie en disant que ce serait mieux pour Jean de retourner en ville. ("Crois moi, dans le fond, on lui rend service").

23. Aimée n'approuve pas, elle est inquiète, et se demande à quoi pourra bien servir un puits s'il n'y a pas d'eau.

24. Jean utilise des explosifs pour faire sauter la roche qui l'empêche de creuser son puits. Quand il se précipite pour voir jaillir l'eau, des pierres lui retombent sur la tête.

25. Ugolin pleure parce qu'il est sensible et il s'était sincèrement attaché à Jean. Il sait aussi qu'il est coupable et il s'en veut.

26. Ugolin est présent quand le médecin annonce la mort de Jean. Manon le regarde fixement avec un air de reproche.

27. Manon voit le Papet et Ugolin déboucher la source. Elle voit l'eau jaillir et la joie des deux hommes. Elle a compris qu'ils connaissaient la source et qu'ils sont responsables de la mort de son père.

28. Ugolin a désormais tout pour réussir: une bonne terre et de l'eau.

29. Il se passe un an. Jean et sa famille arrivent un été, pendant lequel ils s'installent. Jean

vend ses premiers lapins pendant l'hiver, puis récolte de superbes légumes grâce à un printemps pluvieux. Enfin, il meurt pendant la grande sécheresse du deuxième été.

APPROFONDISSEMENT

1. Vocabulaire

A. Trouvez l'intrus:

charrue – mouillé – Ugolin – héritier – sécheresse – cascade – bossu – Lyon

B. Complétez la phrase en choisissant l'expression qui convient.
1 a - 2 c - 3 b - 4 b - 5 a - 6 c - 7 b - 8 a

2. Réflexion - Essais

1. Jean a au moins deux grandes qualités: il est entousiaste et travailleur. Il a aussi, malheureusement, de grands défauts. Sa naïveté et son idéalisme lui ôtent sa capacité de jugement (il manque de clairvoyance quant aux intentions de ses voisins notamment). Il est aussi obstiné et a tellement confiance en lui qu'il est incapable de s'arrêter à temps. C'est un personnage tout à fait sympathique, mais il a des failles. Notre opinion de lui évolue au cours du film: au début on a envie qu'il réussisse, on est de tout cœur avec lui, mais à la fin son image est ternie par le sentiment de gâchis qu'on éprouve.

   Aimée est patiente et encourageante, mais elle est lucide. A la fin elle est consciente que Jean court à sa perte. Aimée et Jean se complètent bien: ils ont des goûts et des projets en commun, mais Aimée est réaliste. C'est un personnage sympathique, mais quelque peu effacé, du début à la fin du film.

   Le Papet est intelligent, mais aussi autoritaire, cupide, perfide, cynique et colérique. C'est beaucoup pour un seul homme! C'est évidemment un personnage antipathique, mais on n'a pas une mauvaise impression de lui au début du film. C'est quand il rend visite à Pique-Bouffigue que notre opinion de lui commence à évoluer, et son image ne fera que se détériorer pour être au plus bas à fin du film. Il est intéressant de noter qu'elle évoluera dans l'autre sens dans *Manon des sources*.

   Ugolin a bon cœur et n'a pas peur du travail, mais il n'est pas intelligent. Il est gentil et enthousiaste, mais influençable. Il est sensible et compatissant, mais cela ne l'empêche pas de trahir Jean. C'est donc un personnage complexe, et notre opinion de lui évolue. Au début, on a envie qu'il mène à bien ses projets. Il a bien le droit de faire pousser des fleurs et de les vendre, et il est naturel de vouloir de l'eau. Comme il est dans l'ombre du Papet, notre antipathie à son égard grandit au même rythme que celle que l'on éprouve à l'égard du Papet, mais il reste toujours plus humain.

2. Ugolin veut la source de Jean pour faire pousser ses œillets. Les motivations du Papet sont plus calculées: il veut s'enrichir encore davantage, pas pour lui mais pour les

Soubeyran à venir, et ne veut surtout pas qu'un étranger s'installe et réussisse.

3. Le Papet est pire car il est calculateur, il utilise Ugolin comme il l'entend, il n'a pas de sentiments, il ne s'émeut ni de la mort de Pique-Bouffigue, ni de celle de Jean. En fait, il ne s'émeut que pour l'ânesse, pas pour Jean qui est pourtant devenu une bête de somme. On ne peut certes pas admirer l'attitude d'Ugolin, mais il n'est qu'un pion entre les mains du Papet qui le manipule.

4. Quand on les voit, les villageois boivent au café, discutent, et jouent aux carte et à la pétanque. On ne voit que des hommes. Ils passent leur temps à parler des nouveaux-venus et de la sécheresse. Ils savent bien qu'il y a une source sur la terre dont Jean a hérité, mais ils se taisent. Il sont soudés et sont sûrs que les méthodes ancestrales sont meilleures que les méthodes modernes, surtout si elles sont apprises dans les livres. Quand Ugolin demande au Papet ce que veut dire le mot "routine", le Papet explique que "c'est un mot de la ville", et c'est "ce que les vieux nous ont appris et que d'après eux il faut tout foutre en l'air, parce que c'est pas moderne et que maintenant il faut être moderne".

5. Jean n'a rien de commun avec les villageois: il vient de la ville, il n'est pas paysan, il n'a pas d'accent, il a une culture livresque et une femme qui chantait des opéras.

6. Jean est en partie responsable de sa mort car il n'a pas su s'arrêter. Il est allé trop loin, s'est obstiné, était trop confiant. La fatalité a aussi une part de responsabilité car s'il avait plu Jean aurait réussi dans son entreprise et ne serait pas mort. Ceci dit, c'est bien sûr le Papet et Ugolin qui ont la responsabilité morale de la mort de Jean. Ils l'ont tué à petit feu en bouchant sa source.

7. L'histoire n'aurait pas eu la même dimension si Jean n'avait pas été bossu. En effet, sa bosse le rend encore plus attachant, et l'on comprend mieux son obstination. Il a fait des études et s'acharne au travail pour réussir, et se prouver qu'il a surmonté son handicap. Ses projets sont sa revanche sur le destin.

8. Le Papet veut qu'Ugolin se marie car il est le dernier des Soubeyran. Il est très important qu'il ait des enfants pour que la famille se perpétue, et pour que quelqu'un hérite du nom et de la fortune. Il est tellement fier de sa famille qu'il se bat avec Pique-Bouffigue parce qu'il a insulté les Soubeyran. Il est sûr aussi que les filles du village seraient bien contentes d'épouser un Soubeyran (Ugolin), et d'habiter dans la grande maison du Papet.

9. Les spectateurs restent toujours en dehors. Nous savons ce que chaque personnage pense, espère, quels sont ses projets et ses secrets. Comme nous ne voyons pas les événements à travers un seul personnage, nous pouvons prendre fait et cause pour tous.

10. L'histoire est passionnante pour plusieurs raisons:

~ c'est une histoire simple avec des thèmes universels (l'argent, la naïveté, les forces de la nature, les citadins éclairés en proie aux villageois obtus, l'ancien monde contre le nouveau).

~ on ne peut pas croire que les personnages soient 100% bons ou 100% mauvais. On passe son temps à espérer que le Papet va compatir, qu'il va se rendre compte que la vie d'un homme (et le bonheur de sa famille) est plus importante que la culture des œillets. Bien qu'il n'y ait pas de suspense à proprement parler, on attend en permanence un retournement de situation.

~ on est fasciné, en tant que spectateur, par le déroulement implacable de la machination du Papet. Il est intelligent, il est fort, il est riche, il a pensé à tout, et il gagne.

~ enfin, cette histoire est passionnante car il est très facile de s'identifier aux personnages. On s'enthousiasme pour les projets de Jean, on prie avec lui pour que la pluie vienne, on se désole de le voir se tuer à la tâche. On comprend aussi les motivations d'Ugolin et du Papet. Elles sont malhonnêtes et criminelles, mais on a malgré tout envie qu'Ugolin réussisse ses œillets, et on est, malgré soi, fasciné par la ténacité du Papet.

11. La musique est bien choisie car elle semble sortir du paysage. Elle tonne comme les orages qui éclatent, elle est violente comme le complot ourdi par le Papet.

Le film n'aurait pas pu s'appeler "La force du destin" car ce n'est pas le destin qui a empêché Jean de réussir. Ce sont la cupidité et la méchanceté de ses voisins qui ont entravé ses projets. Il faut cependant se rappeler que Jean est bossu, et que c'est peut-être en essayant de prendre sa revanche sur son destin qu'il a précipité sa chute.

12. Le film peint un superbe tableau de la Provence, avec les collines, les champs, les cultures, la terre, les œillets, les maisons se fondant dans ce paysage gorgé de soleil. Le passage des saisons est bien marqué: la neige en hiver, la pluie au printemps, la récolte des légumes en juillet, puis la grande sécheresse durant laquelle tout jaunit et sèche. Le ciel est généralement bleu, mais il est gris très foncé quand il se déchire pendant les orages.

La nature s'entend aussi dans le film, grâce au chant des oiseaux, au bourdonnement des cigales, à la pluie qui tombe et au tonnerre pendant les orages.

La nature joue un rôle prépondérant dans l'histoire. En fait, c'est un personnage à part entière puisqu'elle influe sur le destin de tous en "décidant" de les aider ou de les détruire.

13. La première scène se passe très tôt le matin (il fait sombre quand Ugolin est dans le car et le Papet n'est pas encore levé), et la dernière se passe en milieu de journée (le soleil est haut dans le ciel). Cela est symbolique: c'est le début et le milieu de l'histoire.

Les lieux sont importants et on découvre immédiatement les routes de campagne, le village, la garrigue, la maison du Papet et celle d'Ugolin.

La première scène introduit le Papet et Ugolin, et on les retrouve à la fin, ainsi que

Manon qui les regarde mais n'est pas avec eux. Au début les deux hommes ont des projets. A la fin ils semblent avoir gagné leur pari puisqu'ils ont la maison et la source. C'est sans compter sur Manon qui n'était pas présente dans la première scène mais qui les observe maintenant et qui n'oubliera pas ce qu'elle a vu.

Le Papet et Ugolin sont ravis. Ils sourient, ils rient, ils ont les yeux brillants. Il y a une grande connivence entre eux. Manon les regarde et on voit dans ses yeux la tristesse et la colère.

3. Analyse d'une photo

1. Cette scène se passe chez Ugolin. Jean est venu un matin demander de l'eau.

2. Ugolin est habillé comme un paysan, avec un pantalon et une chemise de toile grossière. Jean, au contraire, est habillé comme un homme de la ville: il porte une chemise à col, un gilet, un chapeau, et une montre (on remarque la chaîne sortant de la poche de son gilet).

3. Jean et Ugolin rient de bon cœur et ont l'air heureux. Ils ont tout à fait l'air d'être amis.

4. Analyse de citations

1. C'est la question que se pose le Papet après la mort de Florette. Le souvenir qu'il garde d'elle est celui d'une belle jeune femme, et il lui paraît étrange qu'elle ait donné naissance à un enfant bossu. Les sentiments du papet pour Florette sont très clairs dans cette scène.

2. Ugolin a des sentiments très partagés pour Jean de Florette. Dans un sens, il ne veut pas de lui, car Jean l'empêche de réussir sa culture d'œillets, mais il s'est attaché à lui contre son gré. Ses sentiments sont d'ailleurs assez forts pour qu'il pleure à la mort de Jean.

3. Cette remarque est révélatrice de la mentalité des villageois. Ils ont des soupçons sur le Papet et Ugolin, mais préfèrent se taire, plutôt que de chercher la vérité.

5. Sous-titres

a. "Cher voisin" n'est pas un élément indispensable à la compréhension de la phrase, donc il n'est pas nécessaire dans le sous-titre.

b. Jean parle dans une langue châtiée. Si le sous-titre était fidèle au registre de langue, il serait long et pompeux. Le sous-titreur a donc choisi de garder le sens et d'éliminer les fioritures.

c. "My happiness" est une interprétation de l'original. La phrase de Jean est une vérité générale qui peut s'appliquer à tout le monde, alors que dans le sous-titre il ne parle que de son propre bonheur.

d. Les deux verbes ont le même sens mais il est beaucoup moins courant en anglais, et est surtout utilisé dans le sens de se cultiver l'esprit (plutôt que la terre).

e. Le mot "othentic" est bien choisi car le spectateur anglophone lisant le sous-titre comprend qu'Ugolin ne saisit pas le sens du mot.

f. Les verbes français sont poétiques et s'accordent avec le style de Jean. Le sous-titreur a choisi, comme dans la 3ème réplique, de rendre le sens avec un vocabulaire courant.

6. Les critiques

1. L'eau: L'eau est un leitmotiv dans le film: la source bouchée, le puits d'Ugolin, l'arrosage des cultures, les statistiques de l'Observatoire de Marseille, la source près de la grotte, la fontaine au village, la pluie, et enfin le baptême d'Ugolin une fois la souce débouchée.

Le feu: Le motif du feu est omniprésent pendant la sécheresse: un soleil implacable et une chaleur torride causent une insolation à Jean. La dame italienne est capable de le soigner en lui "enlevant le soleil", à l'aide d'un charbon ardent placé dans un verre d'eau.

2. Scènes comiques: Toutes les scènes comiques sont dues à l'incompréhension d'Ugolin. Jean fait de beaux discours, auxquels Ugolin ne comprend rien. Quand ils trinquent et que Jean s'extasie sur la nature, Ugolin est hébété et répond simplement " A la bonne vôtre". De même, lorsque Jean parle de la beauté du paysage, Ugolin est surpris et dit juste que "Ma foi, moi, les paysages je m'y connais guère". La scène la plus drôle est bien sûr celle de l'"authentique", pendant laquelle il est tellement évident que Jean et Ugolin évoluent dans deux mondes complètement séparés.

Scènes émouvantes: On est ému par Ugolin au début du film, quand on le voit tellement content de commencer ses œillets, et quand il les montre au Papet pour la première fois. Le Papet, bien que rude et méchant, nous émeut quand il apprend la mort de Florette, et surtout quand il relit la lettre dans son lit en serrant le peigne de Florette. La déception de Jean en regardant ses récoltes est émouvante aussi, mais la scène la plus touchante est celle où l'on voit Ugolin bouleversé par la mort de Jean. Il s'est attaché à lui, et ne peut s'empêcher de pleurer ("C'est pas moi qui pleure, c'est mes yeux").

7. Parallèles avec d'autres films

1. *Jean de Florette* et *Manon des sources* se passent à la campagne. On voit donc les collines et un village. Les personnages du *Hussard sur le toit* étant sans cesse en mouvement, on les voit aussi bien dans une grande ville (Aix-en-Provence), dans une petite ville (Manosque) qu'à la campagne. *Marius et Jeannette*, en revanche, se situe dans un quartier ouvrier de Marseille, et les personnages du film n'en sortent jamais, sauf pour aller à la plage.

Les personnages de *Jean de Florette* et *Manon des sources* sont très ancrés dans le paysage. Ils appartiennent à l'ensemble, alors que la Provence du *Hussard sur le toit* est plutôt une toile de fond. Enfin l'histoire de *Marius et Jeannette* aurait pu se passer dans une autre grande ville, même si la personnalité très marquée de Marseille donne de la saveur au film.

2. Les personnages boivent tous pour des raisons différentes et les conséquences de leurs excès varient beaucoup.

Jean boit car il est inquiet et déçu par l'échec de son projet, et aussi car il a soif. Les conséquences ne sont pas claires, mais il est net que Jean n'a plus toute sa raison. Il prend des décisions insensées qu'il n'aurait peut-être pas prises s'il avait été sobre.

Pelo boit par habitude et pour se venger de Marcelle. Il sait qu'elle déteste le voir ivre et le fait exprès. Pelo devient violent et méchant quand il a trop bu.

Neel paie très cher ses excès. Il n'est pas alcoolique, mais boit quand il revient de la pêche. C'est parce qu'il est complètement ivre qu'il tue le père Coupard, crime qui le conduit à l'échafaud.

8. Lectures

1. Premier extrait

1. Dans ce passage, nous apprenons que le Papet a près de soixante ans et qu'il commence à fatiguer. Il a les cheveux épais et blancs, des poils noirs dans le nez, une moustache grise et de longues dents. Il a les yeux noirs et était beau quand il était jeune. Il ne s'est jamais marié.

2. Dans sa jeunesse il a fait la guerre en Afrique et s'y est illustré.

3. Le texte mentionne "un chagrin d'amour" et le fait que ses yeux "avaient tourné la tête à bien des filles du village". Il est important de mentionner ces deux détails dès le début car cela tient le lecteur en haleine et le prépare pour les révélations finales.

4. Nous savons que la maison est grande, qu'ils repeignent les volets chaque année et qu'il y a une petite cheminée citadine en marbre dans la salle à manger.

5. Le Papet apprécie le fait que sa servante soit sourde et muette, car il sait qu'elle ne peut ni entendre ni raconter les conversations qui ont lieu chez lui. Cela laisse supposer qu'il a des choses à cacher…

2. Deuxième extrait

1. Ils vont à la source très tôt le matin, car ils savent qu'ils vont avoir besoin de beaucoup de temps pour faire le travail.

2. Ugolin fait le travail physique, tandis que le Papet surveille les environs.

3. Ugolin évite de faire du bruit pour ne pas attirer l'attention.

4. Il est très difficile de dégager la source car il y a beaucoup de racines qu'il faut d'abord couper.

5. Ugolin craint d'être surpris par un passant.

6. Le vieux Camoins avait construit une rigole souterraine pour amener l'eau plus bas, sans doute pour ses cultures. L'eau s'écoule donc et le puits ne se remplit pas.

7. Ils entendent un grincement dans le grenier et supposent que ce sont des rats.

8. On sait qu'ils n'ont pas la conscience tranquille car ils ne parlent pas en dînant et ont fermé les portes et les fenêtres. Ils ne veulent pas être vus.

9. Pour aller plus loin

a. **Oeuvre de Marcel Pagnol:** L'œuvre de Pagnol se prête bien à une étude en classe mais les romans sont difficiles à lire. Le style est descriptif et le vocabulaire est très pointu. En revanche les pièces de théâtre (*La femme du boulanger* en particulier) se lisent facilement. Les films de Pagnol et ceux tirés de son œuvre sont de bons compléments à l'étude de *Jean de Florette* et *Manon des sources*, notamment *La gloire de mon père* et *Le château de ma mère*, la trilogie *Marius – Fanny – César* et *La femme du boulanger*.

b. **Autres auteurs provençaux:** Pour une étude plus approfondie de la Provence, il est intéressant de lire des extraits de l'œuvre de Jean Giono et de celle d'Alphonse Daudet.

c. **Artistes:** De nombreux artistes ont été inspirés par la Provence. Les Impressionnistes étaient captivés par la lumière provençale et plusieurs, dont Monet et Renoir, ont séjourné en Provence pour peindre. Van Gogh et Gauguin ont eux aussi trouvé l'inspiration en Provence. Enfin Picasso a passé la plus grande partie de sa vie dans la région et y a peint de nombreux tableaux. Les étudiants peuvent donc faire des recherches sur ces artistes et les œuvres qu'ils ont peintes en Provence.

CHAPITRE 3

Manon des sources

Manon des sources est la suite de *Jean de Florette*. L'histoire se complique et le dénouement est tout à fait inattendu.

C'est un film classé PG aux Etats-Unis, "Tous" par Télérama et "Adultes" par Monsieur Cinéma. Ce choix est tout à fait étonnant puisqu'il est dans la même veine que *Jean de Florette*, classé "Famille". Il me semble que *Manon des sources* est approprié pour tous publics.

En général les étudiants aiment beaucoup ce film et la fin leur plaît: les gentils sont récompensés et les méchants sont punis. Il est intéressant de leur faire découvrir que c'est une histoire tout en nuances sur des thèmes universels.

PREPARATION

Traduisez!

1. Les villageois iraient à la messe si la fontaine s'arrêtait de couler.

2. Si vous révélez la vérité je ne vous pardonnerai jamais.

3. Il avait tellement honte et il avait été tellement humilié qu'il s'est suicidé.

4. La mariée est une bergère cultivée et le marié est instituteur.

2. Repères culturels

1. Les instituteurs enseignent dans les écoles maternelles (les enfants ont entre 3 et 6 ans) et primaires (les enfants ont entre 6 et 11 ans). Les instituteurs enseignent toutes les matières. Les professeurs enseignent au collège (les collégiens ont entre 11 et 15 ans) et au lycée (les lycéens ont entre 15 et 18 ans). Les professeurs sont spécialisés et n'enseignent généralement qu'une matière (par exemple: le français, les mathématiques, l'anglais, les sciences naturelles, etc.).

2. Une procession est une marche religieuse pendant laquelle les participants prient et chantent.

3. Un croyant est une personne qui a la foi religieuse. Généralement, les croyants assistent aux offices religieux. Les anticléricaux, au contraire, sont hostiles au clergé et notamment à son influence dans la vie publique. L'opposition entre croyants et anticléricaux existe surtout depuis la seconde moitié du XIXe siècle. En France, l'Eglise et l'Etat sont séparés depuis 1905.

CONVERSATION EN CLASSE

2. Il veut qu'Ugolin se marie pour préserver la fortune des Soubeyran et aussi pour qu'il vive sa vie à sa place.

3. L'instituteur a fait des études, il est cultivé et éclairé, il n'est pas agriculteur, et comme il est nouveau au village, il ne connaît pas les vieilles histoires.

4. Elle s'occupe de ses chèvres, tend des pièges pour attraper des grives et des lièvres, elle cueille des fleurs, se promène, se baigne, et joue de l'harmonica.

5. Elle préfère vivre dans les collines avec la dame italienne. C'est sa façon de rendre hommage à son père.

6. Ugolin est jaloux et comprend qu'il a un rival.

7. L'amour d'Ugolin est intense, sincère et primitif. Il ne sait pas comment parler aux filles, il ne sait comment approcher Manon, mais il passe des heures à la suivre et à l'observer. Il met des grives dans ses pièges, et trouve un ruban qu'elle avait dans les cheveux. Il le coud alors dans sa chair... L'instituteur est beaucoup plus à l'aise avec Manon. Il lui parle naturellement et Manon est à l'aise avec lui.

8. Il ne lui dit pas car il veut garder pour lui ce premier amour. Ceci dit, il aime parler d'elle au Papet.

9. Il la trouve belle et dit que "c'est tout le portrait de sa grand-mère, Florette Camoins".

10. Il dit qu'il ne faut surtout pas faire pauvre, qu'il faut montrer sa richesse, notamment en étant bien habillé avec un beau costume de chasse tout neuf.

11. Elle apprend que tout le village savait qu'il y avait une source sur les terres de Jean de Florette, mais que personne n'a rien dit. Elle se rend compte que tout le monde est coupable et part en hurlant et pleurant.

12. Manon cherche à se venger d'Ugolin, mais le feu est vite éteint car il se met à pleuvoir.

13. Manon découvre la source par hasard. Une de ses chèvres s'est égarée dans une grotte, où Manon remarque que la terre est la même que celle du bassin qui alimente la fontaine du village. Elle comprend alors qu'en bouchant cette source elle privera les villageois de leur eau. C'est ce qu'elle fait, avec du ciment.

14. Au début les villageois sont paniqués, affolés, stupéfaits. Ensuite, ils sont prostrés, et la vie semble s'être arrêtée au village.

15. Il va chercher de l'eau avec son mulet, comme le faisait Jean de Florette.

16. Le maire du village fait venir un représentant de l'administration, qui ne peut malheureusement pas rendre l'eau aux habitants. Ceux-ci sont énervés, agités, et on assiste à un début de folie collective.

17. Il parle de la source, de la punition de Dieu, et semble savoir qu'il se trouve un criminel parmi les villageois. Il est possible qu'il ait appris quelque chose en confession.

18. Il n'est pas dans l'habitude de Manon d'aller à la messe. Elle arrive en retard et beaucoup de gens la regardent, notamment Ugolin, le Papet et l'instituteur. Elle assiste pour se montrer et pour voir les villageois. Sa présence est un défi.

19. "J'ai dans l'idée qu'elle ne voudra pas de toi", dit le Papet à Ugolin.

20. Devant tout le monde, Manon accuse le Papet et Ugolin d'être les responsables de la mort de son père. Le Papet se défend mais les villageois savent que Manon dit la vérité. Ugolin déclare son amour pour Manon pour la seconde fois, mais elle le repousse. Elle apprend aussi aux villageois atterrés que Florette était sa grand-mère.

21. Il se suicide car il a tout perdu. Il sait que Manon ne l'aimera jamais, il a été humilié publiquement, il en veut au Papet, et est jaloux de l'instituteur qu'il voudrait tuer.

22. Ils partagent le secret de la source. Ils sont les seuls à savoir pourquoi l'eau ne coule plus.

23. Ils croient à un miracle. Ils pensent que Dieu a écouté leurs prières et qu'il a rendu l'eau à cause de la procession.

24. Non. Le village est divisé entre croyants et anti-cléricaux. C'est une division religieuse et politique, et le maire, qui est anti-clérical, a peur de perdre les prochaines élections car tout le monde va croire au miracle et se tourner vers l'église.

25. Il n'est évidemment pas invité. Il se rend au cimetière pour mettre un bouquet d'œillets sur la tombe d'Ugolin quand il voit Manon en mariée. A cet instant, les invités qui se préparaient pour une photo se figent. Le Papet s'arrête un instant et continue son chemin. C'est un moment pathétique.

26. La révélation de Delphine est saisissante: étant jeune, le Papet est parti soldat en Afrique. Florette, dont il était amoureux, lui a envoyé une lettre lui annonçant qu'elle attendait un enfant. N'ayant jamais reçu de réponse de lui, Florette a épousé un autre homme et a eu un fils, Jean, le père de Manon. Le Papet s'effondre en apprenant la nouvelle, car il n'a jamais reçu cette lettre. Il en a voulu toute sa vie à Florette d'avoir épousé quelqu'un d'autre, et a torturé Jean car il ne savait pas que c'était son fils.

27. Delphine dit au Papet qu'elle n'en a jamais parlé à personne. Elle n'a jamais mentionné cette lettre au Papet, car elle pensait qu'il l'avait reçue et avait choisi de ne pas y répondre.

28. Il sait qu'il va mourir car il n'a plus envie de vivre. Il a tout perdu et a honte de lui. Il meurt de chagrin.

29. Il tient un chapelet et le peigne de Florette.

APPROFONDISSEMENT

1. Vocabulaire

A. Mots-croisés:

B. Reliez les mots qui vont ensemble:

1 g - 2 d - 3 j - 4 a - 5 b - 6 h - 7 i - 8 c - 9 f - 10 e

2. Réflexion - Essais

1. Nous voyons d'abord ses chèvres, puis seulement ses jambes quand elle monte à un arbre. On voit son visage pour la première fois lorsqu'elle se penche pour observer le nouvel instituteur. Le film nous présente Manon dans son contexte: dans les collines, avec ses chèvres, au milieu des arbres et des broussailles.

2. Au début du film, Ugolin est un homme qui aime l'argent et qui travaille dur pour le gagner. Il n'est pas très intelligent mais ambitieux. Petit à petit, on découvre un côté différent de sa personnalité. Il tombe amoureux de Manon et devient fou d'amour. Il est rustre mais sincère. Quand Manon rejette son amour et l'accuse de la mort de son père, Ugolin s'effondre. Il fait pitié, car on voit qu'il comprend ce qu'il a perdu et il en éprouve du remords. Il n'est plus le complice du Papet. En fait, il l'accuse d'avoir tout gâché ("Tout ça c'est de ta faute! J'ai tout perdu à cause de toi!")

3. Ugolin: Au départ sa vengeance est involontaire: il est tellement amoureux d'elle qu'il en devient fou. Ensuite, elle l'humilie en le repoussant devant tout le monde. Sa vengeance se poursuit puisqu'Ugolin se suicide à cause d'elle, mais Manon ne peut pas en être tenue responsable.

   Le Papet: Elle se venge de lui en repoussant Ugolin, le dernier espoir du Papet pour continuer la famille. En fait, elle est vengée par la révélation de Delphine.

   Les villageois: Elle se venge de leur lâcheté et de leur silence en bloquant leur source, mais surtout en renvoyant chacun à sa conscience

4. Manon a longtemps été trop jeune pour pouvoir le faire. En plus, elle vit dans les collines et ne va jamais au village. Enfin, elle est plus à même d'affronter les villageois en général maintenant qu'elle sait qu'ils étaient tous complices dans cette conspiration du silence.

5. Après la révélation de Delphine on éprouve de la pitié pour le Papet, car derrière sa méchanceté on devine un personnage sensible. C'est un homme qui a été aigri par la vie et les déceptions. Il ne s'est jamais remis du mariage de Florette avec un autre, et son cœur est devenu sec. On a des regrets quand on se rend compte que s'il avait épousé Florette, il aurait pu être heureux et rendre les autres heureux, au lieu de tout détruire sur son passage.

6. C'est une punition cruelle mais justifiée et méritée quand on pense à l'ampleur de son crime. Justice est faite car le Papet prend conscience qu'en détruisant les autres il s'est détruit lui-même. Il est cependant difficile d'être pleinement satisfait. On a en effet tellement de regrets en pensant que tous ces drames auraient pu être évités et Manon portera toute sa vie ce poids sur ses épaules.

7. Si le Papet n'avait rien dit, Manon l'aurait détesté jusqu'à la fin de ses jours. Désormais elle saura tout et pourra, peut-être, comprendre ses motivations. De plus, il ne pouvait pas lui laisser sa fortune sans explication. Enfin, c'est la seule chance du Papet d'être pardonné.

8. Manon va évidemment être extrêmement surprise et choquée d'apprendre que le Papet est son grand-père. Sa curiosité va sans doute la pousser à demander des explications à Delphine, pour comprendre pourquoi "tout ça, c'est la faute de l'Afrique". Il lui sera sûrement très difficile de pardonner, car Manon a beaucoup souffert de la mort de son père. Il est difficile de deviner ce qu'elle va faire de sa fortune: en faire don à des œuvres de charité? l'utiliser pour construire une école moderne? Toutes les suggestions sont permises!

9. Ils sont tous les trois respectés, pour des raisons différentes. Le maire a été élu, et il administre le village. Le curé est respecté car c'est un homme de foi, et par sa fonction il sait beaucoup de choses, avouées en confession. Enfin, l'instituteur est respecté pour les études qu'il a faites. A cette époque les gens avaient un sens aigu du respect pour ceux qui avaient plus qu'eux (plus de diplômes, plus d'argent, plus de pouvoir notamment).

10. Quand tout va bien au village, comme dans *Jean de Florette*, la religion n'occupe pas les esprits. C'est quand il y a un problème que les gens se tournent vers l'église. Les villageois ont peur de la vengeance divine et vont à la messe pour implorer Dieu. Ils écoutent le sermon du curé, organisent une procession et croient au miracle et à la bonté divine quand l'eau revient. Pagnol, dont le père instituteur était un farouche anti-clérical, expose les extrêmes: d'un côté les croyants, qui sont prêts à tout pour leur fontaine, et de l'autre les anti-cléricaux qui se moquent d'eux mais qui ne font rien.

11. L'eau est nécessaire à la vie des cultures. Quand elle ne coule plus, les paysans sont paniqués, et Ugolin est obligé d'aller chercher de l'eau à la source avec son mulet pour arroser ses œillets. Quand Manon bloque la source et que la fontaine est à sec, la vie s'arrête au village. Les adultes sont prostrés, les enfants ne jouent plus, même les chiens ont l'air triste. Enfin, la scène où Manon se baigne et joue de l'harmonica est pleine de vie, de jeunesse et de fraîcheur.

   L'eau est nécessaire à la vie, est c'est aussi un moyen de contrôler la vie des autres. Pique-Bouffigue, en refusant de vendre sa terre, et donc sa source, empêchait le Papet et Ugolin de mener leurs projets à bien. Les deux hommes, quant à eux, contrôlaient le destin de Jean en bouchant sa source, et Manon avait tous les pouvoirs lorsqu'elle a découvert la source alimentant le village.

   Il faut rappeler aussi que *Jean de Florette* et *Manon des sources* sont les deux tomes d'un livre intitulé *L'eau des collines*. C'est donc bien l'eau l'héroïne de l'histoire.

12. Il est clair que le Papet était amoureux de Florette. S'il avait reçu cette lettre, il aurait certainement écrit au père de Florette pour lui promettre de l'épouser, comme celle-ci le lui demandait. Sa vie aurait sûrement été heureuse, et il n'aurait pas fait tout ce mal. Il aurait continué à aimer l'argent et aurait sûrement été cupide, mais avec une femme et des enfants pour satisfaire son orgueil, il n'aurait pas commis ces crimes.

13. Il y a deux sources importantes pour l'histoire: celle de Jean, que le Papet et Ugolin bouchent, et celle du village, que Manon découvre. Cela explique le pluriel en français et on peut se demander pourquoi "Spring" est au singulier. Cela prête à confusion puisque le mot a deux sens en anglais: celui de "source" et celui, beaucoup plus fréquent, de "printemps". Le titre anglais est donc moins clair que l'original.

14. *Manon des sources* s'ouvre sur une scène de la vie quotidienne dans le village: nous voyons les gens au travail, faisant leurs courses, discutant, et nous suivons l'instituteur. Au début de *Jean de Florette*, nous avions traversé le village, mais sans s'y arrêter car ce n'était pas là que l'intrigue allait se dérouler. Dans *Manon des sources*, au contraire, le village et les villageois sont extrêmement importants dans l'histoire, et ils servent de cadre au film dès le début.

Le gros plan de la fontaine semble anodin, mais elle va prendre de l'importance au fil de l'histoire.

On ne voit pas Manon dès le début, car elle est extérieure au village. Elle vit dans les collines et ne se mélange pas aux villageois.

C'est le soir quand le Papet se couche et meurt. C'est symbolique: c'est la fin de sa vie et la fin de l'histoire.

Bien des choses ont changé entre le début et la fin du film. Au début le Papet et Ugolin sont riches, prospères et respectés. Ils semblent avoir tout réussi. A la fin, ils sont tous les deux morts. Quant à Manon, sa vie change radicalement après sa rencontre avec l'instituteur (puisqu'ils se marient et ont un enfant), et après la révélation des crimes du papet et d'Ugolin: les villageois découvrent sa véritable identité et l'accueillent comme l'une des leurs.

3. Analyse d'une photo

1. Cette scène se passe dans la rue, sur le chemin de l'église, juste avant la messe.

2. L'instituteur invite le Papet et Ugolin à prendre l'apéritif dans la cour de l'école après la messe car c'est son anniversaire.

3. Ils ne sont pas intéressés et ont l'air préoccupé. En fait, ils sont inquiets à cause de l'eau et des conséquences sur la culture des œillets.

4. Tous les trois sont endimanchés: le Papet porte une chemise blanche, une cravate et un gilet de soie, Ugolin est en chemise blanche et costume noir, et tous deux portent un chapeau. L'instituteur n'a pas de chapeau, mais il est lui aussi en costume, cravate et gilet.

4. Analyse de citations

1. Ugolin parle de sa culture d'œillets et est gêné quand un villageois lui pose cette question à double sens (fait-il référence aux enterrements ou à Jean de Florette en parlant des morts?). Il semble que le villageois se doute de quelque chose, et cette impression est renforcée par le sourire entendu du Papet.

2. Cette question fait partie de la déclaration d'amour d'Ugolin à Manon. Il avoue non seulement son amour mais aussi sa responsabilité dans la mort de Jean.

3. C'est ce que le Papet affirme aux villageois après l'accusation de Manon et le départ d'Ugolin. Il se sent découvert, et maintenent tout le monde sait qu'il est coupable. Il n'admet pourtant pas sa responsabilité et préfère accuser les villageois qui, il est vrai, sont coupables aussi.

5. Sous-titres

a. Il manque une négation dans cette phrase (je "n'"en peux plus). C'est une erreur très courante en français et qui n'a pas d'équivalent exact en anglais. Il aurait donc été difficile de trouver un sous-titre adéquat.

b. Les sentiments d'Ugolin sont clairs malgré l'omission. Le spectateur anglophone comprend bien qu'Ugolin ne se suicide pas à cause des œillets, mais à cause de Manon.

c. Le sens est respecté mais "mon ruban d'amour" est plus personnel et pathétique que "her ribbon".

d. "Je veux la marier" est une phrase incorrecte mais elle était courante dans les campagnes. Comme dans la première réplique, il était difficile de rendre cette faute en anglais.

e. Il est dommage de ne pas avoir traduit "tout lui donner". En effet, bien que cela ne soit pas nécessaire à la compréhension générale, ces trois mots rendent la déclaration d'Ugolin encore plus triste et pathétique.

f. La phrase anglaise est une sur-traduction. En effet, le sens de "fury" n'est pas présent dans l'original, même s'il est vrai que Manon était folle de colère sur la cour de l'école.

g. "Se réfugier" a un sens plus profond que "to flee" qui est un verbe actif mais qui n'implique pas l'idée de "chercher refuge". C'est néanmoins un bon choix puisque l'idée générale est respectée.

6. Les critiques

1. Ugolin est coupable, car il a participé au blocage de la source et à la mort de Jean. Ceci dit, il est en partie innocent car l'idée venait du Papet qui l'a manipulé. On a souvent l'impression dans *Jean de Florette* qu'Ugolin exécute les plans du Papet à contrecœur. Il aurait voulu être l'ami de Jean et n'a jamais souhaité sa mort. Ugolin ne comprend pas toutes les manœuvres du Papet, ce qui l'innocente en partie.

2. Joël Magny a en partie raison . Il est vrai que certaines scènes reposant sur le texte sont extraordinaires (notamment quand Ugolin avoue au Papet qu'il aime Manon et la déclaration d'amour dans les collines, la lecture de la lettre laissée par Ugolin, et celle écrite par le Papet à Manon, et enfin la révélation de Delphine). Ceci dit, certaines scènes sont saisissantes bien qu'elles soient muettes, grâce au jeu très juste des acteurs: l'expression sur le visage d'Ugolin lorsqu'il observe Manon en train de se baigner en dit plus long que des mots. Quand Manon bloque la source, sa haine et sa vengeance sont comprises dans son énergie et sa détermination. Les regards des villageois sont éloquents quand Manon entre dans l'église, et la décomposition du visage du Papet et son silence rendent les déclarations de Delphine plus impressionnantes.

7. Parallèles avec d'autres films

1. Les personnages se suicident pour des raisons différentes. Ugolin se pend car il a été rejeté par Manon, il a le sentiment d'avoir tout perdu et il a été humilié. Emma Bovary, quant à elle, est tellement endettée qu'elle s'empoisonne. Elle a aussi été rejetée par ses amants, et elle a peur de son mari. Enfin Charles Brice se tire une balle dans la tête quand il a la preuve que sa femme a un amant.

Le suicide d'Ugolin n'a pas vraiment de conséquences sur les autres personnages. Le Papet meurt, mais c'est plutôt à cause de la révélation de Delphine. Charles Bovary est tellement affligé par le suicide de sa femme qu'il meurt à son tour peu de temps après, et Berthe devient orpheline. Enfin le suicide de Charles libère Irène, qui va pouvoir refaire sa vie en épousant Jacques Fabert.

2. Dans ces trois films Daniel Auteuil prouve qu'il est capable d'endosser des rôles très différents. Il est toujours crédible et s'accomode bien de ses partenaires. On peut supposer que ces rôles n'étaient pas de difficulté égale. En effet, il fallait faire preuve de finesse, de tact et de profondeur pour incarner Stéphane. Le rôle d'Ugolin nécessitait aussi beaucoup de talent pour que l'acteur soit convaincant. En revanche, le rôle de Jean semble moins exigeant. C'est d'ailleurs le seul pour lequel Daniel Auteuil n'a pas reçu de prix.

8. Lecture

1. Lili refuse de dire où les sources se trouvent car c'est un secret. Elles représentent une telle richesse que les gens les gardent pour eux. Cette méfiance est tout à fait comparable à celle exprimée dans *Jean de Florette* et *Manon des sources*. L'étranger, même s'il est sympathique comme Marcel et sa famille, n'est pas spontanément accueilli et on ne peut pas lui faire confiance.

2. L'oncle Jules trouve que les habitants des collines ont "des mœurs un peu sauvages" car l'un d'entre eux, Chabert, a tiré sur des excursionnistes qui lui avaient volé des cerises. Lili pense au contraire que ce sont les "étrangers" qui sont sauvages: ils ne savent rien, ne respectent rien, salissent les sources et mettent le feu.

3. Lili pense que les gens de la ville devraient rester chez eux. Son opinion rejoint celle des villageois dans les films: chacun a sa place et devrait y rester. Les villageois n'ont pas envie d'aller s'installer en ville, alors pourquoi les gens de la ville devraient venir les envahir?

4. Lili n'est pas désolé de ne pas savoir où la source de son grand-père se trouve. Il espère que les oiseaux en profitent. Les paysans vivent en harmonie avec la nature et ne cherchent pas à tout comprendre et à tout maîtriser. Les animaux sont aussi importants qu'eux puisqu'ils les aident à vivre.

5. On peut comparer le père de Marcel et Jean de Florette, ainsi que Lili et les villageois des films. Dans les deux cas les hommes de la ville sont fiers de leur savoir et sont prêts à "éclairer" les villageois qui n'ont ni besoin ni envie de leurs lumières!

9. Pour aller plus loin

Voir le chapitre sur *Jean de Florette*.

CHAPITRE 4

Madame Bovary

Madame Bovary est basé sur un roman très connu, a été filmé par l'un des réalisateurs français les plus respectés, et a une grande actrice dans le rôle principal. C'est un classique, d'autant plus que le film est fidèle au roman.

Il est classé PG-13 aux Etats-Unis, "Famille" par Monsieur Cinéma, et *Télérama* considère qu'il est pour "Adultes et adolescents, des idées et des images peuvent heurter". Il me semble qu'il est approprié à partir de 15 ans.

C'est un film long (2h20) et c'est un drame, deux défauts aux yeux des étudiants! Ils apprécient néanmoins d'avoir vu un classique de la littérature française, et le personnage d'Emma donne lieu à des discussions très intéressantes car les étudiants la jugent différemment. Ils finissent donc par s'attacher à l'histoire et aux personnages.

PREPARATION

Traduisez!

1. Quand elle était au couvent, Emma rêvait d'aller à des bals, de porter de belles toilettes, et de rencontrer des gens cultivés.

2. Comment ce médecin timide et modeste a-t-il pu se marier avec une fille aussi fière et égoïste?

3. Cette femme trompe son mari, elle le méprise et elle lui ment.

4. Il est devenu notaire et a très bien réussi.

2. Repères culturels

1. Flaubert:
   a. Flaubert est né en 1821 et est mort en 1880.
   b. Son père était le chirurgien du plus grand hôpital de la ville de Rouen.
   c. Certains lecteurs se sont offensés de l'immoralité de l'œuvre (adultère, sensualité, offense à la religion), et ont entamé un procès. Flaubert a été acquitté et le roman a obtenu un immense succès.
   d. *Madame Bovary* (1856), *Salammbô* (1862), *L'éducation sentimentale* (1869) et *Trois contes* (1877)

2. La Normandie:
  a. Elle se situe au nord-ouest de la France.
  b. Rouen, Caen, Le Havre et Cherbourg en sont les villes principales.
  c. C'est un climat océanique, humide et modéré.
  d. L'élevage, l'agriculture et l'industrie sont les principales ressources.
  e. Maupassant et Barbey d'Aurevilly sont d'autres écrivains normands célèbres.

CONVERSATION EN CLASSE

2. Le film se passe en Normandie, au milieu du XIXe siècle.

3. Emma est la fille de paysans aisés. Elle a été éduquée au couvent.

4. Charles est appelé à la ferme d'Emma, car son père s'est cassé la jambe.

5. Emma et Charles se connaissent peu, mais Emma se marie car elle s'ennuie à la ferme. Elle recherche le bonheur et elle croit qu'elle le trouvera dans le mariage. Elle pense aussi qu'étant médecin, Charles aura assez d'argent pour qu'ils puissent vivre comme elle l'entend. Elle ne rayonne pas le jour de son mariage, elle semble déjà s'ennuyer.

6. Emma joue du piano, dessine, fait de la tapisserie et des promenades.

7. Emma aime sortir et elle s'ennuie. Le bal est l'occasion d'avoir une belle toilette et de cotoyer des gens d'un monde qui la fait rêver.

8. C'est un milieu riche et luxueux, où les gens sont habitués au faste et pour lesquels il n'est pas exceptionnel de boire du champagne et de porter de belles toilettes. Emma est émerveillée, elle délaisse son mari pour d'autres cavaliers, elle a honte de Charles.

9. Charles préférerait rester à Tostes car il a sa clientèle et n'a aucun goût pour les villes. Cependant, il voit qu'Emma se languit et il veut lui faire plaisir.

10. Elle choisit Berthe car c'est un prénom qu'elle avait entendu au bal.

11. Elle commence à se compromettre en demandant à Léon de l'accompagner pour une promenade. La femme du maire a remarqué et en a parlé.

12. Emma est froide et distante avec Berthe. Elle ne s'occupe pas d'elle, elle n'est pas intéressée.

13. Il essaie de lui vendre de la marchandise en lui présentant toutes sortes d'articles pour la tenter, mais Emma résiste.

14. Emma voudrait se confier à lui, mais il est débordé par les enfants auxquels il doit enseigner le catéchisme, et est bien loin d'imaginer les problèmes d'Emma.

15. Avant de partir pour Paris, Léon vient faire ses adieux aux Bovary. Emma et Léon sont tous les deux tristes et embarrassés, Emma a les larmes aux yeux.

16. Rodolphe vient voir Charles car son valet a besoin d'une saignée.

17. Léon est timide et modeste, alors que Rodolphe est sûr de lui et profite de la première occasion pour faire des compliments à Emma.

18. Rodolphe lui parle d'amour, de bonheur, de rêve, de passion et de poésie. Emma est complètement sous le charme, séduite par des mots qu'on ne lui a jamais dits auparavant. Cette scène est fort comique puisqu'elle contraste avec la remise des prix d'agriculture qui se déroule au même moment. Le bonheur et la passion partagent donc la scène avec le fumier, les porcs et les béliers.

19. Emma trompe Charles pour la première fois lors de sa promenade à cheval avec Rodolphe.

20. Emma est très fière car elle pense que Charles va devenir une personnalité reconnue dans le monde de la médecine. Sa déception ensuite est à la hauteur de ses espoirs et de ses ambitions. Elle méprise Charles, et est excédée en sa présence. Elle est désolée pour elle, pas pour Hippolyte.

21. Les vêtements d'Emma sont de plus en plus luxueux, sophistiqués, élégants, et à la dernière mode de Paris. M. Lheureux commence à lui réclamer de l'argent, ce qui met Emma dans l'embarras.

22. Rodolphe n'est pas prévenant. Il ne fait rien, sinon profiter de la situation. C'est Emma qui est amoureuse et qui s'est jetée dans ses bras. Elle fait le projet de partir en Italie avec lui.

23. Ce sont les adieux d'un lâche, mais c'est un acte compréhensible. Emma est envahissante, Rodolphe se sent acculé, il ne sait plus comment se débarrasser d'elle.

24. Emma est prise d'une fièvre cérébrale qui la cloue au lit pendant plusieurs semaines. Charles n'a aucune idée de ce qui afflige sa femme.

25. Léon a beaucoup changé: il a mûri, il est plus vieux, plus sûr de lui et il a vécu à Paris. A Yonville leurs relations étaient restées platoniques; désormais elles seront charnelles.

26. Emma est complètement indifférente et agacée par la tristesse de Charles.

27. Emma vole de l'argent dans la caisse de Charles, vend une petite maison, et donne un collier à M. Lheureux pour payer ce qu'elle lui doit.

28. Tout d'abord, Emma se rend à Rouen pour demander l'argent à Léon, qui prend peur et lui ment à propos d'un ami qui le lui prêtera. Elle va ensuite chez le notaire, qui ne lui prêterait l'argent qu'en échange de faveurs, qu'elle refuse. Enfin, elle se rend chez Rodolphe, qui lui affirme tout simplement qu'il n'a pas cet argent. Léon et Rodolphe sont lâches de ne rien faire pour elle, mais ils ont enfin compris la véritable nature d'Emma, donc leur refus se justifie.

29. Emma est à bout, elle a peur de son mari, est rejetée de tous, est déçue, humiliée, et a honte de la saisie de sa maison. Elle s'empoisonne donc avec de l'arsenic pris chez Homais.

30. Charles est complètement effondré, et finit par mourir de chagrin. Quant à Berthe, elle est placée chez une tante, qui l'envoie travailler dans une filature de coton.

APPROFONDISSEMENT

1. Vocabulaire

A. Trouvez les mots qui se cachent derrière les définitions:

Indice: le mot en gras est une caractéristique d'Emma: <u>passionnée</u>

S E M P O I S O N N E R		Se suicider
B A L		Fête
A I S E		Riche
R E U S S I R		Contraire de rater
S E S U I C I D E R		Se donner la mort
T O I L E T T E		Belle robe
C O U V E N T		Monastère
M E N T I R		Ne pas dire la vérité
M E D E C I N		Docteur
D E T T E S		Argent que l'on doit

B. Retrouvez les mots qui se cachent derrière les lettres mélangées:
1. ordonnance
2. égoïste
3. prêter
4. médicament
5. orgueil
6. mépriser
7. cultivé
8. chirurgien

2. Réflexion - Essais

1. a. Emma a été éduquée au couvent, où elle s'exaltait dans des lectures romantiques qui enflammaient son imagination.

    b. Emma est toute en contradictions: elle est froide et égoïste, calculatrice, elle n'éprouve aucun sentiment pour son mari, et est seulement intéressée par l'argent et les choses matérielles. Ceci dit, Emma peut aussi être aimante et chaleureuse quand elle est avec l'homme qu'elle aime. C'est une femme complexe et qui a deux faces: exécrable et méprisante avec son mari, sa belle-mère, et tous ceux qu'elle considère en dessous d'elle, et adorable avec ses amants.

    Ce qui perd Emma, c'est qu'elle ne change pas. Elle est sotte, et ne sait pas tirer parti de ses erreurs, qu'elle répète à l'envi.

    c. Emma est persuadée qu'elle était destinée à mieux que ce qu'elle a. Elle aurait tellement voulu, comme les héroïnes des romans qu'elle a lus, vivre passionnément et dans le luxe. Elle espérait beaucoup du mariage, mais est vite déçue. Elle espérera toute sa vie: une fois ses illusions déçues avec Charles, elle en nourrira de nouvelles avec Rodolphe, puis avec Léon. Elle ne sait pas vivre sa vie, elle ne sait que la rêver.

d. Quand Emma était jeune fille, l'amour était synonyme de passion et d'exaltation. Elle change vite d'avis après son mariage, et comme elle n'y trouve pas ce qu'elle y cherchait, elle prend des amants. Finalement, l'amour ne sera que déceptions et souffrances pour Emma.

e. L'insatisfaction d'Emma est en partie due au fait qu'elle vive dans une toute petite ville de province. Elle a l'impression que tous ses vœux pourraient être exaucés en ville, où la vie est tellement plus excitante, avec les spectacles, les boutiques, les femmes élégantes, les messieurs bien mis. En fait, la ville est attirante car Emma n'y vit pas. Elle peut donc donner libre cours à son imagination et faire les rêves les plus fous.

f. Tout dépendait de leur condition sociale. Les femmes pauvres (paysannes, ouvrières, employées) avaient la vie rude. Les bourgeoises, comme Emma, n'avait pas grand chose à faire. La société attendait d'une bourgeoise qu'elle soit bonne épouse, bonne mère et bonne maîtresse de maison. Les plaisirs et les distractions étaient rares, au contraire des aristocrates qui trompaient leur ennui en allant à des bals et en s'offrant de belles toilettes.

2. a. Charles n'a besoin de rien de plus que ce qu'il a. Il est content de lui, et n'aime pas prendre de risque. Il ne fait pas l'expérience de l'opération du pied-bot par curiosité ou ambition, mais juste parce qu'il est poussé par Homais et pour faire plaisir à Emma.

b. Pour Charles, le bonheur se résume à la félicité domestique qu'il croit trouver auprès d'Emma. Il ne rêve pas de grandes passions, il est heureux comme il est.

c. Les connaissances étant encore limitées à l'époque, on pratiquait une médecine expérimentale: les médecins faisaient des expériences sur les petites gens, afin de ne pas prendre de risques. Si l'expérience réussissait, toute la gloire était pour le médecin, si elle était ratée, les petites gens ne disaient rien. Beaucoup d'idées fausses circulaient (comme la nécessité des saignées), et les soins étaient rudimentaires (Charles utilise des planchettes et des coussinets cousus par Emma pour l'atèle du père Rouault).

d. Charles n'est pas intelligent, il est balourd, et n'a ni conversation ni imagination. Emma trouve sa conversation "plate comme un trottoir de rue". Charles donne toute la mesure de sa lourdeur au bal lorsque le serveur lui présente du champagne en disant "Castellane" (la marque de champagne). A cela Charles répond "Bovary", croyant que le serveur se présentait!

Charles n'est pas seul dans sa bêtise. Homais est tout aussi sot: il répète ce qu'il entend, sans esprit critique. C'est un homme qui se veut "de progrès", mais qui ne sait que répéter les potins de la ville et du journal.

3. a. Le mariage n'est pas du tout ce qu'Emma avait rêvé. Elle aurait préféré "se marier à minuit, aux flambeaux". A la place, elle a juste un mariage campagnard, dans les champs, où la nourriture est copieuse mais pas fine, et la pièce montée monumentale. C'est un mariage typique de son milieu.

b. Emma méprise Charles, elle se sent supérieure à lui. Elle est égoïste (ça lui est bien égal de faire des dettes chez Lheureux car elle pense qu'elle va partir avec Rodolphe, donc elle ne sera plus là quand Charles devra payer). Elle ne pense qu'à elle, jamais elle ne se demande ce que son mari peut éprouver. Elle est fière et prétentieuse, et est donc très fâchée quand Charles raconte qu'un autre médecin n'était pas d'accord avec son diagnostic et qu'il n'a rien dit. A cet instant, Emma se sent atteinte personnellement, elle prend cela comme un affront. C'est aussi une relation marquée par le mensonge.

Charles, quant à lui, adore Emma et fait tout ce qu'il peut pour lui faire plaisir. Il est tendre, indulgent, honnête, et plein de bonnes intentions. Sa gentillesse aggrave la trahison d'Emma.

c. Emma veut profiter du bal pour briller, et Charles l'encombre. Elle a honte de lui, veut être seule pour réaliser son rêve. Charles ne faisant pas partie du rêve, elle l'écarte. Charles est aveugle, et préfère regarder sa femme s'amuser. La remarque d'Emma après le bal est une insulte, mais Charles n'y répond pas.

d. Emma et Charles forment un couple incroyablement mal assorti, où les torts sont partagés.

Emma s'est mariée avec le premier venu, sans se demander s'il lui conviendrait (Charles ne pouvait sans doute pas imaginer la véritable nature d'Emma en la voyant à la ferme de son père). Ensuit e, elle est infidèle et ment à son mari.

Cependant Emma n'est pas seule responsable. Charles est tellement naïf et aveugle qu'il va au-devant de ses problèmes. C'est lui qui insiste pour qu'Emma fasse du cheval avec Rodolphe, et pour qu'elle reste à Rouen avec Léon. Il n'a pas su comprendre ses désirs, et a refusé de voir la vérité.

4. Comparez Léon et Rodolphe

	Léon	Rodolphe
Physiquement	cheveux et yeux clairs	brun, yeux noirs
Personnalité	tendre, romantique, profond, sincère	superficiel, beau parleur, sûr de lui, cynique
Profession	clerc de notaire	gros propriétaire terrien
Comportement vis-à-vis d'Emma	au début: l'admire en silence ensuite: passion charnelle	séducteur, s'amuse avec elle, se débarrasse d'elle quand elle devient trop exigeante, n'a pas de remords
Ce qu'ils aiment	la musique et la poésie	séduire les femmes
Rupture avec Emma	lâche: il lui ment et se dérobe	lâche: il envoie la lettre, puis refuse de donner l'argent

5. a. Homais étant le pharmacien d'Yonville, c'est un personnage important que Charles respecte. Homais a d'ailleurs une grande emprise sur lui, puisque c'est lui qui le pousse à tenter l'opération du pied-bot.. C'est un homme de progrès, mais pétri de certitudes, et qui recherche la gloire (qu'il obtient puisqu'à la fin il a reçu la croix d'honneur). Sa pharmacie est indispensable à l'intrigue pour qu'Emma se procure l'arsenic.

    b. Lheureux est un personnage tout à fait antipathique, qui sait parfaitement utiliser sa roublardise pour mener Emma à sa ruine, par appât du gain. Il comprend tout de ses liaisons (il lui dit d'aller demander l'argent à ses "amis" quand elle doit payer), et sait à quel moment intervenir pour lui vendre toujours plus de marchandise. C'est un personnage-clé du film, puisque sans lui, Emma n'aurait pas eu l'occasion de faire tant de dettes.

    c. Hippolyte incarne l'incapacité de Charles. C'est le garçon d'écurie de l'auberge, sur qui Charles rate l'opération du pied-bot. Sa jambe de bois nous rappelle constamment l'inaptitude de Charles.

    d. Félicité est la bonne des Bovary, et l'exact opposé d'Emma. C'est une fille simple et pleine de bon sens, qui est assez fine pour être consciente des affaires d'Emma et les cacher à Charles. La façon dont elle s'occupe de Berthe souligne l'égoïsme et le manque d'instinct maternel d'Emma.

6. Isabelle Huppert est presque parfaite. Elle est intelligente et donne une composition nuancée et touchante d'Emma. On peut seulement regretter son manque de chaleur. Il aurait été plus facile d'avoir pitié d'Emma si Isabelle Huppert avait été un peu moins froide.

7. Emma est sa propre victime, car elle ne vit que d'illusions, n'a aucune perspicacité et est trop exigeante, mais elle est aussi victime d'éléments extérieurs. Elle mène une vie terriblement ennuyeuse et se sent prisonnière.

Emma aurait été plus heureuse si elle avait épousé un mari riche et en vue, et si elle avait pu s'étourdir. Il est néanmoins improbable qu'elle ait un jour connu le bonheur, car elle aurait toujours rêvé d'avoir plus: plus d'amour, plus d'argent, plus de passion, plus de vêtements. Elle n'aurait sans doute jamais été satisfaite de son sort.

8. La première scène se passe à la ferme du père d'Emma, car c'est le lieu de rencontre d'Emma et de Charles.

Emma et Charles sont présentés de façon tout à fait ordinaire: Emma est chez elle, et Charles vient pour faire son métier. Leurs personnalités se révèlent dans cette première scène: Charles est gauche et timide, et Emma s'intéresse à Charles car elle s'ennuie.

La dernière scène présente le marché sous les halles de Yonville, avec une multitude de personnages. La caméra s'arrête sur Léon, Lheureux et Homais, pour lesquels la vie continue comme si les Bovary n'avaient jamais existé. Les gens s'affairent, se promènent, discutent, semblent heureux de se rencontrer, le soleil brille, les Bovary étaient bien peu de chose...

Dans les deux scènes on nous donne des informations complémentaires: le petit garçon raconte à Charles que le père d'Emma est riche, que sa femme est morte récemment, et que désormais c'est Emma qui tient la maison. Dans la dernière scène, la voix off nous explique ce qui s'est passé après la mort d'Emma (Charles est mort, Berthe a été envoyée vivre chez sa tante, Homais a reçu la croix d'honneur). Le petit garçon et la voix off servent d'introduction et de conclusion au film.

3. Analyse d'une photo

1. Cette scène a lieu au début du bal.

2. Emma tient une coupe de champagne.

3. Elle observe et écoute les autres invités. Elle semble songeuse.

4. Charles est derrière elle, et de toute évidence ils sont séparés. Emma est dans son monde, et Charles ne fait que la suivre.

4. Analyse de citations

1. Emma est perpétuellement insatisfaite, même le jour de son mariage. Au lieu de profiter de ce qu'elle a, elle regrette ce qu'elle n'a pas.

2. Il n'est pas possible d'avoir une conversation intéressante avec Charles, qui ne parle que de choses banales. Emma s'en rend compte peu de temps après son mariage.

3. Rodolphe est mielleux et sait parler aux femmes qui ont envie de l'écouter. Il répète sans doute le même baratin à toutes celles qui sont prêtes à tomber dans ses bras.

4. Cette phrase pleine de clichés semble tout droit sortie d'un roman. Emma l'a apprise par cœur, elle se la répète et entretient ses illusions ainsi.

5. Sous-titres

a. "Je n'y tiens plus" et "Calme-toi!" ne sont pas traduits car ils ne sont pas nécessaires à la compréhension générale. Ils auraient pu être traduits par "I can no longer take it" et "Calm down!".

b. "Emmener" est bien traduit par "Take me away!" mais "enlever" est plus fort et a le sens de "Carry me off" ou "Let's elope". Le sens est cependant respecté et la répétition donne de la force à la demande d'Emma.

c. "Berthe" est plus court et peut-être plus frappant que "your daughter". C'est cependant une décision étonnante de la part du sous-titreur, car il était facile de rester fidèle à l'original.

d. "Tant pis" est une expression de dépit, impression qui n'est pas rendue en anglais.

6. Les critiques

1. Rodolphe est élégant, bien mis, et beau parleur. Il sait la séduire en répétant les banalités qu'elle avait lues, et qu'elle avait toujours espéré qu'on lui prononce un jour. Rodolphe s'amuse, mais Emma réalise son rêve: des amours illicites, palpitantes, qui donnent du goût à la vie.

2. La gaieté que nous ressentons est toujours brève et liée à celle d'Emma. Elle fait plaisir à voir au bal, quand elle rencontre Léon et se promène avec lui, quand elle est avec Rodolphe, et quand elle s'enthousiasme pour ses nouvelles toilettes. Il y a cependant un arrière-goût dans toutes ces scènes: on a pitié de Charles au bal et quand Emma le trompe, et on en veut à Lheureux de la pousser à la ruine.

   Il y a aussi des moments tout à fait dramatiques pendant le film, notamment l'opération du pied-bot (pauvre Hippolyte!), la saisie (quelle honte pour Charles!), la mort lente et horrible d'Emma, et l'avenir hypothétique de Berthe.

7. Parallèles avec d'autres films

1. Les films se passent en 1783, 1832, et aux alentours de 1850, et la situation est à peu près identique pour les femmes. Le mariage est une nécessité et les femmes n'ont pas grand choix.

   Avant de rencontrer Grégoire, Mathilde de Bellegarde avait l'intention d'épouser M. de Montalieri car il était très riche. Ce n'était donc pas un mariage d'amour, mais une façon de financer ses recherches. Montalieri étant vieux, elle pouvait espérer tomber veuve de bonne heure. De toutes façons, il était clair dans le contrat de mariage qu'ils ne vivraient pas ensemble.

   Le cas de la comtesse de Blayac est tout à fait comparable. Elle a épousé un homme riche et bien plus âgé qu'elle, dont elle est maintenant veuve. Elle n'aimait pas son mari, ils vivaient séparément et la comtesse avait des amants.

   Pauline de Théus a elle aussi épousé un vieil homme, et elle est devenue marquise grâce à ce mariage. En revanche, elle aime son mari et fait tout ce qu'elle peut pour le retrouver.

   Emma Bovary s'est mariée parce qu'elle ne voyait pas ce qu'elle pourrait faire d'autre, et elle espérait que le mariage la rendrait heureuse. Elle pensait que la profession de Charles (officier de santé) lui permettrait de vivre comfortablement. Emma n'aime pas son mari et elle se sent prisonnière de son mariage. Elle a des amants.

2. Les personnages se suicident pour des raisons différentes. Ugolin se pend car il a été rejeté par Manon, il a le sentiment d'avoir tout perdu et il a été humilié. Emma Bovary, quant à elle, est tellement endettée qu'elle s'empoisonne. Elle a aussi été rejetée par ses amants, et elle a peur de son mari. Enfin Charles Brice se tire une balle dans la tête quand il a la preuve que sa femme a un amant.

   Le suicide d'Ugolin n'a pas vraiment de conséquences sur les autres personnages. Le Papet meurt, mais c'est plutôt à cause de la révélation de Delphine. Charles Bovary est tellement affligé par le suicide de sa femme qu'il meurt à son tour peu de temps après, et Berthe devient orpheline. Enfin le suicide de Charles libère Irène, qui va pouvoir refaire sa vie en épousant Jacques Fabert.

8. Lectures

2. **Analyse de deux extraits de *Madame Bovary***

a. **Premier extrait: le bal**
   1. Les invités ont des conversations superficielles et mondaines, qui sont le reflet de leurs préoccupations: voyages et courses de chevaux.
   2. Emma n'a aucune expérience de conversation mondaine, donc les discussions autour d'elle sont comme une langue étrangère.
   3. Non, elle se contente d'écouter.
   4. Une jeune femme porte "une parure de perles", un homme a gagné "deux mille louis", et Emma mange sa glace dans une "coquille de vermeil".
   5. Flaubert condame ce milieu superficiel et prétentieux.
   6. Emma repense à la ferme de ses parents et elle a honte. C'est un souvenir déplaisant qu'elle veut chasser de son esprit.
   7. Il fait très chaud dans la salle de bal et Emma n'est pas habituée à manger des glaces. Elle ferme les yeux pour mieux la savourer, ainsi que le bal en général.
   8. Non. Emma est présente, mais elle n'est pas du même milieu que les autres invités et ne peut participer à leurs conversations, ce qui l'exclut de ce monde qui lui plaît tant.

b. **Deuxième extrait: l'épilogue**
   1. Charles meurt comme il a vécu: simplement et sans faire de bruit. Le suicide d'Emma était mélodramatique, comme elle.
   2. C'est Homais qui conclut le roman pour deux raisons: les Bovary n'ont pas laissé de traces, et Homais est devenu une personnalité.
   3. Emma est responsable de la vie difficile que Berthe va devoir mener. En effet, sans ses folies la petite fille aurait vécu confortablement avec ses parents.
   4. Homais réussit car il est ambitieux, arriviste et malin. D'après Flaubert ce sont les qualités nécessaires pour être reconnu.
   5. La présence, puis la mort d'Emma n'a rien changé à Yonville. La vie des gens continue comme avant et les Bovary semblent déjà oubliés.
   6. Cet épilogue a un goût amer. L'impression dominante est le gâchis provoqué par Emma.

La parure

1. Mme Loisel vient d'une famille d'employés, alors qu'elle rêve de richesse, de reconnaissance et de gloire. Ses aspirations sont très comparables à celles d'Emma.
2. Les deux hommes ont des goûts simples. Ils aiment leur quotidien et se contentent de ce qu'ils ont. Ils n'ont pas d'ambition et ne comprennent pas les rêves de leur femme. Ils sont tous deux très amoureux et s'efforcent de faire plaisir.
3. Les deux scènes sont très similaires. Les femmes sont radieuses à l'idée d'aller au

bal et se préparent avec soin. Elles sont ivres de bonheur pendant la soirée et ont l'impression de réaliser le rêve de Cendrillon. Dans les deux cas les maris en sont exclus. Les jours qui suivent sont épouvantables: Emma est mélancolique et refuse de revenir à la réalité de sa vie étriquée, et Mme Loisel est épouvantée à l'idée d'avoir perdu le collier. Au bonheur fou succède le désespoir.

4. Les erreurs d'Emma ont des conséquences dramatiques: elle tue indirectement (et involontairement) son mari, et sa fille est orpheline et sans le sou. Le cas de Mme Loisel est différent puisque la perte du collier est accidentelle. Contrairement à Emma, elle ne peut pas être tenue responsable de cet incident. Dans les deux cas les hommes restent aux côtés de leur femme et la soutiennent. Charles encourage Emma et cherche des activités qui puissent lui plaire, et M. Loisel travaille jour et nuit pour payer le bijou perdu par sa femme.

5. Les deux femmes tombent très bas pour des raisons différentes. Emma est perdue par son ambition. En effet, si elle avait pu se contenter de la vie à laquelle son milieu la destinait, elle aurait pu être plus heureuse en profitant des petits plaisirs du quotidien. Mme Loisel, quant à elle, se jette à corps perdu dans la vie besogneuse pour payer le bijou, mais aussi pour mettre une distance entre elle et la vie de luxe dont elle rêve. Plus elle descend dans l'échelle sociale, et plus le souvenir du bal devient abstrait. On remarquera que leurs réactions face à l'adversité sont complètement différentes: Emma se suicide alors que Mme Loisel fait front et perd tout, sauf son honneur, pour rembourser sa dette.

6. La fin de *Madame Bovary* est ironique car Emma, qui était au centre du roman, et donc de nos préoccupations, n'est plus rien dans l'épilogue. L'ironie dans "La parure" vient du fait que le collier était faux, et que M. et Mme Loisel ont donc perdu dix ans de leur vie pour rien. C'est un dénouement non seulement ironique mais aussi tragique et cruel.

9. Pour aller plus loin

a. **Lectures:** Le roman de Flaubert est intéressant mais difficile à lire car il est long et le vocabulaire est très riche. Il est cependant possible de proposer d'autres extraits aux étudiants.

b. **Films:** Il est intéressant de comparer cette version de *Madame Bovary* à d'autres filmées antérieurement (par Renoir en 1933 et Minelli en 1949). Les personnages principaux ne sont pas traités de la même façon et les conventions sociales de l'époque ont influencé les films.

CHAPITRE 5

Marius et Jeannette

Marius et Jeannette est un film chaleureux et optimiste, qui a été plébiscité par les Français lors de sa sortie en 1997. Il n'est pas très étudié dans les universités américaines, alors qu'il se prête bien au travail en classe.

Il n'est pas classé aux Etats-Unis. Monsieur Cinéma le considère pour tous publics, et *Télérama* pour adultes et adolescents. Je crois aussi que l'histoire ne convient pas à un public très jeune, mais que les adolescents pourront commencer à s'y intéresser.

Les étudiants ont besoin d'un peu de temps pour entrer dans l'histoire et s'attacher aux personnages, mais ils aiment le message général du film et la fin heureuse. Ils sont aussi sensibles au côté "petit budget" et intimiste du film, ce qui les change des super-productions américaines.

PREPARATION

Traduisez!

1. Marius est vigile dans une cimenterie. Il porte une salopette et il boite.

2. Jeannette travaille comme caissière dans un supermarché mais elle est renvoyée parce qu'elle est trop bavarde et elle a répondu au patron.

3. Elle a volé des pots de peinture pour peindre sa maison.

4. Le chômage est une épreuve pour Jeannette mais elle est courageuse et elle se débrouille.

2. Repères culturels

1. Marseille est la deuxième ville de France. Elle est située sur la Méditerranée et c'est le premier port français. C'est une ville cosmopolite et très vivante, qui a du mal à se débarrasser de sa mauvaise réputation, due à des années de corruption et de trafic de drogue. Elle a une longue histoire d'immigration, notamment des pays du pourtour méditerranéen. Marseille est connue pour sa capacité d'intégration des différentes cultures, mais aussi pour ses quartiers où les immigrés cohabitent avec difficulté.

   L'Estaque est un quartier ouvrier au nord-ouest de Marseille.

2. Aix-en-Provence est l'ancienne capitale de la Provence. C'est une ville de taille moyenne, connue pour son patrimoine culturel et artistique. C'est aussi une grande ville universitaire, plus culturelle et moins industrielle que Marseille.

3. Le Front National est un parti d'extrême-droite, présidé par Jean-Marie Le Pen. C'est

un parti autoritaire dont le slogan est "La France aux Français". Il défend, entre autres, les idées suivantes:

~ le renvoi de tous les immigrés vers leur pays d'origine

~ le rétablissement de la peine de mort (abolie en 1981)

~ le retrait de la France de l'Union Européenne

~ le rétablissement du franc comme monnaie nationale (abandonné en février 2002 au profit de l'euro)

~ l'abolition du droit à l'avortement

Le Front National a secoué le pays en arrivant second aux élections présidentielles de 2002. Il avait déjà une grande influence en 1997 (année de *Marius et Jeannette*), en particulier dans le Sud de la France. A titre indicatif, Jean-Marie Le Pen a obtenu 17,8% des voix au 2e tour de l'élection présidentielle de 2002 sur l'ensemble de la France, et 27,5% dans les Bouches-du-Rhône, département dans lequel se trouve Marseille.

4. *Le Monde Diplomatique* est une revue mensuelle de grande qualité, spécialisée dans l'analyse de l'actualité internationale.

   L'Humanité est un quotidien communiste fondé en 1904 par Jean Jaurès. C'est l'organe central du parti communiste.

5. Cézanne est un peintre français du XIXe siècle, né et mort à Aix-en-Provence (1839-1906). Il a participé aux trois premières expositions impressionnistes et a rencontré Monet et Renoir, mais s'est écarté du mouvement impressionniste pour développer son style. Il a influencé les fauves et les cubistes. Ses principaux tableaux sont *La maison du pendu*, *Les joueurs de cartes*, *L'homme à la pipe*, *Les grandes baigneuses* et *La vieille au chapelet*. Il est intéressant aussi de noter que Cézanne a vécu dans le quartier de l'Estaque pendant plusieurs années.

CONVERSATION EN CLASSE

2. C'est en volant des pots de peinture dans une cimenterie désaffectée que Jeannette rencontre Marius, qui en est le vigile.

3. Marius se sent au-dessus de Jeannette puisqu'elle commet un délit. Les gens sont aussi plus informels dans le sud de la France, surtout quand il est évident qu'ils appartiennent à la même classe sociale.

4. Jeannette reproche à Malek de n'avoir eu que 14/20. Ce n'est pas une mauvaise note mais il avait eu 18 au devoir précédent, donc elle sait qu'il est capable de faire mieux. Elle s'inquiète aussi pour son avenir car il est de santé fragile. Il doit donc bien réussir à l'école pour ne pas être obligé de faire un travail manuel.

5. Marius les lui apporte car il a pitié d'elle et il se sent coupable. Il sait bien que ce n'est pas une voleuse et qu'elle n'a sûrement pas beaucoup d'argent. Il est aussi intrigué par elle, il a envie de la revoir, et comme il a son adresse (il a vu ses papiers), les pots de peinture sont une bonne excuse!

6. Jeannette se voit avec Marius, c'est un rêve romantique.

7. Jeannette est caissière dans un supermarché. Elle est renvoyée car elle ne se tient pas droite sur sa chaise, mais aussi, et surtout, parce qu'elle parle trop. Elle dit tout ce qu'elle pense, ce qui ne plaît pas au patron.

8. Jeannette refuse que Marius peigne chez elle car elle n'est pas habituée à ce genre de proposition. Elle se débrouille toujours toute seule et se demande ce qu'il peut bien vouloir en échange. C'est aussi dans la nature de Jeannette de se braquer.

9. Marius propose la course à pied car il est sûr de gagner, et donc de peindre. Cela lui permet aussi de se dévoiler, en disant la vérité à propos de sa jambe.

10. Ils sont surpris par la présence de Marius, mais ils ne sont pas agressifs. Ce premier contact est donc plutôt bon.

11. Jeannette n'a pas eu de chance: le père de Magali l'a quittée, et celui de Malek est mort dans un accident (un échafaudage lui est tombé dessus).

12. Justin lit *Le Monde Diplomatique* car il est instruit, s'intéresse à l'actualité et veut des informations sérieuses. Caroline, quant à elle, lit *L'Humanité* car elle est communiste et veut lire des articles qui correspondent à ses idées.

13. Malek est musulman et sa mère est catholique, ce qui lui pose problème. Justin lui explique qu'il n'est pas croyant mais que Dieu existe pour ceux qui y croient. De plus, Dieu ne s'intéresse pas aux détails, il veut juste que les hommes vivent en paix. Quant aux intégristes, ce sont des "daltoniens de la religion", qui voient tout en gris et qui veulent que tout le monde pense comme eux. Justin fait preuve d'une grand ouverture d'esprit et il sait trouver les mots justes pour répondre aux questions de Malek.

14. M. Ebrard a lui aussi perdu son travail, et il travaille maintenant comme représentant en lingerie. Jeannette pense qu'il y a une justice car même les patrons se font renvoyer!

15. A ce moment-là, Magali est plus responsable que sa mère. Elle s'inquiète car c'est la première fois que Jeannette ne rentre pas. Elle est fâchée et déçue par sa mère.

16. Magali veut faire une école de journalisme à Paris. Jeannette prend mal cette décision car elle trouve que c'est trop loin et elle a peur de Paris. En fait, elle a surtout peur de perdre Magali. Elle a besoin d'elle, sa fille est une force sur laquelle elle peut compter.

17. Au début, Marius répare le vélo de l'un des garçons mais il leur parle peu et ne dit pas la vérité sur ses rêves d'enfant (il leur fait croire qu'il voulait être vigile!). Plus tard, il est paniqué en voyant les enfants jouer sur le tracteur, alors que les autres adultes ne sont pas inquiets, même s'ils leur demandent de descendre. Cette réaction est démesurée par rapport au danger. Enfin, Marius se contente d'observer Jeannette jouer avec ses enfants à la mer. Son expression est triste et on sent qu'il cache quelque chose.

18. Elle voit Marius boire. Il est ivre alors qu'il ne boit jamais.

19. Caroline et Monique pensent qu'il vaut toujours mieux savoir la vérité. Elle recommandent à Jeannette de parler à Marius pour comprendre ce qui se passe.

20. Justin et Dédé vont chercher Marius pour aider Jeannette qui ne veut pas y aller. Caro-

line et Monique auraient pu y aller, mais c'était plus la place des hommes.

21. La scène du bar est nécessaire car elle permet d'exposer la vérité et de relâcher la tension accumulée.

22. Marius a perdu sa femme et ses enfants dans un accident de voiture. Il avait un garçon et une fille, comme Jeannette.

23. Marius a cessé de voir Jeannette car il avait constamment peur pour les enfants, et c'était trop difficile à supporter.

24. Il n'avait jamais parlé de ce drame. Il s'est confié à Justin et Dédé parce qu'il était saoûl.

25. Ils interprètent le mot "attachement" littéralement, et donc attachent Marius à Jeannette endormie pour les forcer à se retrouver. Par ailleurs, il est intéressant de noter que l'Estaque est un port, donc un endroit où les bateaux sont attachés.

26. A la fin, Marius et Jeannette sont ensemble, Justin et Caroline continuent leur relation plus ou moins amoureuse, Dédé et Monique ont un 4e enfant, Magali est journaliste et Malek est devenu professeur d'arabe. Cette fin si positive s'explique parce le film est un conte.

APPROFONDISSEMENT

1. Vocabulaire

A. Trouvez l'intrus :

faire la queue, être embauché, un chariot, instable, l'aide, un vendeur

B. Complétez la phrase en choisissant l'expression qui convient.

1 b - 2 a - 3 c – 4 b – 5 a – 6 c

2. Réflexion - Essais

1. Marius et Jeannette ont des caractères opposés. Autant Jeannette est ouverte, bavarde, exubérante, dynamique, autant Marius est solitaire, taciturne, secret. Ce qui les rapproche est leur passé douloureux, même s'ils n'en ont pas conscience au début du film. Ils ont tous les deux été éprouvés par la vie, ils ont dû surmonter des drames, des deuils, et cela leur permet de mieux se comprendre.

Leurs relations ne sont pas lisses et limpides, précisément à cause de leur passé. Au début, Jeannette ne comprend pas ce que cherche Marius. Cela fait huit ans qu'elle est seule, elle est habituée à se débrouiller, et donc la perspective d'un homme l'aidant à peindre sa maison la déstabilise. Marius, quant à lui, s'éloigne de Jeannette à cause de ses enfants. Il aime beaucoup Magali et Malek mais ils lui rappellent trop les enfants qu'il a perdus et il est angoissé en permanence.

Cette rencontre ne se fait donc pas sans heurt, car elle fait ressurgir le passé, surtout dans le cas de Marius.

2. Caroline est rescapée des camps de concentration et raconte volontiers ses souvenirs. C'est aussi une communiste pure et dure qui n'en finit pas de s'indigner. C'est une force de vie qui a tellement souffert dans sa jeunesse qu'elle a appris à faire la part des choses. Caroline est un soutien moral pour Jeannette.

Justin est un instituteur à la retraite. C'est important car il représente la culture et il sait transmettre le savoir avec pédagogie. Il est modéré et son avis est respecté par ses voisins. C'est aussi l'amant occasionnel de Caroline depuis quarante ans.

Monique est une femme au foyer énergique, mère de trois enfants. Elle trouve son mari bête, se moque de lui, et le pousse à faire grève pour faire valoir leurs droits.

Dédé est le mari lymphatique et paresseux de Monique. Il n'est pas complètement stupide mais a souvent l'air imbécile. Le fait qu'il ait voté une fois pour le Front National lui attire des moqueries de la part de tous ses voisins.

Cette petite communauté est très soudée. Ils sont solidaires les uns des autres et partagent leurs inquiétudes, leurs chagrins, leurs joies, leurs fous rires. Tout le monde participe pour que les autres soient heureux (l'exemple le plus frappant est leur volonté d'aider Jeannette à retrouver et à ramener Marius). Ils ne sont pas toujours d'accord mais ils se respectent.

La petite cour est importante car c'est le lieu commun à tous. Ils se réunissent là pour parler, rire, regarder le football à la télévision. De la cour on entend tout, même les disputes des autres: c'est le propre de la vie en communauté. En fait, cette cour est comme un petit théâtre, avec des gens qui entrent et qui sortent. Il s'y passe toujours quelque chose.

3. Les enfants sont importants car ils représentent l'avenir, les espoirs et les rêves de Jeannette. Ils ont un rôle social puisqu'elle compte sur eux pour être "mieux" qu'elle. Cette ascension sociale aura d'ailleurs lieu puisque Magali deviendra journaliste et Malek professeur. Guédiguian s'est servi de sa propre expérience pour cette partie de l'histoire: lui-même fils d'ouvrier, né et élevé dans le quartier de l'Estaque, il a fait des études supérieures avant de devenir un réalisateur reconnu par la profession et le public.

Jeannette est très ambitieuse pour ses enfants. Elle les pousse pour qu'ils excellent à l'école. Elle est consciente que l'éducation est la clé du succès. Elle est ferme mais tendre avec eux, et très proche de Magali.

Si Jeannette n'avait pas d'enfants, sa relation avec Marius serait simplifiée puisque ce sont eux qui le font reculer. Cette éventualité est cependant difficile à imaginer car ce sont Magali et Malek qui font la force de Jeannette. Elle ne serait pas ce qu'elle est sans eux.

4. Marius est sans doute celui qui a le plus changé. En se libérant de son secret, il peut vivre différemment, plus librement maintenant. Il s'est aussi refait une famille, non seulement avec Jeannette et les enfants, mais aussi avec les voisins.

5. Il n'y a aucun doute que les personnages sont heureux. Il s'agit d'un conte donc même si tout n'est pas rose (manque d'argent, chômage, deuils, souvenirs de guerre), l'optimisme l'emporte. L'impression générale est gaie, légère, les personnages ont envie de vivre malgré leurs problèmes.

6. Tout d'abord, ces deux lieux leur ressemblent: la maison est petite, chaleureuse et ouverte, comme Jeannette, et la cimenterie est grande et forte mais elle ne sert plus à rien. C'est l'impression qu'a Marius de lui-même depuis qu'il a perdu sa famille.

   Ensuite, ce sont des lieux qui leur appartiennent à tous les deux. La cimenterie est le lieu de travail et d'habitation de Marius. C'est aussi là que le père de Jeannette est mort d'un accident du travail. Quant à la maison, en la réparant ils réparent aussi leurs vie, par petits bouts et ensemble.

7. Les vêtements de Jeannette sont bleus (pantalon et veste en jean, chemisier bleu), la salopette de Marius est rouge, et la peinture est blanche. Ce n'est pas un hasard: ce sont les couleurs du drapeau français. Elles forment un tout, une entité. La peinture blanche est ce qui rapproche Marius et Jeannette, c'est aussi la couleur du milieu sur le drapeau.

8. Le fait que le film soit un conte donne de la liberté au réalisateur. Son but n'est pas de montrer la réalité ou de faire un portrait sociologique de l'Estaque, donc il peut styliser les personnages: il n'y a pas de méchant, pas de personnage négatif et tout le monde a un avenir radieux. Il faut toutefois souligner que Guédiguian a pris des libertés avec la structure du conte traditionnel, dans lequel les personnages n'ont pas de passé. Ici, au contraire, certaines personnages ont un passé très lourd. Le format du conte est donc approprié dans ce film car il sert l'ambition du réalisateur: faire un film optimiste, un hymne au bonheur et à l'espoir.

9. La première scène a lieu au port. On voit un ballon en plastique (une mappemonde translucide) flotter sur l'eau. Il nous emmène dans le quartier de l'Estaque. Ce ballon qui part à la dérive peut être le symbole de la dérive de l'Estaque, où les gens vivent difficilement dans des maisons minuscules et avec la crainte permanente du chômage. Les personnages ne sont pas présents dans cette première scène, qui se contente de nous présenter le contexte.

   Ils sont, en revanche, tous présents à la fin. Ils défilent sur une passerelle, symbole du passage vers un avenir meilleur, pendant qu'une voix off nous raconte ce qu'ils deviendront. Le film se termine sur une dédicace ("des millions d'ouvriers inconnus à qui ce film est dédié"), procédé tout à fait inhabituel qui nous rappelle que ce conte optimiste ne doit pas faire oublier les difficultés rencontrées par la classe ouvrière.

3. Analyse d'une photo

1. Cette scène se passe dans la cuisine que Marius et Jeannette repeignent.

2. Magali et Malek vont bientôt arriver et faire la connaissance de Marius.

3. Cette scène est importante car elle montre que Marius et Jeannette commencent à s'apprivoiser, et Marius est introduit dans le monde de Jeannette.

4. Analyse de citations

1. Magali parle avec Marius au marché quand elle fait cette remarque sur sa mère. Elle est intéressante pour deux raisons: d'abord, elle montre la maturité de Magali et sa connivence avec sa mère, et ensuite c'est une façon de tester Marius. Elle veut s'assurer qu'il ne décevra pas Jeannette. D'ailleurs, elle pose la question à Marius juste après: "Tu l'aimes?"

2. C'est la définition que donne Justin des intégristes. Il compare les daltoniens, qui ne voient pas toutes les couleurs, et les intégristes, qui veulent que les autres se conforment à leur vision.

3. Cette jolie phrase de Céline, l'homme de lettres, est répétée par Justin quand il apprend le drame de Marius. Il comprend maintenant pourquoi Marius s'est éloigné de Jeannette et pourquoi il est si taciturne et secret.

5. Sous-titres

a. Si l'article défini était utilisé en anglais, on aurait l'impression qu'il n'y a qu'une école de journalisme à Paris. En français l'article défini se justifie car il fait référence à une école précise que Magali a en tête.

b. Le mot "train" est un bon choix car beaucoup de spectateurs anglophones ne comprendraient pas cet acronyme.

c. "I'll share" est moins précis que l'original, mais c'est tout à fait adapté puisque le sens est respecté.

d. "An actress" est plus vague que "du théâtre" (on peut supposer que Rose veut devenir actrice de cinéma). Cependant la question (telle qu'elle était posée en anglais) exigeait un nom de métier comme réponse. Là encore, le sens est respecté.

e. C'est un très bon sous-titre car c'est court et cela rend bien l'idée de l'original.

f. Les jeux de mots sont très difficiles à traduire, mais celui de Jeannette se traduit bien, puisque les deux langues associent les mêmes images à "Rose/rose", "épines" et "cueillir". L'allusion de Jeannette est donc aussi claire en anglais qu'en français.

6. Les critiques

1. Il est évident que Marius et Jeannette s'aiment, mais ils n'ont plus vingt ans et leurs sentiments s'apparentent plus à de la tendresse qu'à une grande passion amoureuse. Ils ont été assez marqués par la vie pour prendre ce qui leur arrive avec sérénité. Cette impression est renforcée par la tendresse entre Jeannette et ses enfants et entre les voisins de cour en général (et notamment Justin et Caroline qui sont plus tendres l'un envers l'autre que passionnément amoureux).

2. Il est vrai que l'on sort de ce film plein d'espoir et d'enthousiasme. Bien sûr le spectateur n'est pas dupe et il sait bien que c'est un conte, mais cela remonte le moral. C'est une histoire gaie et la gaieté est contagieuse.

7. Parallèle avec d'autres films

Jean de Florette et *Manon des sources* se passent à la campagne. On voit donc les collines et un village. Les personnages du *Hussard sur le toit* étant sans cesse en mouvement, on les voit aussi bien dans une grande ville (Aix-en-Provence), dans une petite ville (Manosque) qu'à la campagne. *Marius et Jeannette*, en revanche, se situe dans un quartier ouvrier de Marseille, et les personnages du film n'en sortent jamais, sauf pour aller à la plage.

Les personnages de *Jean de Florette* et *Manon des sources* sont très ancrés dans le paysage. Ils appartiennent à l'ensemble, alors que la Provence du *Hussard sur le toit* est plutôt une toile de fond. Enfin l'histoire de *Marius et Jeannette* aurait pu se passer dans une autre grande ville, même si la personnalité très marquée de Marseille donne de la saveur au film.

8. Lectures

1. Extrait du scénario

1. C'est une facette différente de Jeannette que l'on voit dans cette scène. Elle est déçue, amère, et n'a pas envie de se battre.

2. Caroline et Monique pensent que Marius doit une explication à Jeannette. Elle ne peut pas en rester là et ne jamais savoir pourquoi Marius s'est éloigné.

3. Caroline a assez d'expérience de la vie pour savoir que tout le monde a le droit au bonheur et qu'il ne faut pas se résigner.

4. Jeannette a déjà perdu deux hommes donc elle a l'habitude. Elle croit que c'est normal et préfère laisser tomber.

5. L'expérience soviétique a prouvé que le régime ne pouvait pas forcer les gens à être heureux. D'après Caroline, qui est communiste, il en va de même pour Jeannette: on peut essayer de l'aider mais elle ne sera pas heureuse si elle n'en a pas envie.

2. Interview de Robert Guédiguian

1. Le conte donne toutes les libertés puisque les spectateurs ne s'attendent pas à voir un film réaliste. Le réalisateur peut déborder d'optimisme.

2. Non, Guédiguian a utilisé Caroline et Justin pour ses "digressions d'ordre politique ou philosophique".

3. On ne voit presque rien de Marseille, donc on ne peut pas dire que la ville fasse rêver. C'est plutôt les personnages et l'histoire en général qui donnent envie d'être heureux.

4. Guédiguian a longtemps cru aux vertus du communisme. C'était une des "grandes utopies" dont il parle. Ce n'est "plus à l'ordre du jour" depuis la chute du mur de Berlin et l'effondrement des régimes communistes en Europe de l'Est. Il est vrai que le combat politique ne fait plus rêver grand monde aujourd'hui, mais il reste de

grandes utopies, notamment dans le domaine humanitaire.

5. Les images frappent les spectateurs, et les jeunes tout particulièrement. Elles ont donc un impact considérable, et les réalisateurs en sont responsables.

6. Les cinéastes profitent de leur notoriété pour faire entendre leur voix. Les avis sont partagés sur le bien-fondé de leur action.

7. Les intellectuels pensent et les cinéastes agissent.

8. Le cinéma français se défend grâce à un ensemble de lois qui protègent la production française.

9. Les deux dangers sont les grands groupes et les multiplexes.

10. Le journaliste abonde dans le sens de Guédiguian en lui posant des questions qui vont lui permettre d'exprimer ses idées politiques. Il est évident qu'ils partagent les mêmes idées.

9. Pour aller plus loin

a. **Lecture:** Le scénario est disponible et contient une sélection très intéressante d'extraits de presse et un entretien avec Ariane Ascaride.

b. **Recherches:** De nombreux sites étant consacrés à l'Estaque sur Internet, les étudiants peuvent faire des recherches approfondies.

c. **Films:** On peut prolonger l'étude de *Marius et Jeannette* en le comparant à d'autres films de Robert Guédiguian, en particulier les deux plus récents, *La ville est tranquille* et *Marie-Jo et ses deux amours*.

CHAPITRE 6
Le grand chemin

Le grand chemin est une comédie dramatique intimiste et chaleureuse. Sa simplicité et son authenticité expliquent le succès que le film a rencontré auprès du public.

Il est classé R aux Etats-Unis, "Tous" par Monsieur Cinéma et "Adultes et adolescents" par *Télérama*. Il ne convient pas à un jeune public car certaines scènes peuvent choquer, mais il est adapté à partir de 15 ou 16 ans.

Les étudiants trouvent les enfants du film drôles et sympathiques et beaucoup peuvent s'identifier à Louis, à ses peurs et ses découvertes. Le film se prête bien à la discussion en classe car les sujets abordés (l'amitié, la nature, la famille) concernent tout le monde.

PREPARATION

Traduisez!

1. Pelo fait des brouettes, des charrettes et des cercueils dans son atelier.

2. Utilisons l'échelle pour aller sur le toit! Je ne peux pas! J'ai le vertige!

3. Il faut que le curé se prépare pour l'enterrement.

4. Quand Pauline mourra, les bonnes sœurs hériteront de sa maison.

2. Repères culturels

a. "La" province est à opposer à Paris. Paris est la capitale, la province est le reste de la France. "Une" province est une ancienne division de la France. C'était le système administratif des rois. Il y avait 37 provinces, par exemple la Bretagne, la Lorraine, la Gascogne, la Provence. Les provinces n'existent plus aujourd'hui mais les Français y sont toujours attachés, car elles représentent leur héritage culturel et historique.

Les départements ont été créés en 1789 (Révolution française) dans le but de décentraliser l'administration de la France. Il y a 96 départements, qui sont les divisions administratives de la France. Quelques exemples de départements: la Vendée, la Dordogne, la Savoie, le Calvados, la Marne.

Le Général De Gaulle a formé les régions en 1964 pour favoriser le développement économique. Quelques exemples parmi les 22 régions: l'Alsace, les Pays-de-la Loire, l'Auvergne, la Bourgogne.

b. La guerre d'Algérie a commencé en 1954 par des insurrections pour l'indépendance organisées par le F.L.N. (Front de Libération Nationale). Elle s'est terminée par un cessez-le-feu en 1962 (les accords d'Evian). L'Algérie est devenue indépendante de la France le 1er juillet 1962, et un million de "pieds-noirs" (des Français qui vivaient en Algérie) ont dû quitter l'Algérie pour s'installer en France. Cette guerre a été extrêmement traumatisante pour les deux pays.

3. Bande-annonce

a. Il y a quatre personnages principaux: un couple et deux enfants. Il y a des conflits entre les adultes. La femme semble avoir du caractère. Ils vivent dans une petite maison dans un village.

b. C'est le garçon qui pose les questions. Il est naïf, alors que la fille est délurée et a réponse à tout.

c. Les relations entre les personnages semblent évoluer puisque l'on voit les adultes se disputer mais aussi s'embrasser, et l'homme et le petit garçon ont l'air d'apprendre à se connaître.

d. On voit une rue et l'église du village, ainsi que la rivière et la campagne des alentours. C'est très vert, il y a beaucoup d'arbres.

CONVERSATION EN CLASSE

2. Le film se passe en juillet 1958, à Rouans (près de Nantes, dans l'ouest de la France).

3. Louis va passer trois semaines (c'est long) chez des gens qu'il n'a jamais vus. Il va en plus être dans un village, à la campagne, ce qui est un monde complètement nouveau pour lui. Il a peut-être aussi peur d'être abandonné par sa mère, "remplacé" par le bébé.

4. Non, il dit qu'il n'en a pas besoin!

5. La mère de Louis n'a jamais rencontré Pelo, mais elle veut le rassurer en lui disant qu'"il est très gentil". On a du mal à croire que Marcelle ait pu écrire cela...

6. C'est un homme rude, sans manières, maladroit, mais qui a bon cœur malgré son allure bourrue. Il le montre en faisant monter Louis sur la brouette.

7. Louis n'a jamais vu quelqu'un tuer un lapin car il habite à Paris. De toute évidence Marcelle ne se rend pas compte que la vue du lapin ensanglanté va effrayer Louis.

8. La mère de Louis lui dit qu'il ne peut pas aller chez son père car il a trop de travail (il est maître d'hôtel et c'est la saison touristique). Nous comprenons que c'est un homme instable incapable de s'occuper d'un enfant.

9. Pelo est ivre à ce moment-là. Ces hululements sont à la fois pour faire peur à Louis et pour ennuyer Marcelle. Pelo explique plus tard à Louis qu'il ne connaît pas bien les enfants et qu'il est donc méfiant au début.

10. Il retrouve ses copains au café.

11. Ils veulent tous les deux s'approprier Louis et deviennent rivaux.

12. Pelo découvre la clé qui ouvre la chambre du bébé. On devine qu'il n'y est pas entré depuis très longtemps, sans doute depuis la mort du bébé. C'est le monde de Marcelle, et l'image même de sa souffrance. Pelo détruit tout car il ne veut plus penser au passé.

13. Martine est un garçon manqué. Elle est vive, curieuse, espiègle, intrépide, délurée et jamais à court d'idées!

14. Oui! Elle aime aussi beaucoup les enterrements car elle peut observer les gens endeuillés de son observatoire secret.

15. Non. Elle prend beaucoup de plaisir à mettre les civelles dans son maillot de bain!

16. Pelo pense que Pauline ne serait pas morte si elle était restée chez elle au lieu d'aller chez les bonnes sœurs. Elles doivent être ravies maintenant car elles vont hériter de la maison.

17. Marcelle va se recueillir sur la tombe de son enfant. Louis comprend alors qu'ils ont perdu un bébé, et demande plus tard à Pelo (à la pêche) comment il est mort.

18. Martine n'entre dans l'église que pour avoir accès au toit!

19. Son bonheur du début fait place à une grande déception quand il voit qu'il n'y a rien d'écrit au dos de la carte postale de son père. Il la reconnaît comme étant une carte de l'année d'avant. Il comprend que sa mère l'a jointe à sa lettre pour lui faire croire que son père pensait à lui. Il se sent trahi par sa mère.

20. Martine est fine et elle n'est pas naïve comme Louis. Elle lui dit que son père est sans doute parti avec une autre femme, ce qui blesse Louis profondément.

21. Pour se venger, il ouvre la cage des lapins et se sauve. Il va se poster sur le toit de l'église.

22. Marcelle est angoissée alors que Pelo se réjouit que Louis n'ait rien et ne comprend pas que Marcelle se tourmente.

23. Simon a des raisons d'être inquiet puisqu'il part faire son service militaire en Algérie.

24. Martine est bien plus triste que lui. Il est vrai qu'elle perd un camarade de jeux, alors que Louis retrouve sa mère. On remarque qu'il ne pleure pas quand il dit au revoir à Pelo et Marcelle.

25. Louis a oublié sa charrette. C'est le symbole des vacances et de la campagne qu'il laisse derrière lui.

26. Pelo et Marcelle se retrouvent à la fin du film. Nous les voyons unis pour la première fois. Louis est un trait d'union entre eux et ils partagent enfin quelque chose: le chagrin de le voir partir. Louis a réussi à briser le cercle vicieux de la haine dans lequel Pelo et Marcelle s'étaient enfermés.

APPROFONDISSEMENT

1. Vocabulaire

A. Complétez les phrases suivantes avec les mots de la liste:
1. vache - poules - lapins
2. enceinte - accoucher
3. jonquilles - tulipes
4. mort - cimetière - enterrement
5. champs - peupliers
6. toit - vertige

B. Trouvez les mots qui se cachent derrière les définitions:

Indice: le mot en gras est un lieu que Martine aime: <u>cimetière</u>

Mot	Définition
CURE	Prêtre
COQUELICOT	Fleur rouge
SIMON	Fiancé de Solange
CHARRETTE	Objet fabriqué par Pelo
ENCEINTE	Femme qui attend un enfant
LAPINS	Animaux que Marcelle élève
ECHELLE	Pour monter
ROUANS	Village du film
CERCUEIL	Boîte pour les morts

2. Réflexion - Essais

1. Pelo explique à Louis que sa relation avec Marcelle n'a pas toujours été aussi mauvaise. Ils ont connu des jours meilleurs, mais passent désormais leur temps à se quereller.

   A la violence de Pelo (quand il rentre ivre), Marcelle répond par de la mesquinerie (elle utilise le journal de Pelo pour éplucher les haricots, elle fait marcher sa machine à coudre pour l'empêcher d'écouter le Tour de France à la radio, elle ne répond pas quand il pose une question).

   La présence de Louis exacerbe leurs querelles et provoque des rivalités (Pelo donne sa charrette à Louis car Marcelle dit que personne n'a le droit d'y toucher, puis Marcelle confisque la charrette à la première occasion). Marcelle est jalouse de la bonne entente entre Pelo et Louis. A cela, Pelo répond que Louis ira à la pêche avec lui au lieu de la messe avec Marcelle le dimanche suivant. Pour se venger, Marcelle refuse de vider le poisson qu'ils ont pêché. Quand elle essaie de limiter le temps que Pelo et Louis passent ensemble, il se venge en allant boire.

2. Marcelle materne Louis. Elle le dorlote et essaie de le protéger du monde extérieur. Elle lui fait manger des fraises avec du sucre puisqu'il ne veut pas du lapin, elle lui prépare des goûters, lui achète des gâteaux, et veut lui faire une tisane quand il est tombé du toit.

Le rapport avec Pelo est plus ambigu. D'une part il veut en faire un homme (en l'emmenant dans son atelier et à la pêche, en lui apprenant à uriner contre un mur), d'autre part il se montre attendri et paternel (quand Louis lui prend la main, quand Pelo lui parle sur le toit de l'église, quand Louis l'embrasse pour lui dire au revoir). Ils partagent des moments forts à la pêche et quand ils fabriquent le cercueil.

3. Martine est contente d'avoir Louis comme camarade car elle est "fâchée avec les autres à l'école". Elle ne semble pas avoir d'autres amis. Quant à Louis, il est épaté par Martine, ses idées, ses bêtises et sa hardiesse. Louis et Martine deviennent amis quand elle le fait entrer dans sa cabane ("son observatoire secret"). C'est symbolique, désormais il fait partie de son cercle.

   Ils font beaucoup de choses ensemble, certaines sont innocentes (construire une cabane sous les pommiers, manger des pommes vertes), mais pas toutes. Comme Martine est fière de ses trouvailles, elle entraîne Louis sur le toit de l'église et l'emmène observer Solange et Simon, et comme elle se passionne pour les morts et les cimetières, ils assistent à un enterrement ensemble et vont se promener sur les tombes. Enfin, Louis et Martine discutent beaucoup, notamment de leur famille, de leur père absent et de Pelo et Marcelle.

4. Les familles du film ne sont pas traditionnelles. Pelo et Marcelle n'ont pas d'enfant, et Louis et Martine sont tous les deux élevés par leur mère seulement. Les pères sont absents, et semblent avoir abandonné la famille. Il y a cependant l'espoir d'un couple uni et heureux avec Solange et Simon.

5. Nous avons trois femmes dans le film: Claire (la mère de Louis), Marcelle, et Yvonne (la mère de Martine). Claire est dactylo à Paris. Marcelle et Yvonne ne travaillent que quelques heures par semaine, Marcelle plume des volailles et Yvonne fait de la coiffure chez elle.

6. Pour Marcelle la religion est un refuge et un réconfort. Elle va à la messe et aux enterrements, et porte une croix autour du cou. Pelo, au contraire, ne met jamais les pieds à l'église (il préfère le café ou la pêche à l'heure de la messe). Il pense que Marcelle va trop au cimetière, et ne veut pas qu'elle emmène Louis à la messe une seconde fois.

7. Ce qui frappe à Rouans, c'est le rythme de vie tranquille et le fait que tout le monde se connaisse et se rende service (on va à l'enterrement d'une vieille dame du village, on garde les enfants des voisins). Le contact est chaleureux avec les commerçants (le boucher notamment) et on discute dans les magasins (on parle du "petit Parisien", du sermon du curé). Le café est le lieu où les hommes se rencontrent. Quand Pelo rentre ivre, Marcelle se fait un devoir d'aller le ramasser dans la rue, car sa fierté est en jeu. Le curé est important, c'est une figure dans le village. Enfin, comme Rouans est à la campagne, les gens vont à la pêche, cultivent leurs jardins et ont des lapins, comme Marcelle et Pelo.

8.

Rouans, le 24 juillet 1958

Ma chère maman,

J'ai fait plein de choses depuis que suis là. Le premier dimanche
Marcelle m'a emmené à la messe, mais je me suis endormi. Alors,
le deuxième dimanche j'ai été à la pêche avec Pelo, et on a attrapé
des poissons. J'ai été dans son atelier aussi. Il a construit une barque
et un cercueil, et il m'a même laissé choisir les poignées pour le
cercueil. En plus, il m'a donné une charrette qu'il a faite.

Marcelle et Pelo, ils ont toujours l'air fâché et ils se battent tout le
temps. Pelo m'a dit que c'est à cause d'un bébé qui est mort, et qui
devrait avoir mon âge.

Martine a toujours des idées super. Elle a un observatoire secret,
et quand on est caché dedans on peut regarder le cimetière et les
enterrements, et personne ne peut savoir qu'on est là. L'autre jour,
on a fait une cabane sous les pommiers et on a mangé plein de
pommes vertes, alors après j'ai été malade.

Maman, je suis pressé que le bébé naisse pour que tu viennes me
chercher.

Je t'embrasse très fort,

Louis

9. Louis a beaucoup changé pendant ces 3 semaines. Il a fait la découverte de la campagne
    en ramassant des fraises et des haricots verts, en donnant à manger aux lapins, en con-
    struisant une cabane dans les arbres, et en allant à la pêche.

    Il s'est aussi ouvert sur le monde des adultes en observant des relations de couple
    difficiles, des querelles et la violence entre Pelo et Marcelle. Grâce à Martine, il prend
    conscience de la situation réelle de ses parents et pourquoi son père est parti. Il fait
    aussi la découverte de la sexualité en observant Solange et Simon dans le foin.

    Pendant son séjour à Rouans Louis a fait des choses dont il ne se croyait pas capable:
    il est monté sur le toit de l'église, d'abord avec Martine, puis tout seul. C'est un enfant
    peureux qui parvient à vaincre sa peur lorsqu'il se révolte contre les adultes. Sa fugue
    est un défi et une affirmation de soi.

10. *Le Grand Chemin* a deux sens: c'est la route entre l'arrêt de car et le village de Rouans,
    et le chemin parcouru par Louis pendant son séjour. Le titre évoque l'apprentissage
    de l'enfant sur les questions de la vie et la mort, l'amour, la sexualité, et la violence
    conjugale.

11. Ces deux scènes sont très différentes et n'ont que le car comme point commun. La première scène présente la campagne (avec les fleurs, la route et les champs), car c'est la première impression de Louis. La dernière scène, en revanche, se passe à l'atelier de Pelo, lieu approprié pour les retrouvailles de Marcelle et Pelo.

Alors qu'il fait beau et chaud dans la première scène, Marcelle frissonne sous la pluie dans la dernière. C'est symbolique de la fin de l'été et de tous les changements qui ont eu lieu pendant la visite de Louis. Il a créé beaucoup de tension entre Marcelle et Pelo, mais c'est grâce à lui qu'ils se retrouvent à la fin.

3. Analyse d'une photo

1. Martine et Louis sont allongés sur de la paille dans une grange.

2. Ils observent les ébats de Martine et Simon.

3. Ils sont contents et amusés de voir quelque chose de défendu.

4. Analyse de citations

1. Marcelle est jalouse de la bonne entente entre Pelo et Louis et reproche donc à Pelo de lui "voler" Louis. Elle voudrait que Louis n'aime être qu'avec elle et elle leur en veut à tous les deux de s'entendre.

2. C'est ce que dit Marcelle après que Louis est tombé du toit de l'église. Elle imagine sa réaction dans le cas le plus tragique au lieu de se réjouir que tout aille bien.

5. Sous-titres

a. Le sous-titre est plus succint que l'original mais le sens est clair dans le contexte.

b. Le sous-titreur a respecté le niveau de langue en choisissant des expressions familières comparables à celles utilisées par Martine.

c. "Sprue" n'est pas un mot courant alors que "mémère" fait partie du vocabulaire des enfants. Il n'est pas étonnant que Martine comprenne "mémère" quand elle entend "mégère", mais il serait surprenant qu'elle comprenne "sprue" au lieu de "shrew"! Le mot est bien choisi pour sa sonorité qui rappelle celle de "shrew" mais il aurait été judicieux de trouver un autre mot plus familier des enfants.

d. "Dico" est une abbréviation courante en français, et n'a pas d'équivalent en anglais. Il était donc nécessaire de garder "dictionary". En revanche il aurait été facile de faire dire à Martine que c'était le sien.

6. Les critiques

1. Le film sonne juste car c'est un portrait très réussi de deux enfants. Le vocabulaire qu'ils utilisent, leurs jeux, leurs questions, leurs bêtises, leur fraîcheur, tout est sincère et authentique. Le film n'est pas mièvre, il n'embellit pas l'enfance, mais il touche le

cœur du spectateur car il aborde des sujets graves et sait explorer les émotions, les contradictions, les espoirs et la naïveté des enfants, sans pour autant s'apesantir.

2. Le film donnera sans doute envie à tous les citadins de vivre à la campagne! La nature est splendide, généreuse, elle sent bon et c'est un espace de liberté pour les enfants. La vie est plus calme qu'en ville et davantage rythmée par les saisons. Ceci dit, c'est aussi un monde clos, arriéré, et où la vie est monotone comparée à celle de la ville.

7. Parallèles avec d'autres films

1. Les deux films sont des récits en partie autobiographiques d'amitié entre deux enfants. Ce sont des souvenirs tendres pour Jean-Loup Hubert, douloureux pour Louis Malle. Louis et Martine, et Julien et Jean ont en commun qu'ils ont besoin l'un de l'autre (Martine s'ennuie et Louis ne connaît personne, Julien n'est pas très aimé et Jean est nouveau). En revanche, dans la France occupée de 1944, l'amitié entre Julien et Jean se développe à l'école dans un contexte de guerre et de peur, alors que Louis et Martine sont libres de gambader comme ils le souhaitent dans la campagne. Enfin, Martine est plus forte que Louis, plus délurée et plus hardie, alors que Julien et Jean sont à égalité: même âge, même classe, même intellect.

2. Dans *Rouge baiser* le cimetière est un refuge et une cachette. C'est là que se cache Nadia quand les gendarmes sont à ses trousses. C'est là aussi qu'elle dépose ses journaux et qu'elle se change pour retrouver Stéphane.

   Dans *Le grand chemin* le cimetière est un lieu où Martine s'amuse. Elle se promène dans les allées et fait de l'équilibre sur les tombes. Pour Louis le cimetière a une signification différente et plus profonde puisqu'il lui permet de comprendre le drame de Pelo et Marcelle.

   Dans les deux films le cimetière est un lieu de vie plutôt qu'un lieu associé à la mort, même dans *Le grand chemin*. En effet, le film n'insiste pas sur la mort de l'enfant mais plutôt sur les conséquences pour Pelo et Marcelle.

3. C'est toujours à travers les yeux des enfants que le thème est traité, et ils ont tous la même réaction: ils en veulent à leur père d'être absent. Les pères de Louis et de Martine (*Le grand chemin*) ont tous deux quitté la famille (mais ne sont pas divorcés), et laissent les femmes élever les enfants. Alors que Martine accepte la situation (mais se rue sur le téléphone quand son père appelle), Louis ne peut accepter que son père ait quitté le domicile conjugal. Il est naïf et croit qu'il est loin pour son travail. La mère de Julien (*Au revoir les enfants*) explique l'absence de son mari en disant qu'il a beaucoup de travail, mais cette excuse est insuffisante pour Julien. Enfin le père de Sophie (*L'accompagnatrice*) a abandonné sa mère quand elle était enceinte, ce qui les a aigries toutes les deux.

4. Les personnages boivent tous pour des raisons différentes et les conséquences de leurs excès varient beaucoup.

   Jean boit car il est inquiet et déçu par l'échec de son projet, et aussi car il a soif. Les conséquences ne sont pas claires, mais il est net que Jean n'a plus toute sa raison. Il prend des décisions insensées qu'il n'aurait peut-être pas prises s'il avait été sobre.

Pelo boit par habitude et pour se venger de Marcelle. Il sait qu'elle déteste le voir ivre et le fait exprès. Pelo devient violent et méchant quand il a trop bu.

Neel paie très cher ses excès. Il n'est pas alcoolique, mais boit quand il revient de la pêche. C'est parce qu'il est complètement ivre qu'il tue le père Coupard, crime qui le conduit à l'échafaud.

5. Dans *Un dimanche à la campagne* la campagne est idyllique. M. Ladmiral a un jardin magnifique et le chemin vers la gare et la route vers la guinguette sont charmants. Tout est vert, le soleil brille, et la caméra du réalisateur joue avec la lumière. Cette campagne-là est fraîche et reposante, et elle invite à la paresse. Les personnages du *Grand chemin* ne se posent pas de question sur la campagne qui les entoure. Ils ont toujours habité là, ils cultivent leur jardin, élèvent des poules et des lapins et vont à la pêche. Le réalisateur nous la montre donc simplement comme un lieu de vie, lieu qui fait d'ailleurs peur au petit Parisien.

8. Lectures

1. Extrait du scénario

1. Pelo essaie de plaisanter avec Louis pour dédramatiser la situation.

2. Les trois femmes ne pouvaient pas imaginer que Louis irait se réfugier sur le toit de l'église. Elles sont pétrifiées et angoissées.

3. Martine trouve tout cela hilarant. Elle ne se rend pas compte que Louis pourrait tomber à tout instant et se tuer sous ses yeux.

4. Louis dit qu'il pleure car Pelo et Marcelle sont méchants et qu'ils se disputent en permanence. Sa maman est sans doute plus douce et plus patiente.

5. Il n'a pas peur de mourir car il sera avec sa maman si elle meurt en accouchant du bébé.

2. Entretien avec Richard Bohringer

1. Richard Bohringer n'avait pas envie de jouer dans ce film et le tournage s'est mal passé car il ne s'est pas entendu avec Jean-Loup Hubert.

2. Malgré leur mésentente Richard Bohringer est reconnaissant au réalisateur de lui avoir donné un rôle intéressant et différent de ce qu'il avait fait auparavant. Ce film lui a permis d'élargir sa palette et de montrer d'autres aspects de son talent.

3. Il s'attache aux petits détails de la nature, aux insectes, ainsi qu'aux impressions.

4. Richard Bohringer comprend bien Louis car il a été dans une situation comparable. Il a passé trois mois dans les Alpes quand il était enfant et se souvient que la nature était à la fois effrayante et passionnante.

5. Il essaie d'être naturel plutôt que de jouer un rôle. Il endosse le personnage sans essayer de forcer le trait. La remarque de la fille de Pelo est révélatrice: Richard

Bohringer a réussi à s'approprier le personnage au point où même sa famille pouvait le reconnaître.

9. Pour aller plus loin

a. **Lecture**: Le scénario est disponible et contient une sélection très intéressante d'extraits de presse.

b. **Chanson**: Une chanson d'Yves Duteil, intitulée "Blessures d'enfance" est un bon complément à l'étude de ce film. Les paroles sont disponibles sur www.paroles.net. Il est question des peurs, des déceptions et des peines d'un petit garçon, et notamment de son chagrin en colonie de vacances.

CHAPITRE 7

Le fabuleux destin d'Amélie Poulain

Le fabuleux destin d'Amélie Poulain est une comédie romantique gaie et optimiste qui a conquis le cœur de millions de spectateurs. Le film a été un phénomène de société lors de sa sortie en France.

Il est classé R aux Etats-Unis et "12 ans et plus" par Monsieur Cinéma. Il n'y a rien de choquant pour un jeune public mais certaines scènes risquent de ne pas bien passer dans les établissements scolaires. Il est donc à réserver aux élèves de plus de 16 ans.

Les étudiants se laissent très facilement prendre par l'histoire. Ils sont jeunes et se sentent donc proches des personnages, et cette histoire d'amour drôle et sensible ne peut que les faire rêver. C'est un film moins simple qu'il ne le paraît. L'histoire est facile à suivre mais elle est pleine de rebondissements et le rythme est rapide. C'est donc un film qui se prête bien à l'étude en classe.

PREPARATION

Traduisez!

1. Amélie est serveuse dans un café à Montmartre. Un jour elle découvre une boîte qui va changer sa vie.

2. Son but est d'améliorer la vie de ses voisins à leur insu.

3. Elle tombe amoureuse de Nino, un jeune homme romantique et attachant, qui collectionne les photomatons.

4. Elle organise un jeu de piste dans lequel elle joue à cache-cache avec lui.

2. Repères culturels

1. Montmartre est une colline de la partie nord de Paris. Les touristes viennent admirer la basilique du Sacré-Cœur et se promener autour de la place du Tertre. C'est surtout un quartier où l'ambiance est très particulière. En effet il a eu un caractère campagnard jusqu'au début du XXe siècle (il a d'ailleurs encore des vignes). Il a aussi attiré de nombreux artistes, notamment Renoir, Van Gogh, Utrillo, Picasso et Modigliani. Aujourd'hui Montmartre est un quartier vivant qui a conservé beaucoup de charme grâce à ses rues tortueuses, ses musées, ses petites places et ses escaliers.

2. Enghien est une petite ville à 8,5 km au nord de Paris. On y trouve un lac, des sources thermales, un hippodrome et un casino.

3. La Foire du Trône est la plus grande fête foraine française. Elle dure deux mois au printemps. C'est une foire millénaire et elle est dans sa forme actuelle depuis 1805. Elle attire cinq millions de visiteurs par an.

4. Auguste Renoir (1841-1919) est un peintre impressionniste français. Il connaissait Monet, Sisley, Cézanne, Pissaro et Monet et a participé à la première exposition des impressionnistes en 1874. Il aimait les couleurs chaudes et peignait des femmes et des groupes (repas, bals populaires). Il émane une grande humanité de ses tableaux.

5. Selon Le Robert, le mot "fabuleux" a plusieurs sens:
   a. Qui n'existe que dans les histoires, les légendes ou l'imagination (-> imaginaire, légendaire)
   b. Incroyable mais vrai (-> extraordinaire, fantastique)
   c. Enorme (-> prodigieux)

3. Bande-annonce

1. Il y a beaucoup de personnages. Ils semblent étranges mais attachants.

2. Amélie est serveuse dans un café. On la voit parler avec son père et se déguiser en Zorro. Il est dit qu'elle va changer la vie des autres personnages. Il est clair qu'elle est au centre de l'histoire. Nino est beaucoup plus énigmatique: on le voit seulement marcher et il semble chercher quelque chose.

3. La musique est gaie, vive et entraînante.

4. Nous remarquons différents appartements, un jardin, un pont, une épicerie, une gare, un café, une foire et des aperçus de Paris.

5. Il y a plusieurs effets spéciaux: les photos d'identité qui parlent, le cochon qui éteint lui-même la lampe de chevet, les cadres qui se parlent et le cœur d'Amélie que l'on voit battre à travers son chemisier.

6. Grâce au titre, nous savons qu'Amélie n'a pas une vie comme tout le monde. Maintenant que nous avons vu les autres personnages, nous nous demandons de quelle façon elle va changer leur vie.

CONVERSATION EN CLASSE

2. Les parents d'Amélie sont étranges, tendus, nerveux, maniaques et distants.

3. Amélie ne va pas à l'école car son père est persuadé qu'elle a une maladie cardiaque.

4. Elle n'a pas de contact avec d'autres enfants et se réfugie donc dans son imaginaire.

5. La mère d'Amélie jette le poisson rouge dans la rivière car il fait des tentatives de suicide et cela la stresse.

6. Elle est tuée par une touriste se jetant d'une tour de Notre-Dame.

7. Amélie est tellement surprise en entendant la nouvelle de la mort de Diana qu'elle laisse tomber le bouchon de sa bouteille de parfum. Celui-ci roule par terre et heurte un carreau de la plinthe, qui se décolle. Elle trouve une vieille boîte en fer derrière et décide de retrouver le propriétaire. S'il est touché, elle se mêlera alors de la vie des autres.

8. Pour retrouver le nom du propriétaire de la boîte elle demande à la concierge, à Collignon et aux parents de ce dernier.

9. Elle rencontre Nino à la station de métro Abbesses. Il fouille sous le Photomaton.

10. Amélie fait sonner le téléphone d'une cabine téléphonique quand il passe à côté. Il entre et voit la boîte. Il est ému, troublé et très touché, et décide d'essayer de retrouver sa fille et son petit-fils qu'il ne voyait plus.

11. Amélie imagine que c'est un reportage sur sa vie à elle. Elle est inspirée par les nombreuses rétrospectives sur la vie de Diana, et imagine qu'elle va devenir célèbre, et qu'elle aura droit au même traitement après son décès.

12. Nino perd sa sacoche en courant après l'homme mystérieux (aux chaussures rouges). La sacoche tombe de son vélomoteur.

13. Elle trouve un album de photos d'identité ratées.

14. Elle fait croire à chacun que l'autre est secrètement amoureux.

15. Amélie fait refaire la clé de l'appartement de Collignon pour se venger de lui car il est méchant avec Lucien, son employé, et agressif avec elle. Quand Collignon remarque les changements (les crèmes dans la salle de bain, les poignées de porte, le réveil, les chaussons) il est intrigué, il ne comprend pas et s'inquiète.

16. M. Poulain est affligé par la disparition de son nain et affiche les photos comme un amoureux esseulé. Il est perplexe et anéanti à chaque courrier. Amélie envoie ces photos pour donner à son père l'envie de voyager. Elles sont prises par Philomène, l'amie hôtesse de l'air d'Amélie, qui emmène le nain aux quatre coins du monde.

17. Amélie apprend son prénom, et la collègue de Nino lui parle de ses anciens jobs, de ses collections, de ses habitudes et du fait qu'il n'a jamais réussi à garder une seule petite amie.

18. Amélie a peint des flèches bleues qui mènent à une statue humaine. Le doigt pointe vers des jumelles. De là, Nino voit Amélie qui remet l'album dans la sacoche. Elle ne le lui rend pas plus simplement car elle ne veut pas se confronter à lui avant d'être sûre de son fait.

19. Amélie met une photo d'elle à la page 51 de l'album et découpe une photo d'elle déguisée en Zorro pour lui donner rendez-vous au Café des deux moulins. Tous deux communiquent aussi en collant des affiches dans les gares et le métro. Enfin Gina, la collègue d'Amélie, glisse un mot dans la poche de Nino à son insu.

20. L'inconnu est le réparateur du Photomaton.

21. Amélie hésite, puis marche vers Nino mais elle est arrêtée par des chariots. Ensuite il n'est plus là.

22. Elle est déçue, fâchée et désemparée.

23. Amélie voit Nino allant lui acheter un paquet de levure à l'épicerie, où Lucien est devenu patron.

24. Amélie hésite et est surprise. Peut-être a-t-elle peur d'être déçue.

25. Amélie trouve la télévision entourée de bougies. C'est M. Dufayel qui a préparé cela avec l'aide de Lucien qui a les clés de tous les appartements. Il lui dit d'agir pour ne pas laisser passer sa chance.

26. Amélie décide alors de retrouver Nino. C'est quand elle a cru l'avoir perdu qu'elle a enfin compris qu'elle devait se "cogner à la vie".

27. Ce n'est pas clair mais on peut supposer que Nino a décidé de revenir.

28. Cette histoire a duré quatre semaines, du 30 août au 28 septembre 1997.

APPROFONDISSEMENT

1. Vocabulaire

A. Faites des phrases avec le vocabulaire suivant:

1. L'école a organisé un jeu de piste dans les bois et notre classe a trouvé le trésor.
2. Comme il est difficile de garer une voiture à Paris, il préfère se déplacer à vélomoteur.
3. Ce livre ne m'appartient pas, je l'ai emprunté à la bibliothèque.
4. Ses parents ne voulaient pas que Mathieu aille au cinéma donc il y est allé à leur insu.
5. Tristan et Iseult sont tombés amoureux l'un de l'autre après avoir bu le philtre magique.
6. Ce film étrange et original est décalé. Il ne ressemble à rien que nous connaissons déjà.
7. Tu ne feras pas son bonheur en lui donnant de l'argent. Il a plutôt besoin de ta présence.
8. A Paris chaque quartier a son atmosphère et ses traditions.
9. Les rues piétonnes favorisent le commerce car les gens peuvent se promener librement.
10. Nous aimerions quitter la périphérie de Marseille pour nous installer en centre-ville.

B. Mots-croisés:

	A	B	C	D	E	F	G	H	I	J	K	L	M	N	O	P	Q	R	S	T
1						S												B		
2						V	O	I	S	I	N				A	L	B	U	M	
3						L	■	E		A		V			A			S		
4					E	P	I	C	I	E	R	I	L	E				C		
5		B	A	R			A		T	■	V		V		U	H				
6			N	S	T	R	A	T	A	G	E	M	E		F	E	E			
7			G				I			I		U								
8			E	G	L	I	S	E										C		
9			I				E			E				P	I	N	S	O	N	
10			A		E	C				I			O					N		
11		A	R	R	O	N	D	I	S	S	E	M	E	N	T			T		
12			R		S	■	T			M			T	■	R	U	E	E		
13			E				G	A	I	E	T	E		M						
14		M	E	T	R	O	D				U		B	U	T					
15							G	A	I	E	S		B		S					
16						A	■	N			P	L	A	C	E					
17				C	A	R	T	E			E				E					
18						E														

2. Réflexion - Essais

1. Nino et Amélie sont tous les deux charmants et décalés. Amélie a eu une jeunesse étrange (sa mère est morte sous ses yeux, son père était distant, elle n'a pas été à l'école) et tous deux rêvaient de trouver l'âme sœur ("l'un rêvait d'une sœur, et l'autre d'un frère, avec qui ils passeraient tout leur temps"). Ils ont tous les deux un travail peu gratifiant (caissier, serveuse) mais cela ne les dérange pas. Amélie aime les choses simples (les ricochets, mettre la main dans un sac de haricots, casser la croute de la crème brûlée), et Nino a un passe-temps surprenant (la collection de photomatons), et un travail étrange (squelette au train fantôme à la foire du Trône). Ils sont tous les deux originaux et sont faits pour s'entendre!

2. Amélie donne à son père l'envie de partir en voyage à l'étranger, elle pousse Georgette et Joseph dans les bras l'un de l'autre (quelle prouesse!), elle envoie une lettre à Madame Wallace pour lui prouver que son mari l'a aimée jusqu'à sa mort, et elle change des choses chez Collignon pour le rendre fou. Elle semble avoir résolu les problèmes de son père et de sa concierge. En revanche, il n'est pas sûr que la relation tienne entre Georgette et Joseph et on ne sait pas si Collignon va être assez déstabilisé pour changer d'attitude

3. Les interventions d'Amélie sont nécessaires pour l'intrigue. De plus, elle le fait pour leur bien et ses "victimes" sont adultes. Si Georgette et Joseph découvrent la supercherie ils pourront en rire. Mme Wallace ne saura sans doute jamais la vérité et sera donc heureuse. Les voyages du nain de jardin ont donné envie à M. Poulain de sortir de son petit monde. On peut en revanche être plus sceptique quant au bien-fondé de la punition infligée à Collignon. Il la mérite certainement, mais va-t-elle le forcer à se débarrasser de ses certitudes?

4. Suzanne donne l'idée à Amélie pour que Georgette et Joseph s'intéressent l'un à l'autre. Gina parle à Nino, sert d'intermédiaire, lui pose des questions et le juge. Philomène emmène le nain en voyage avec elle et envoie les photos à M. Poulain. Enfin Eva renseigne Amélie sur Nino. Il est bien évident que toutes ces personnes facilitent le travail d'Amélie, Cependant elle a tellement d'imagination qu'elle aurait sans doute pu se débrouiller toute seule (elle n'a eu besoin de personne pour redonner la boîte à M. Bredoteau, créer la fausse lettre pour la concierge et inventer le jeu de piste pour Nino).

5. Amélie change la vie des autres, et M. Dufayel change la sienne. Il est diplomate, il a du tact, elle l'écoute et réfléchit. Il la pousse pour qu'elle se lance, qu'elle accepte de faire son bonheur, qu'elle se frotte à la réalité, mais il sait la guider sans la braquer, et se sert du tableau comme intermédiaire pour qu'Amélie se découvre petit à petit. Il établit un parallèle entre la fille au verre d'eau sur le tableau et Amélie. En lui demandant son avis sur la fille du tableau, il lui pose des questions sur elle-même et conteste discrètement ses décisions. C'est grâce à lui qu'Amélie trouvera la force d'aller vers Nino.

6. Tous les personnages principaux ont évolué en découvrant quelque chose, mais c'est sans doute Amélie qui a changé le plus profondément. En découvrant l'amour et en acceptant de se laisser aller, elle a fait son bonheur. La vie est belle pour Amélie à la fin du film!

7. Amélie pourrait exister dans n'importe quelle ville de n'importe quel pays, mais Paris ajoute du charme. Cela est peut-être encore plus flagrant pour les spectateurs étrangers qui ont une image idéalisée de la ville. De plus, Paris a été embelli pour le film: il n'y a pas de graffiti, de panneaux publicitaires et de voitures garées n'importe comment. Le ciel est plus bleu, Paris est ensoleillé et gai, bref, ce n'est pas conforme à la réalité!

8.

	Concret	Abstrait
ils (se) cachent	• Amélie: le nain de jardin • Lucien déguise les achats de M. Dufayel	• Amélie: ses sentiments pour Nino • Amélie: son identité (avec le masque de Zorro)
ils cherchent	• Nino: les photomatons • Nino: Amélie	• M. Dufayel: à comprendre la femme sur le tableau • Nino et les spectateurs: l'identité de l'homme des photomatons (le réparateur)
ils découvrent	• Amélie: la boîte de M. Bretodeau • Nino: le mot dans sa poche	• Amélie: l'amour • Amélie: son destin • Nino: l'identité d'Amélie • Nino: l'identité du réparateur • Mme Wallace croit découvrir que son mari l'aimait • M. Bretodeau: son petit-fils

9. Les lumières sont douces et chaudes pour être réconfortantes et mettre à l'aise, et il y a beaucoup de luminosité dans les scènes d'extérieurs car il fait toujours beau.

Les couleurs sont chaudes aussi: beaucoup de rouges orangés, de jaune, et de verts, notamment pour les vêtements d'Amélie et pour la décoration de son appartement. Le film est truffé d'effets spéciaux qui servent l'intrigue: certains remplacent une explication (la clé dans la poche d'Amélie), certains renseignent le spectateur sur son état d'esprit (on voit son cœur battre à travers son chemisier, elle se liquéfie au café, les tableaux s'animent dans sa chambre), certains enfin parlent aux personnages pour les conseiller (l'homme en photo parle à Nino: "Tu la connais depuis toujours, dans tes rêves").

Quant à la musique, elle est légère, gaie, entraînante, et donne envie d'être heureux.

10. C'est un bon titre car il est très long et donc il intrigue les spectateurs. La rime interne (destin / Poulain) n'est pas innocente même si l'on n'y pense pas spontanément. Enfin le mot "fabuleux" est tout à fait adapté pour décrire son destin et sa vie qui ressemblent à une fable.

11. Rien n'est impossible mais cette histoire ressemble plus à un conte de fée, mais un conte ancré dans la réalité et la vie quotidienne. Le spectateur a envie d'y croire, même si l'on sait bien que cela ne se passe pas comme cela dans la vie réelle.

12. a. Le titre américain est plus simple et plus court, mais il est moins poétique et on n'est pas intrigué. S'il avait été traduit le film aurait pu s'appeler *The Fabulous Destiny of Amélie Poulain*. *Amélie from Montmartre* aurait ancré le film à Paris, mais il aurait peut-être été trop élitiste: seuls les Américains qui connaissent Paris auraient reconnu le mot. De plus "Montmartre" est difficile à prononcer pour un Américain non-francophone donc il aurait sans doute été abrégé en *Amélie*

   b. Il est vrai que le Montmartre du film est séduisant, mais il correspond à l'histoire et au personnage d'Amélie. Des voitures garées partout, des détritus, des crottes de chien, des panneaux publicitaires auraient certainement nui au pittoresque, et donc à la poésie ambiante. Il est bien évident que Jean-Pierre Jeunet espérait que son film aurait du succès à l'étranger, mais il l'a d'abord réalisé pour un public français. Il a d'ailleurs eu un succès phénoménal dans de nombreux pays aux cultures fort différentes.

13. Les deux scènes ont en commun qu'elles présentent tout ce qui se passe à la même seconde. Au début les personnages présentés sont M. Poulain, Mme Poulain, et Amélie. Dans la dernière scène on voit Hippolito, Mr Bretodeau, Mr Dufayel et le père d'Amélie. Enfin Nino et Amélie sur la moto sont l'image du bonheur, et quand on repense au début du film, on se rend compte que ce n'était pas gagné d'avance pour Amélie!

3. Analyse d'une photo

1. Amélie est chez elle et elle croit que Nino lui préfère Gina.

2. Elle fait un gâteau mais elle n'a plus de levure

3. Elle rêve de Nino allant chez Collignon lui acheter un paquet de levure

4. C'est un trucage. Il a chevauché deux images: la réalité et le rêve d'Amélie. En général, quand un personnage rêve, on ne voit que son rêve. Ici les deux coexistent.

4. Analyse de citations

1. C'est la grande résolution que prend Amélie quand elle trouve la boîte et décide de retrouver le propriétaire.

2. La collègue de Nino vient d'expliquer à Amélie qu'il n'a jamais réussi à garder une seule petite amie à cause de ses collections et ses habitudes étranges.

3. M. Dufayel demande indirectement à Amélie comment sa relation évolue et lui donne ce conseil. Elle comprend qu'il ne faut pas qu'elle laisse passer sa chance, et que le moment est venu de se lancer.

5. Sous-titres

a. "Vous savez" n'apporte rien pour le sens et "d'eau" n'a pas besoin d'être traduit car on sait bien de quelle jeune fille il s'agit.

b. Le sous-titre est concis mais toutes les idées de l'original sont rendues.

c. L'expression est plus raffinée en anglais. La phrase française est correcte mais fait partie du langage oral. C'est cependant un bon sous-titre car le sens est respecté.

d. "You mean" se justifie car dans ce contexte les deux expressions ont le même sens, et M. Dufayel reformule les idées exprimées par Amélie.

6. Les critiques

1. Peu de gens ont résisté au film car il fait rêver: qui n'aimerait pas en effet être soumis à un tel jeu de cache-cache par un(e) amoureux (-euse) transi(e)? C'est un film original et frais et l'optimisme ambiant est contagieux.

2. A sa sortie il a été dit que ce serait un film culte, celui de toute une génération. Le bonheur est tendance et il est bien évident qu'on a plus envie d'être heureux que malheureux! Les spectateurs sont ravis de se faire plaisir et sortent du cinéma légers et gais et la vie leur semble un peu plus rose.

7. Lecture

1. C'est un phénomène pour deux raisons: il avait déjà attiré trois millions de spectateurs trois semaines après sa sortie, et surtout les gens sont complètement enthousiastes.

2. On parle de consensus quand une large majorité de personnes s'accordent sur un sujet. C'est un mot souvent employé par les hommes politiques. Dans le cas d'*Amélie*, on peut dire que la France entière s'accorde ("consensus") pour aimer le film et elle le dit clairement ("tonique").

3. Beaucoup de spectateurs peuvent se retrouver dans le film car les personnages sont tout simples et leur vie quotidienne ressemble à celle de bien des gens.

4. *Le Monde*, un journal sérieux et respecté, a associé *Amélie* aux élections car ce sont les deux grands faits marquants de l'actualité. Il est très rare qu'un film ait droit à tant d'honneurs.

5. Le réalisateur explique le succès d'*Amélie* en disant que c'est un film tout simple, qui fait penser à l'enfance, et que les gens sont touchés par la générosité d'Amélie et par l'histoire d'amour. Il pousse aussi les spectateurs à prendre des risques pour ne pas laisser passer leur chance.

6. Quand on tourne un film en extérieurs on ne peut pas tout maîtriser. En studio le réalisateur peut tout prévoir à l'avance alors qu'au dehors il est dépendant de la météo, du bruit et des imprévus de toutes sortes.

7. Lady Di étant un personnage médiatique, tout le bien qu'elle faisait se voyait. Amélie, au contraire, reste anonyme.

8. Audrey Tautou et Mathieu Kassovitz préfèrent peut-être la scène de la mobylette car ils sont ensemble (c'est rare dans le film) et c'est une scène joyeuse.

9. Le tableau est bien choisi car il y a beaucoup de personnages et ils sont assez énigmatiques pour justifier les questions de M. Dufayel.

10. Jean-Pierre Jeunet a utilisé le numérique pour modifier les images du film et les rendre conformes à son imagination.

11. Aucun film ne peut plaire à tout le monde. Certaines critiques sont cependant particulièrement méchantes et agressives.

12. La phrase d'Hipolito est un peu complexe pour le film. En revanche, la phrase qui l'explique ("L'amour rend le quotidien magique") exprime très bien le message du film.

9. Pour aller plus loin

a. **Lectures:** Le story-board est disponible auprès d'Avant-Scène Cinéma. Jean-Pierre Jeunet a aussi réalisé un album sur le film avec, entre autres, des photos, des extraits de dialogues, un jeu de l'oie et un jeu de piste. Il est disponible à la FNAC.

b. **Chanson et musique:** La chanson de Jean-Jacques Goldman intitulée "Il changeait la vie" est un bon complément à *Amélie* car elle est toute simple et parle de gens qui changent la vie d'autres personnes. Les paroles sont disponibles sur www.paroles.net. La bande originale du film, composée par Yann Tiersen, est disponible aux César du Cinéma.

c. **Affiches:** Des affiches (différentes photos et différentes tailles) sont proposées par les César du Cinéma.

d. **Peinture:** Il est intéressant de demander aux étudiants de choisir un tableau (peut-être même un tableau de Renoir pour approfondir l'étude de ce peintre) et d'imaginer les rapports existants entre les personnages.

CHAPITRE **8**

Ridicule

Ridicule est une comédie dramatique et historique. C'est un film drôle et cruel, raffiné et mordant, au rythme rapide (le film dure 1h42) et aux dialogues aiguisés.

Il est classé R aux Etats-Unis, "Famille" par Monsieur Cinéma, et "Adultes et adolescents" par *Télérama*. La toute première scène du film explique le classement américain. Il est tout à fait possible de ne pas la montrer et de faire commencer le film juste après. On peut expliquer le contenu de la scène aux élèves et pourquoi elle n'est pas adaptée en classe! Le reste du film ne pose pas de problème et peut être vu à partir de 13 ou 14 ans.

Les étudiants aiment beaucoup ce film. Ils le trouvent drôle, s'attachent aux personnages principaux, et découvrent un pan de l'histoire de France qu'ils ne connaissaient pas. Pour l'apprécier il doivent être familiarisés avec le contexte et donc avoir fait les recherches proposées dans les "Repères culturels". L'histoire est facile à suivre mais la langue est très riche. Les sous-titres sont donc nécessaires pour que les étudiants comprennent les dialogues, même avec un groupe au niveau avancé.

PREPARATION

Traduisez!

1. Les courtisans étaient corrompus et impitoyables mais ils étaient influents.

2. Si Grégoire parlait de ses marais et de ses moustiques, la cour le ridiculiserait.

3. Mathilde est éclairée et elle aime expérimenter avec son scaphandre.

4. J'avais vu la comtesse et l'abbé tricher, donc je me suis moqué d'eux et je les ai humiliés.

2. Repères culturels

1. Louis XVI:
   a. Louis XVI a régné de 1774 à 1793.
   b. Louis XVI était marié à Marie-Antoinette, une princesse autrichienne réputée frivole et dépensière.
   c. Non. Louis XVI était honnête mais faible et incapable de diriger le pays.
   d. Pendant son règne, la France est intervenue dans la guerre d'indépendance américaine. Elle a mis une aide financière et militaire à la disposition des Américains, ce qui a aggravé la crise économique que la France traversait. En 1789 a commencé la Révolution française, qui a mené à la chute du roi et son exécution.

2. Versailles:
    a. La ville de Versailles se trouve à 14 kilomètres au sud-ouest de Paris.
    b. Le château de Versailles a été construit au cours du XVIIe siècle. C'est Louis XIV qui l'a fait bâtir.
    c. Une foule de courtisans entouraient le roi (notamment Louis XIV) et le célébraient. Des fêtes spectaculaires étaient organisées.
    d. Louis XIV s'intéressant au théâtre, à la peinture, à la musique et aux sciences, les artistes étaient souvent invités pour faire des représentations.
    e. Louis XVI a quitté Versailles en 1789.

3. La Dombes se trouve au nord-est de Lyon, dans l'actuel département de l'Ain. Elle possède de nombreux étangs.

4. L'abbé de l'Epée a créé une école pour accueillir les sourds-muets et inventé une méthode pour qu'ils puissent communiquer.

5. Voltaire (1694-1778), un esprit vif et brillant, issu d'un milieu bourgeois, a employé sa vie à critiquer tous les abus de la société de son temps: abus politiques, fanatisme religieux et préjugés en tous genres. Voltaire était un champion de la tolérance, pronait une meilleure répartition des richesses et le pluralisme religieux.

   Jean-Jacques Rousseau (1712-1778) se place à la charnière entre le XVIIIe et le XIXe siècle, car c'était un précurseur du romantisme. Il méprisait le progrès et basait ses principes éducatifs sur le fait que l'homme avait une bonne nature, mais que la société le corrompait. Ses idées ont inspiré les révolutionnaires et la déclaration des droits de l'homme.

6. Un duel est un combat (généralement à l'épée ou au pistolet) entre deux personnes. Il avait lieu quand l'une avait été offensée et qu'elle demandait réparation à l'autre pour laver son honneur. Les duels ont été interdits par Richelieu en 1626, mais ils étaient tolérés à l'époque du film.

7. Le 14 juillet 1789, le peuple français a pris la Bastille, car elle représentait l'autorité royale dont il ne voulait plus. En août a été votée la "Déclaration des Droits de l'Homme et du Citoyen" qui assurait, pour la première fois, que les hommes étaient tous égaux. En 1792, la monarchie a été abolie et la république déclarée.

CONVERSATION EN CLASSE

2. Les paysans pêchent dans les marais.

3. Il espère obtenir une charge d'ingénieur du roi pour faire assécher ses marais, comme cela a été fait auparavant autour de Versailles.

4. Le marquis de Bellegarde, qu'il ne connaît pas encore, le lui fait comprendre ainsi: "Vous le reconnaîtrez facilement, monsieur… à sa veuve!"

5. Grégoire est assommé par un brigand qui lui vole son argent et son cheval. Il est recueilli et soigné par le marquis de Bellegarde.

6. Maurepas trouve le projet intéressant mais il n'en parlera pas au roi car c'est trop coûteux.

7. Le marquis de Bellegarde résume la situation en disant que l'aile gauche "est occupée par les ministères. On y travaille aux affaires du royaume." Quand à l'aile droite, elle "accueille la cour. On y travaille à ses propres affaires."

8. Ponceludon fait preuve d'intelligence et sait placer un bon mot quand il le faut, mais il est encore rustique, et rit inopportunément.

9. Elle emploie son temps à la recherche scientifique, et notamment à expérimenter avec un scaphandre.

10. Montalieri versera vingt mille livres de rente à Mathilde, en échange de quoi il "aura accès deux fois le mois à la chambre de sa femme", mettra des dépendances à sa disposition pour ses recherches, mais lui interdit de se montrer à la cour.

11. Non, le généalogiste veut des preuves que Ponceludon n'a pas car son château a brûlé.

12. Mathilde est élevée très librement, elle fait ce qu'elle veut, son père la laisse libre de ses choix.

13. La comtesse de Blayac a tout arrangé car elle cherche à acheter le silence de Ponceludon. En effet, elle sait qu'il l'a vue tricher à la partie de bouts-rimés, et elle est terrifiée à l'idée que cela se sache.

14. La comtesse lui fait du charme, ce qui le prend au dépourvu bien qu'il soit attiré par elle.

15. L'abbé profite que le baron se soit endormi pour mettre une de ses chaussures au feu, puis l'appelle pour une audience avec le roi. Le pauvre baron est tellement humilié qu'il se pend.

16. La comtesse de Blayac a exigé son renvoi car Paul, en portant le casque de plongée de Mathilde, a effrayé son cheval, qui l'a fait tomber.

17. Mathilde est outrée de la décision de la comtesse et va lui demander la grâce de Paul, qu'elle refuse.

18. Le but était de ridiculiser Ponceludon en l'empêchant de faire de l'esprit, alors qu'on l'y conviait.

19. Il ne veut pas assister au mariage de Mathilde, qui lui fend le cœur.

20. Mathilde se montre à la cour pour rompre son engagement avec Montalieri, car l'idée de l'épouser est "insupportable".

21. Après un brillant exposé durant lequel il a démontré l'existence de Dieu, Vilecourt assure qu'il aurait pu démontrer le contraire. La comtesse ne lui pardonne pas ce blasphème devant le roi.

22. Il décide de repartir après avoir reçu une lettre enflammée de la comtesse.

23. Elle veut qu'il sache qu'elle a une liaison avec Ponceludon, afin que Mathilde perde tout espoir.

24. Les gens se moquent et ricanent.

25. Il est influencé par la comtesse de Blayac et apprécie le jeu de mots de Ponceludon ("Le roi n'est pas un sujet"). Il l'invite alors pour une audience privée, le grand rêve de Grégoire.

26. Ponceludon a été insulté et veut laver son honneur.

27. Elle est folle de rage et assure qu'elle sera vengée ("Il me le paiera!").

28. Il ne peut plus le recevoir puisque Ponceludon a tué l'un de ses chevaliers en duel.

29. Un danseur fait un croc-en-jambe à Ponceludon, qui tombe sur le sol. C'est le sommet du ridicule, et la vengeance de la comtesse.

30. Le marquis s'est réfugié en Angleterre, et Grégoire et Mathilde travaillent à assécher la Dombes.

APPROFONDISSEMENT

1. Vocabulaire

A. Complétez la phrase en choisissant l'expression qui convient.

1 b - 2 a - 3 c - 4 a - 5 c - 6 b - 7 b - 8 c

B. Retrouvez les mots du Vocabulaire en utilisant une syllabe de chaque colonne:
2. Ironie
3. Scaphandre
4. Eclairé
5. Moustique
6. Royaume
7. Couronne
8. Influent
9. Physique
10. Calembour
11. Elever
12. Courtisan

2. Réflexion - Essais

1. Grégoire est un aristocrate sans le sou, un provincial modeste que la cour trouve rustique. C'est un jeune homme plein de bonnes intentions et de compassion, un homme de progrès et de raison. Il sera sauvé de son idéalisme et de sa naïveté excessive par son agilité d'esprit.

2. Au départ, Grégoire semble mal parti, puisque la seule personne qu'il connaissait vient de mourir. Il n'a aucune idée des mœurs de la cour, est bien trop sincère, et croit, à tort, qu'une noble cause sera suffisante pour obtenir l'intérêt du roi. Il est bien vite déçu par les bureaucrates.

Cependant Grégoire comprend rapidement que pour plaider sa cause il devra d'abord s'assurer une réputation d'homme d'esprit dans les salons. Il s'adapte et est bientôt séduit par la cour et la comtesse de Blayac. Il s'énivre de ses succès et perd petit à petit le fil de sa mission, pour finir par trahir Mathilde et se trahir lui-même.

Il ne redevient lui-même qu'à la fin, quand il a compris les machinations de la comtesse. Il quitte la cour complètement ridiculisé et écœuré par les pratiques des courtisans.

3. La comtesse de Blayac est le symbole même de Versailles: corrompue, égoïste, mondaine, et méchante pour servir son intérêt personnel. C'est une femme rusée, calculatrice, aguichante, qui sait enjôler et manipuler bien qu'elle ne soit plus jeune. Son amitié est dangereuse, mais la comtesse est influente et a ses entrées partout à Versailles. C'est une anguille, mais une anguille vulnérable et finalement bien seule.

Mathilde, au contraire, est honnête, naturelle et indépendante, avec des idées bien à elle, loin des idées conventionnelles de la cour. Elle est volontaire, voire entêtée, notamment dans ses recherches scientifiques, où elle fait preuve d'intelligence et d'ingéniosité. Elle déteste les compromissions de Versailles, ainsi que le sarcasme et l'ironie qui vont avec. C'est un esprit rationnel, qui pense que tout a une explication scientifique, même le sentiment amoureux. Elle est cependant capable d'un amour pur et sincère, au contraire de la comtesse.

4. Derrière la façade opulente des courtisans blasés, Versailles cache un nid de serpents où seuls résistent ceux qui ont:

~ un arbre généalogique irréprochable

~ un goût pour le paraître et la mode (rappelons-nous le poudrage de la comtesse)

~ un esprit brillant, rapide et affûté pour répondre à toutes les attaques, et assez de méchanceté, de malveillance et de rancune pour être inspiré

~ un goût pour le vice, la corruption et la débauche

Ces intrigants flagorneurs occupent leurs journées en assistant à des jeux, des dîners, des promenades, des exposés savants, et passent le reste de leur temps à se railler les uns les autres. Ils brillent en humiliant. Ils sont impitoyables et n'ont aucun remords, puisqu'il faut être méchant et cynique pour réussir.

Avec le recul de l'Histoire, le spectateur s'amuse d'autant plus des machinations de ces pantins dérisoires et de la sauvagerie de leur pratiques qu'il sait que la guillotine attend nombre d'entre eux.

5. Le bel esprit est une arme redoutable pour qui sait s'en servir. Il est utilisé pour le plaisir de briller, ainsi que pour humilier et faire souffrir. Il est indispensable pour se faire une réputation, et avoir une chance d'être remarqué par le roi, ou tout simplement pour garder sa place. Il est tellement important que le marquis de Bellegarde note et classe

tous les mots d'esprit qu'il a entendus, et se délecte à leur relecture.

6. Le marquis de Bellegarde commence par décourager Grégoire, mais finit par le soutenir. Il le loge, lui prodigue mille conseils, et le guide dans ses premiers pas à la cour. Il en connaît tous les rouages et les pièges, et est toujours fasciné malgré les défaillances de son esprit. C'est un gentilhomme droit et sympathique, qui prend Grégoire sous son aile et l'introduit à Versailles.

7. La personnalité de l'abbé est résumée dans son nom: c'est un courtisan méchant et fat, qui sait porter les coups et n'hésite pas à tricher pour garder sa place et sa réputation. Il minaude et affiche en permanence un air satisfait. Il est habile mais va trop loin, et on ressent presque de la pitié quand il perd les faveurs de la comtesse, qui ne veut plus s'afficher avec un homme qui a été ridiculisé.

8. Le roi ne brille ni par son intelligence ni par sa présence d'esprit. Il est niais et a besoin qu'on lui explique les jeux de mots. Il s'intéresse cependant aux sciences et techniques, et notamment au projet de Ponceludon.

9. Quand elle est chez elle, Mathilde porte une simple robe bleue, en toile grossière. A la cour, en revanche, elle porte une robe jaune plus sophistiquée mais bien plus simple que les robes portées par les autres femmes. Le jaune, une couleur franche et gaie, représente la fraîcheur, la pureté, et la jeunesse de Mathilde.

Dans la Dombes, Grégoire porte un habit simple et terne. A son arrivée à Versailles, il porte un habit bleu et un gilet jaune assorti à la robe de Mathilde. A la fin, il est vêtu d'un habit richement brodé pour sa rencontre avec le roi et pour le dernier bal. L'évolution dans ses vêtements accompagne son évolution à la cour.

Le marquis de Bellegarde porte un habit rouge passé. Ce rouge donne l'impression qu'il était vif au début, mais qu'il s'est fané, comme l'esprit du marquis.

Vilecourt, un abbé, porte évidemment du noir, mais il accompagne son habit de dentelles.

Enfin la comtesse porte le noir du deuil au début, mais cela ne dure pas. On la voit bientôt dans une robe bordeaux, puis dans des robes rouges (elle en a plusieurs, dans des tissus différents mais toutes sont rouge vif ou corail). Le rouge est la couleur de la passion amoureuse.

10. Nous avons des oppositions entre:

~ la cour de Versailles et les marais de la Dombes

~ la profondeur de Ponceludon et la superficialité des courtisans

~ Mathilde et la comtesse de Blayac

~ la vie corrompue de la cour et la vie naturelle au domaine du marquis de Bellegarde

~ la jeunesse et la fraîcheur de Mathilde et la décrépitude de Montalieri

~ la possibilité pour Ponceludon de rester pur et de rejeter la cour, ou de se corrompre avec l'espoir d'obtenir les faveurs du roi

~ le profond intérêt pour les sciences de Ponceludon et de Mathilde et la bêtise du roi quant aux choses "techniques"

11. Ponceludon est un homme des Lumières. C'est un jeune homme éclairé, qui attache du prix à la vie humaine et de l'importance aux sciences, et qui est écœuré par les vices de la société.

12. Mathilde n'est pas typique des femmes de son temps, car elle s'intéresse aux sciences, est savante, et fait des recherches (un domaine réservé aux hommes). Elle symbolise l'esprit des Lumières, et pourtant elle a failli se marier avec un homme âgé et qu'elle n'aime pas, ceci pour l'argent et parce qu'une femme n'a pas grand choix. Mathilde est donc féministe avant l'heure, mais une féministe empêtrée dans les conventions de son temps.

3. Analyse d'une photo

1. Le groupe est composé du roi et de la reine, de la comtesse de Blayac et de Ponceludon, et de quelques courtisans.

2. Ils sont dans les jardins du château de Versailles.

3. Cette scène se passe après la réconciliation entre Ponceludon et la comtesse. Elle s'est arrangée pour que Ponceludon rencontre le roi "par hasard".

4. Ils sourient car Ponceludon a réussi à approcher le roi et son jeu de mots a eu du succès. Il a donc fait bon effet et le roi l'a invité à se joindre à eux.

5. Le roi marche en tête du groupe qui va regarder un nouveau canon.

4. Analyse de citations

1. Cette repartie de Ponceludon à l'abbé de Vilecourt est prononcée lors de sa première apparition à la cour. Elle fait référence au fait que les paysans travaillent pour nourrir tout le pays, y compris les aristocrates qui ne font rien et qui trouvent cela normal.

2. C'est une des recommandations du marquis à Ponceludon, afin qu'il ait l'attitude appropriée parmi les courtisans. Le rire franc de Ponceludon est déplacé. Quand on rit à la cour, on le fait doucement et bouche fermée.

3. La comtesse n'est pas dupe de Ponceludon: elle sait très bien qu'il ne s'intéresse à elle qu'avec l'espoir que leurs relations le mèneraient au roi. Elle le comprend mais voudrait bien que Ponceludon cache son but et prenne l'air un peu amoureux.

4. Ce jeu de mots est prononcé par Ponceludon alors qu'il rencontre le roi. Celui-ci veut juger de son esprit et lui demande de faire un mot sur lui. Ponceludon trouve alors cette remarque habile et amusante, qui plaît au roi et à la comtesse.

5. Sous-titres

a. "Annoncez!" est clair dans le contexte, mais il ne l'aurait pas été en anglais. "Verse form" est donc un bon choix car il explique tout en restant fidèle au sens de l'original.

b. Seul "été" a été traduit. Ce bout-rimé était impossible à rendre donc le sous-titreur a choisi d'en créer un nouveau. Il a cependant conservé le ton de l'original, qui était une moquerie de l'abbé. C'est un excellent sous-titre.

c. Le mot "silence" est plus fort mais ils ont le même sens dans ce contexte.

d. Le mot "éventé" faisait allusion à l'éventail de la Comtesse. L'idée est reprise avec "fan", et on retrouve "éventé" dans "winds". Là encore, le sous-titreur a brillamment réussi son sous-titre.

6. Les critiques

1. Il est vrai que Bellegarde a dû traverser une phase identique à celle que traverse Ponceludon pendant son initiation aux mœurs de la cour. Nous savons qu'il avait de l'esprit, Grégoire en a aussi. Cette impression est renforcée par l'attitude paternelle adoptée par le marquis. Il y a cependant une différence notoire entre les deux: le marquis sait se taire et observer, ce qui explique qu'il est à la cour depuis de nombreuses années, alors que Ponceludon est d'un naturel incisif, et aurait sûrement fini par tomber.

2. Patrice Leconte situe son film au XVIIIe siècle et à la cour de Versailles, mais rien n'a changé: nous avons toujours des dirigeants plus intéressés par leur intérêt personnel et leur image que par le travail qu'ils sont supposés accomplir pour le bien de la nation. Quant aux coutisans de Versailles, on les retouve dans le monde du cinéma, de la politique et des médias où chacun veut briller aux dépens et en écrasant les autres.

7. Parallèles avec d'autres films

1. Les films se passent en 1783, 1832, et aux alentours de 1850, et la situation est à peu près identique pour les femmes. Le mariage est une nécessité et les femmes n'ont pas grand choix.

   Avant de rencontrer Grégoire, Mathilde de Bellegarde avait l'intention d'épouser Montalieri car il était très riche. Ce n'était donc pas un mariage d'amour, mais une façon de financer ses recherches. Montalieri étant vieux, elle pouvait espérer tomber veuve de bonne heure. De toute façon, il était clair dans le contrat de mariage qu'ils ne vivraient pas ensemble.

   Le cas de la comtesse de Blayac est tout à fait comparable. Elle a épousé un homme riche et bien plus âgé qu'elle, dont elle est maintenant veuve. Elle n'aimait pas son mari, ils vivaient séparément et la comtesse avait des amants.

   Pauline de Théus a elle aussi épousé un vieil homme, et elle est devenue marquise grâce à ce mariage. En revanche, elle aime son mari et fait tout ce qu'elle peut pour le retrouver.

   Emma Bovary s'est mariée parce qu'elle ne voyait pas ce qu'elle pourrait faire d'autre, et elle espérait que le mariage la rendrait heureuse. Elle pensait que la profession de Charles (officier de santé) lui permettrait de vivre comfortablement. Emma n'aime pas son mari et elle se sent prisonnière de son mariage. Elle a des amants.

2. Dans *Ridicule* Grégoire est moqué car c'est dans les habitudes des courtisans de recevoir les étrangers ainsi. C'est aussi par vengeance personnelle que la Comtesse se moque de lui. Il en est bien conscient et répond pour se défendre, mais finit par se lasser et quitte Versailles. On ne peut pas dire cependant que les courtisans ont remporté la bataille. En effet, ils n'ont pas détruit Grégoire qui mènera son projet à bien, alors que beaucoup d'entre eux devront fuir ou seront guillotinés.

Dans *Le dîner de cons* la moquerie est traitée différemment. Pignon est moqué car il s'y prête bien et c'est le but du dîner. Il n'en est pas conscient et c'est ce qui rend le film drôle. Quand il s'en rend compte il est déçu et amer, et ne comprend pas pourquoi Brochant le trouve si "con". Ni l'un ni l'autre ne remporte la bataille. En effet Brochant a beaucoup perdu pendant la soirée et n'a plus la force de se moquer de Pignon, qui ne peut pas être déclaré vainqueur puisque sa maladresse finale montre qu'il n'a rien perdu de sa naïveté.

Dans les deux films la moquerie joue un rôle-clé et elle affecte tout le monde, les moqueurs comme les moqués.

3. A l'époque l'Angleterre représentait la liberté. La France a eu besoin d'une révolution sanglante et de la guillotine pour changer ses lois et faire évoluer ses mentalités, alors que les Anglais ont préféré garder leur roi tout en limitant ses pouvoirs (c'est le principe du Bill of Rights, signé en 1688 par William III et Mary II). Les aristocrates étaient donc en sécurité en Angleterre à la fin du XVIIIème siècle. Quant aux habitants de Terre-Neuve, ils étaient tous immigrés ou descendants d'immigrés, et auraient sans doute accueilli Neel sans lui poser de questions.

8. Lectures

1. Extrait du roman

1. Grégoire remarque que sa veuve et son confesseur sont méprisants, hautains et sûrs d'eux, et que la maladie est partout, même à Versailles.

2. Grégoire ne fait pas la révérence d'usage, ne comprend pas les expressions de la comtesse et se croit obligé de se justifier quand l'abbé remarque la saleté sur ses bottes.

3. La comtesse profite de toutes les occasions pour placer un bon mot et n'est aucunement affligée par la mort de son mari.

4. La comtesse est experte dans l'art d'être double. Elle peut, d'un simple regard, exprimer le contraire de ce qu'elle est en train de dire.

5. Vilecourt est immédiatement agressif envers Grégoire pour plaire à la Comtesse. C'est tout à fait révélateur des relations à venir: Vilecourt doit briller pour conserver les faveurs de sa maîtresse.

6. La Comtesse et l'abbé changent d'expression car ils ont compris que Grégoire n'est pas un sot venu de sa campagne, mais au contraire un jeune homme fin à l'esprit affûté.

2. **La Déclaration des Droits de l'Homme et du Citoyen**

1. Article premier
   a. Désormais les hommes seront libres et égaux.
   b. Les hommes ne seront plus jugés sur leur naissance mais sur ce qu'ils valent.

2. Article 2
   a. Les hommes ont le droit de s'associer pour conserver leurs droits.
   b. Les hommes ont le droit d'être propriétaires d'une maison, d'animaux (chevaux, vaches, volailles) ou d'un commerce. Ils ont le droit d'être en sécurité chez eux, au travail et dans leur vie religieuse et associative. Ils ont le droit de résister à l'oppression de l'Etat (les impôts, les emprisonnements, les injustices en général).

3. Article 4
   a. Les hommes ont le droit de faire tout ce qu'ils veulent si cela ne dérange pas les autres.
   b. C'est la loi qui fixe les limites.

4. Article 6
   a. Les citoyens ont le droit de participer à l'élaboration de la loi.
   b. La justice doit traiter tous les hommes de la même façon puisqu'ils sont égaux.
   c. Tous les hommes peuvent accéder aux postes les plus élevés s'ils sont capables de faire le travail.

5. Article 9
   a. Une personne est considérée innocente jusqu'à ce qu'il ait été prouvé qu'elle est coupable. Si quelqu'un doit être arrêté il faut le faire humainement, sans avoir recours à la force si ce n'est pas nécessaire.
   b. Auparavant les arrestations pouvaient être très brutales et les détentions cruelles. Les hommes étaient traités comme des animaux.

6. Article 10
   a. Les hommes ont le droit de croire en ce qu'ils veulent, et de pratiquer leur religion pourvu que cela ne dérange pas les autres.
   b. Les rois de France étaient catholiques.
   c. Les Protestants ont été persécutés pendant des siècles. L'édit de Nantes leur a donné la liberté de culte en 1598 mais il a été révoqué en 1685. La Déclaration des Droits de l'Homme revêtait donc une importance capitale pour eux.

7. Article 11
   a. Non seulement les hommes ont le droit de croire en ce qu'ils veulent, mais ils ont le droit de s'exprimer.
   b. Sous l'Ancien Régime la liberté d'expression n'existait pas. Tout était soumis à la censure.
   c. Les hommes ont le droit de communiquer leurs opinions mais ne doivent pas abuser de leur liberté. Ils doivent le faire conformément à la loi. Cette mesure laisse la porte ouverte à toutes sortes de restrictions. D'ailleurs la censure des écrits ne sera abolie qu'en 1830, celle des dessins et estampes en 1880 et celle du théâtre en 1906!

8. Article 12
   a. Il est nécessaire d'avoir une police pour que les droits de chacun soient respectés.
   b. Elle protègera tous les citoyens

3. **Déclarations de Louis XVI**

   1. Dans le film Louis XVI semblait vivre dans son petit monde de Versailles sans se préoccuper de ce qui se passait à l'extérieur. Il faut se souvenir qu'à la Cour de France il n'était pas de bon ton de se préoccuper de ses sujets…

   2. Oui, Louis XVI semble tout à fait sincère.

   3. Dans le film le roi semblait avoir ni intelligence ni profondeur. Ces dernières paroles prouvent le contraire et redonnent une humanité à Louis XVI, qui meurt en homme digne et courageux.

   4. Louis XVI pense que sa mort ne va rien changer. Il craint que la France ne se retrouve plongée dans un bain de sang. Il fait preuve d'une clairvoyance étonnante.

4. **Dernière lettre de Marie-Antoinette**

   1. Marie-Antoinette n'a pas honte de mourir car elle a le sentiment de n'avoir commis aucun crime.

   2. Elle a la conscience tranquille car elle n'a rien à se reprocher.

   3. Dans le film on ne voit jamais Marie-Antoinette avec ses enfants. On la voit en train de s'amuser et de se promener au milieu des courtisans. Il est bien possible cependant que la reine ait eu de l'affection pour ses enfants.

   4. Dans le film Marie-Antoinette faisait son devoir. Les reines avaient un rôle social très important à la cour. Beaucoup d'entres elles ont d'ailleurs eu une influence capitale sur les arts (musique, théâtre, danse).

   5. On voit peu Louis XVI et Marie-Antoinette ensemble. Il semble que chacun avait sa vie, ses obligations et ses amis. Cela ne les empêchait pas d'êtres proches en privé.

   6. On peut supposer que Marie-Antoinette pardonne à ses ennemis car elle sait que la tourmente de l'Histoire leur a fait perdre la raison. C'est aussi dans la tradition chrétienne de pardonner.

   7. Dans cette lettre Marie-Antoinette se révèle tendre et profonde et donne l'impression d'avoir été bonne épouse et bonne mère. Elle n'a rien de frivole et est capable d'analyser posément la situation dans laquelle elle se trouve, malgré l'imminence de son exécution.

   8. Marie-Antoinette a été sacrifiée par l'Histoire. Les Français ne supportaient plus les excès et les injustices et s'en sont pris au roi et à la reine qui personnifiaient tout ce qu'ils détestaient. Louis XVI et Marie-Antoinette n'étaient pas pires que d'autres, ils ont juste régné au mauvais moment.

10. Pour aller plus loin

a. **Lectures:** Le roman (*Ridicule*), écrit par Rémi Waterhouse (le scénariste du film), est disponible aux César du Cinéma. Deux fables de La Fontaine sont aussi recommandées: "Le corbeau et le renard" (sur le flatterie) et "La grenouille qui se veut faire aussi grosse que le bœuf" (sur l'ambition démesurée).

b. **Films:** On peut prolonger l'étude de *Ridicule* en étudiant d'autres films ayant lieu à la même époque: *Beaumarchais l'insolent* d'Edouard Molinaro (la vie de Beaumarchais entre 1774 et 1784), *La nuit de Varennes* d'Ettore Scola (l'arrestation de la famille royale en 1791), *La Marseillaise* de Jean Renoir (les événements révolutionnaires de 1789 à 1792), *Danton* (son procès en 1794) et *Les chouans* d'Henri Calef (la révolte des chouans en Vendée sous le Directoire).

c. **Musique:** La bande originale du film est disponible aux César du Cinéma.

d. **Recherches:** Le site officiel du château de Versailles (www.chateauversailles.fr) est magnifique et très bien organisé. Les articles sur la vie à la cour sont particulièrement conseillés.

CHAPITRE 9

La veuve de Saint-Pierre

La veuve de Saint-Pierre est un film riche, âpre et dense. C'est une grande histoire d'amour qui aborde sobrement le sujet de la peine de mort.

Il est classé "R" aux Etats-Unis. Monsieur Cinéma le considère pour tous publics, et les autorités canadiennes le trouvent adapté à partir de 14 ans. Ce dernier classement me semble justifié car c'est une histoire qui demande une certaine maturité, mais rien dans le film ne justifie le classement américain.

C'est un film lent et extrêmement triste. Il suscite des conversations passionnantes mais les étudiants doivent savoir à l'avance que c'est un drame. Le contexte historique et géographique ne leur étant pas familier, ils ne pourront apprécier le film que s'ils ont bien travaillé les "Repères culturels".

PREPARATION

Traduisez!

1. Neel est un pêcheur qui commet un crime parce qu'il était saôul.

2. Madame La est entêtée et elle voudrait que Neel s'enfuie avec la barque.

3. Les membres du Conseil sont lâches, ils ont peur de perdre la face et ils n'ont confiance en personne.

4. Ils ont du mal à trouver un bourreau parmi les gens de Saint-Pierre.

2. Repères culturels

1. Saint-Pierre-et-Miquelon sont des îles dans l'Atlantique, à une vingtaine de kilomètres de la côte de Terre-Neuve.

2. L'archipel est une collectivité territoriale française, donc les habitants sont français.

3. Quand on parle de "la métropole", on fait référence à l'Hexagone, c'est-à-dire le territoire français en Europe. On parle donc de la métropole quand on est sur un territoire français à l'extérieur de l'Hexagone, notamment dans les DOM-TOM.

4. La Martinique est une île des Antilles, dont la capitale est Fort-de-France. C'est un DOM (département français d'outre-mer), donc les Martiniquais sont français.

5. Le film se passe pendant la seconde République (1848-1852). La Révolution de 1848 a chassé Louis-Philippe, le dernier roi de France. La seconde République, présidée par Louis-Napoléon Bonaparte (neveu de Napoléon Ier), a été suivie du Second Empire (1852-1870). Les gens ont accueilli la seconde République dans l'enthousiasme mais ont

vite déchanté face à la crise économique et à une instabilité politique permanente.

6. La guillotine date de 1789. La Révolution française l'a rendue célèbre.

7. La peine de mort a été abolie en France en 1981. Pour de plus amples informations sur ce sujet, voir les lectures en fin de chapitre.

8. "Sédition" veut dire encouragement à la révolte contre l'autorité et la sûreté de l'état.

9. Une cour martiale est un tribunal militaire exceptionnel.

CONVERSATION EN CLASSE

2. Dans la première scène on voit Madame La, habillée en noir, dans un grande pièce vide. Il est clair qu'elle est veuve.

3. Les pêcheurs travaillent dans des conditions très dures. Ils doivent affronter le froid, le vent, et l'humidité, et ils risquent de se perdre à cause de l'épais brouillard.

4. Les hommes boivent à la taverne en rentrant de la pêche.

5. Les deux hommes tuent le Père Coupard pour savoir s'il est gros ou gras. C'est un pari stupide qu'ils font parce qu'ils sont ivres.

6. C'est un procès public. L'interrogatoire est expéditif et les hommes n'ont pas d'avocat.

7. La scène du procès est interrompue par les souvenirs du crime (cela apporte un éclairage sur ce qui s'est passé) et par une scène dans laquelle on voit le Capitaine et Madame La ensemble. C'est important car on sent qu'ils sont différents: ils n'assistent pas au procès et on voit qu'ils sont très amoureux.

8. Un caillou est lancé contre le cheval qui tire la charrette dans laquelle sont assis les deux condamnés. Cela fait peur au cheval qui s'emballe. La charrette se renverse, Louis Ollivier tombe et sa tête heurte une pierre.

9. Madame La est convaincue qu'un homme peut être mauvais un jour et bon le lendemain. Elle lui propose donc de l'aider à faire la serre pour lui donner une seconde chance. Elle est aussi très intriguée par cet homme.

10. Il pense que Madame La prend des risques insensés et il a peur que Neel s'enfuie, ce qui serait fort dommageable pour sa réputation.

11. Le Gouverneur n'apprécie pas les idées modernes du Capitaine et de sa femme, et voudrait que celle-ci obéisse à son mari. Le Capitaine, au contraire, a confiance en elle, et la laisse prendre ses décisions.

12. On comprend que Neel et Jeanne-Marie ont été intimes et qu'il est le père de la petite fille.

13. Madame La et Neel passent beaucoup de temps ensemble: ils travaillent dans la serre, rendent service aux villageois et Neel commence son apprentissage de la lecture.

14. La Martinique peut envoyer sa vieille guillotine (elle en a une toute neuve) mais aucun

bourreau ne peut voyager car les bateaux n'en veulent pas à bord (cela porte malheur).

15. La population change d'opinion envers Neel car il est gentil, sobre et tout simplement humain. Il est toujours prêt à rendre service et sauve même une femme et sa maison au péril de sa vie.

16. Plusieurs raisons expliquent que le Gouverneur ne trouve pas de bourreau parmi les Saint-Pierrais:

    ~ les gens ont peur du qu'en-dira-t-on

    ~ ils savent que le bourreau sera exclu de la communauté

    ~ ils savent aussi que le bourreau ne pourra plus jamais rentrer en France (puisque les bateaux ne voudront pas de lui)

    ~ enfin ils auraient honte d'exécuter Neel, un homme devenu si bon

17. Les avantages matériels ne sont pas négligeables: un logement gratuit et 2000 francs.

18. M. Chevassus n'a pas envie d'être bourreau mais il n'a pas le choix. S'il refuse, le Gouverneur ne lui permettra pas de rester à Saint-Pierre car il n'a pas d'argent.

19. La population est tellement soudée autour de Neel qu'elle refuse de tirer le bateau. Neel accepte car il pense que l'argent aidera Jeanne-Marie et ses enfants, et il sait bien qu'il ne gagnera jamais contre l'Administration. Tôt ou tard la guillotine sera débarquée. Il préfère donc en finir. C'est aussi, pour lui, une façon de faire son chemin de croix.

20. Là encore, le Capitaine sait bien que la manifestation ne servira à rien. Il a raison de leur dire de rentrer chez eux car les soldats auraient tiré. Comme Neel, le Capitaine est convaincu que rien ne peut sauver le condamné.

21. Le Capitaine est perplexe. Il pense sans doute qu'elle va l'aider à fuir.

22. Pour le Conseil, la décision du Capitaine est synonyme de trahison.

23. Madame La ne veut pas voir Neel mourir. Celui-ci, en revanche, se sait coupable et trouve sa sentence justifiée.

24. Le Capitaine est relevé de ses fonctions car il est accusé de sédition par le Gouverneur. Son indiscipline a trouvé ses limites.

25. La relation de Madame La avec Neel a hérissé le Conseil et braqué le Gouverneur contre le Capitaine. Ceci dit, c'est surtout l'innocence de Madame La qui est responsable des problèmes de Jean. Elle croyait naïvement qu'il était possible de racheter un condamné, et a entraîné son mari dans cette cause perdue d'avance. Il ne faut pas oublier non plus que le Capitaine avait toujours été en mauvais termes avec le Gouverneur. L'affaire Neel Auguste n'a fait qu'aggraver une relation déjà tendue.

26. L'exécution est épouvantable. La guillotine est hors d'usage, donc Neel doit être achevé à la hâche.

27. Le Capitaine est condamné et fusillé.

28. L'exécuteur a disparu mystérieusement de Saint-Pierre, où il était impossible de vivre après cette terrible épreuve.

APPROFONDISSEMENT

1. Vocabulaire

A. De qui parle-t-on?
   1. l'avocat
   2. le témoin
   3. la victime
   4. le juge
   5. le suspect
   6. les jurés

B. Trouvez l'intrus:

serre – crabe – se venger – suspect – émeute – filet – ramer – avouer

2. Réflexion - Essais

1. Le Capitaine et Madame La s'aiment d'un amour sans faille. Nous savons qu'elle a quitté le nom d'une grande famille pour épouser un soldat, c'était donc un mariage d'amour dès le départ. Nous les voyons souvent échanger des sourires et des regards tendres, ils se comprennent à demi-mot et se respectent. Il sont intimes physiquement et dans leurs idées (ils partagent beaucoup de points de vue). Ils ont confiance l'un dans l'autre et se sentent forts quand ils sont ensemble. En fait, ce sentiment d'invincibilité les mène à leur perte car il les aveugle. La plus grande preuve d'amour que le Capitaine donne à sa femme est de la laisser faire ce qu'elle veut, même si elle met sa vie en péril.

2. Les sentiments que Madame La et Neel éprouvent l'un pour l'autre sont ambigus. Elle ne se voue sans doute pas à la cause de Neel par amour, puisque l'on sait qu'elle est profondément amoureuse de son mari. Quant à lui, il entretient une relation amoureuse avec Jeanne-Marie, qu'il épouse. Ce qui est sûr, c'est que la tendresse et le respect sont réciproques.

3. Elle le fait parce qu'elle y croit. Elle croit sincèrement qu'un homme peut se racheter, qu'il peut toujours s'améliorer, et que sa bonté fera fléchir l'Administration. Elle le fait aussi pour se prouver à elle-même et prouver à la communauté que c'est possible. Si elle avait réussi à sauver la tête de Neel, elle aurait démontré qu'elle avait raison. Elle a en partie réussi puisque la population entière la soutient, et même les notables doutent du bien-fondé de leur décision. C'est aussi dans sa nature d'aller jusqu'au bout de ses idées. Elle est passionnée et elle s'entête quand elle est persuadée d'avoir raison, même si les conséquences sont désastreuses.

4. Le Capitaine laisse une grande liberté d'action à sa femme, ce qui n'était pas commun à l'époque. Il faut dire que Madame La est fort différente des bourgeoises que l'on croise

dans le film. Elle a un caractère bien trempé, est insoumise et en avance sur son temps, ce que le Capitaine admire. Il est amoureux de sa femme et a confiance en elle, même s'il a parfois des raisons d'être intrigué.

5. Les personnages sont tous attachants. On ne sait pas grand chose d'eux, de leur passé, mais on se sent lié à eux par le drame qui se noue à l'écran.

L'enthousiasme, la naïveté et l'obstination de Madame La la rendent touchante et charmante. Sa droiture et son assurance qu'il est possible de faire plier l'Administration forcent l'admiration. Elle aime la vie, la sienne et celle des autres.

Le Capitaine, quant à lui, est digne, mesuré et résigné. C'est un homme tiraillé entre son amour et son devoir, et qui préfère plaire à sa femme plutôt qu'au pouvoir. Son indépendance vis-à-vis de l'Administration et sa loyauté envers sa femme sont des preuves de courage et de noblesse.

Enfin Neel est une brute pleine de bonté, qui regrette son geste et qui est capable d'aimer. Il est pudique, humble et fataliste. On éprouve de la compassion pour lui quand on voit la façon dont il fait face à sa punition, qu'il sait justifiée. Il préfère mourir plutôt que fuir. C'est, comme pour le Capitaine, une marque de noblesse.

6. Le film dresse un portrait tout à fait négatif de l'Administration et des notables. Ils sont bornés, cyniques, mesquins et inflexibles. Ils sont couards, ont peur du ridicule, sont complètement dépendants de Paris, et craignent en permanence d'entâcher leur réputation. Ils sont butés et préfèrent appliquer la loi sans réfléchir, plutôt que de revenir sur leur décision. Ils ne veulent pas donner l'impression d'être faibles, même s'ils ont des doutes, et même si toute la ville est contre eux.

7. C'est évidemment un des messages du film. On assiste au rachat de Neel et il est de plus en plus clair que c'est un homme bon qui va payer très cher la faute qu'il a commise. Un homme mérite-t-il la peine de mort quand il se repent et se rachète? C'est une question très personnelle qui fait appel aux convictions profondes de chacun.

8. Il n'y a pas de doute que le temps, ou plutôt le manque de temps, joue un rôle. Cela intensifie les relations, on a une impression d'urgence, le sentiment qu'il faut agir vite. On sait bien, même si l'on ne veut pas y croire, que la mort est au rendez-vous. C'est une façon de garder le spectateur en haleine.

9. Cette histoire est toujours d'actualité puisque la question du jugement des criminels se pose tous les jours. Il est fort possible que le meurtrier ne serait pas condamné de la même façon en France et aux Etats-Unis. En France, la peine maximale est la réclusion à perpétuité, alors que la peine de mort serait peut-être envisagée dans certains états américains.

10. Les couleurs qui dominent le film sont froides. Il y a beaucoup de bleu (le ciel, l'océan, la cape du Capitaine, l'uniforme des militaires), de blanc (la neige et la chemise du Capitaine, notamment celle qu'il porte le jour où il est fusillé) et de gris (le brouillard, le bois des maisons, les pierres de la caserne). Il y a aussi des couleurs ternes comme le beige et le marron (les manteaux de la plupart des personnages). Madame La se distingue en portant des vêtements plus colorés, notamment une robe brique et une

écharpe rouge clair. Ces couleurs s'accordent mieux avec sa personnalité.

Cette impression de froid et de sombre est renforcée par la façon dont Patrice Leconte filme les intérieurs: les séances du Conseil sont sous-éclairées, Neel n'a qu'une petite lampe dans sa cellule, la cantine est sombre, et même l'appartement du Capitaine et de Madame La est décoré de couleurs ternes.

Il y a enfin, bien sûr, le noir du deuil que porte Madame La.

11. Madame La et la guillotine sont toutes les deux "la veuve", puisque le mot était utilisé en argot à la place de "guillotine". Ce double sens était impossible à rendre en anglais, donc le choix du mot "widow" est sans doute le seul possible.

12. Le film nous force à nous poser des questions sur la peine de mort. La position du réalisateur est claire: le Neel dont on tranche la tête n'est plus le Neel qui a assassiné le Père Coupard; cette exécution capitale n'est donc pas justifiée.

Ceci dit, *La veuve de Saint-Pierre* est surtout une grande histoire d'amour. La peine de mort en toile de fond intensifie les sentiments du Capitaine et de Mme La, les rendent plus importants. D'ailleurs, il est clair que l'histoire d'amour prévaut, puisque le Capitaine meurt par amour pour sa femme, parce qu'il l'a suivie et soutenue dans sa tentative de réhabilitation de Neel. S'il s'était opposé à elle (parce que c'était trop dangereux pour lui), il n'aurait pas été fusillé. Son amour était plus fort que tout.

13. Comme tout le film est un flashback, la première et la dernière scène sont identiques: on voit Madame La, en deuil, dans une grande pièce vide aux volets fermés. La musique de la première scène est de mauvais augure. Le visage blanc et grave de Madame La et ses vêtements accentuent cette impression et l'on sent déjà que cette histoire ne se terminera pas bien. C'est elle qui annonce les faits dans les deux scènes et quand on la retrouve à la fin on a l'impression de tourner la dernière page d'un livre.

3. Analyse d'une photo

1. Cette scène se passe dans la cellule de Neel.

2. Madame La lui apprend à lire.

3. Leurs doigts se touchent. C'est éloquent car cela reflète la proximité qui existe entre eux.

4. Madame La semble absorbée par ce qu'elle fait, mais sa tête est penchée vers celle de Neel. Quant à lui, il la regarde avec des yeux doux, gentils et interrogateurs. C'est un des rares moments du film où on les voit ensemble dans une scène d'intérieur.

4. Analyse de citations

1. Le Gouverneur croit pouvoir convaincre le Capitaine d'agir comme il le ferait lui-même. C'est bien mal le connaître! Madame La n'est pas une femme à qui l'on "déplaît", et le Capitaine n'a aucune envie de lui imposer quoi que ce soit.

2. Cela résume la philosophie de Madame La. Elle est écœurée par l'intransigeance de la

justice et de l'Administration. Elle croyait sincèrement pouvoir changer les choses, mais elle sait maintenant que son humanisme et la bonté de Neel sont bien peu de choses aux yeux de la République.

3. Le Capitaine signe là sa déclaration de mort, dont il est d'ailleurs bien conscient. Le Conseil considère cette décision comme une faute professionnelle grave et le Gouverneur s'appuiera dessus pour se débarrasser de lui. "Il est foutu" dit-il quand le Capitaine quitte la salle.

5. Sous-titres

a. "Sans tralala" veut dire sans complications. C'est bien traduit en anglais, même si l'expression française est plus familière.

b. L'omission de "profitez-en" en anglais n'est pas gênante et ne change pas le sens de la réplique puisque "Mettez-vous à l'aise" reprend la même idée.

c. "Certainly" serait plus proche de "sûrement" mais "probably" se justifie car le Capitaine n'est pas si sûr d'être au courant...

d. "Should" est généralement utilisé pour exprimer l'obligation, la nécessité, le conseil ou la probabilité. Plus rarement il est utilisé comme équivalent du subjonctif français, ce qui est le cas ici (c'est la traduction de "fasse"). C'est un excellent sous-titre qui respecte le sens et la forme.

e. Le sous-titreur a choisi d'expliquer plutôt que de traduire littéralement. Le sens est respecté et le sous-titre est clair, donc ses choix sont judicieux.

f. "Raccourcir", dans le sens de guillotiner, appartient au registre familier. "To top" est un excellent choix puisqu'il a le même sens et est lui aussi familier.

6. Les critiques

1. Il est vrai que le Capitaine et Madame La révèlent leur force de caractère parce qu'ils se trouvent dans un environnement particulier où ils choisissent de prendre position. Ce sont des êtres d'exception puisqu'ils préfèrent perdre la vie pour rester fidèles à leurs idées. Ils sont d'autant plus exceptionnels que les notables de Saint-Pierre sont mesquins et butés. Le contraste est donc frappant entre les deux. Sont-ils pour autant des héros? On peut être exceptionnel sans être un héros!

2. Il semble normal que les avis divergent sur un film aussi fort et aussi noir. L'époque et le lieu nous transportent, les personnages nous font vibrer et l'histoire nous déchire le cœur. C'est un film français classique, et dans le cas de *La veuve de Saint-Pierre* le classicisme est un choix approprié qui sert le film.

7. Parallèles avec d'autres films

1. Pauline de Théus et Madame La ont des caractères forts. Elles sont tenaces, obstinées et passionnées. Toutes deux ont une mission: Pauline de Théus parcourt la Provence

pour retrouver son mari, et Madame La tente de réhabiliter Neel. Elles sont toutes les deux amoureuses de leur mari, mais un autre homme leur est cher: Pauline est attirée par Angelo et Madame La est tendre avec Neel.

2. Dans ces trois films Daniel Auteuil prouve qu'il est capable d'endosser des rôles très différents. Il est toujours crédible et s'accomode bien de ses partenaires. On peut supposer que ces rôles n'étaient pas de difficulté égale. En effet, il fallait faire preuve de finesse, de tact et de profondeur pour incarner Stéphane. Le rôle d'Ugolin nécessitait aussi beaucoup de talent pour que l'acteur soit convaincant. En revanche, le rôle de Jean semble moins exigeant. C'est d'ailleurs le seul pour lequel Daniel Auteuil n'a pas reçu de prix.

3. Les personnages boivent tous pour des raisons différentes et les conséquences de leurs excès varient beaucoup.

   Jean boit car il est inquiet et déçu par l'échec de son projet, et aussi car il a soif. Les conséquences ne sont pas claires, mais il est net que Jean n'a plus toute sa raison. Il prend des décisions insensées qu'il n'aurait peut-être pas prises s'il avait été sobre.

   Pelo boit par habitude et pour se venger de Marcelle. Il sait qu'elle déteste le voir ivre et le fait exprès. Pelo devient violent et méchant quand il a trop bu.

   Neel paie très cher ses excès. Il n'est pas alcoolique, mais boit quand il revient de la pêche. C'est parce qu'il est complètement ivre qu'il tue le père Coupard, crime qui le conduit à l'échafaud.

4. A l'époque l'Angleterre représentait la liberté. La France a eu besoin d'une révolution sanglante et de la guillotine pour changer ses lois et faire évoluer ses mentalités, alors que les Anglais ont préféré garder leur roi tout en limitant ses pouvoirs (c'est le principe du Bill of Rights, signé en 1688 par William III et Mary II). Les aristocrates étaient donc en sécurité en Angleterre à la fin du XVIIIème siècle. Quant aux habitants de Terre-Neuve, ils étaient tous immigrés ou descendants d'immigrés, et auraient sans doute accueilli Neel sans lui poser de questions.

8. Lectures

1. Affaire Néel Auguste & Ollivier Louis

1. Le crime a été commis en 1888, et pas en 1849 comme le dit le film. Il est étonnant que la date ait été changée. En effet, en 1849 la France était dans une période politique plus trouble qu'en 1888, mais l'histoire n'est pas dépendante du contexte politique français.

2. Le film ne s'attarde pas sur Coupard car le réalisateur s'intéresse aux conséquences du meurtre, pas au meurtre lui-même.

3. Dans le film les deux coupables n'essaient pas de fuir. C'est un moyen de gagner du temps et de faire commencer l'histoire plus vite. Les spectateurs ont aussi plus de sympathie pour les deux hommes s'ils ne cherchent pas à s'évader.

4. Ils voulaient savoir "s'il était gras". La population est outrée, ce qui est conforme au film.

5. Dans le film, les deux accusés n'ont droit qu'à un procès expéditif sans avocat. Le texte explique au contraire qu'ils étaient défendus par un avocat et que Neel, qui était condamné à mort, a eu le temps de se pourvoir en cassation.

6. Ollivier Louis est condamné aux travaux forcés. Sa mort accidentelle dans le film est un moyen de se débarrasser de lui pour se concentrer sur Neel.

7. Le texte fait une description assez neutre de l'administration, mais note que la population ne doit pas penser que la peine de mort est abolie. L'administration veut donc pouvoir brandir cette menace pour préserver l'ordre dans l'île.

8. C'est un prisonnier qui va servir de bourreau. Dans le film, la situation de M. Chevassus est beaucoup plus dramatique puisque le Gouverneur lui a forcé la main. On ressent donc de la pitié pour cet homme qui accomplit cette horrible tâche malgré lui.

9. M. et Mme Sigrist sont les gardiens de Neel. Dans le film leurs rôles (le Capitaine et Madame La) ont été largement étoffés.

10. Comme prévu la guillotine n'a pas fonctionné et il a fallu achever Neel au couteau.

11. Le film est plus dramatique que le texte pour plusieurs raisons:

~ dans le texte Neel n'est pas un personnage sympathique (la population ne l'aime pas, il essaie de s'enfuir et il ne fait rien pour se racheter)

~ dans le film la présence du Capitaine et de Madame La complique l'intrigue et rend l'histoire plus intéressante. Le texte est le compte-rendu d'un procès, alors que le film est une histoire passionnée entre trois personnages

~ l'auteur du texte est un témoin qui ne connaît pas Neel. Il est extérieur à l'histoire et n'éprouve pas d'émotion alors que le spectateur prend fait et cause pour Neel.

La tension dramatique est donc plus forte dans le film car l'histoire s'attache aux personnages (à leurs émotions et leurs relations), alors que le texte ne repose que sur les faits.

2. L'abolition de la peine de mort

1. François Mitterrand insiste sur le fait qu'il dit ce qu'il pense ("je ne cacherai pas ma pensée", "dans ma conscience profonde", "dans le for de ma conscience", "je dis ce que je pense, ce à quoi j'adhère, ce à quoi je crois"). Ces répétitions font penser qu'il est sincère.

2. Il mentionne les Eglises et les associations humanitaires pour montrer que ses idées sont partagées, ce qui est adroit car les gens vont se reconnaître dans l'une ou l'autre, ou les deux.

3. Il fait en sorte que les députés se sentent investis d'une mission. Il leur parle directement, les remercie et implique chacun. C'est un jour unique qui aura des répercussions à long terme ("En cet instant, dont chacun d'entre vous mesure la portée qu'il

revêt pour notre justice et pour nous") et chaque député prendra une décision dont il devra pouvoir répondre ("le choix auquel chacun d'entre vous procédera l'engagera personnellement").

4. Robert Badinter est un homme ouvert. C'est un homme de gauche mais il remercie tous ceux qui ont collaboré au projet, "quelle que soit leur appartenance politique". C'est une preuve d'ouverture dans un pays traditionnellement divisé entre la droite et la gauche.

5. Il utilise un vocabulaire violent ("une justice qui tue", "exécutions furtives", "les pages sanglantes") pour convaincre l'Assemblée.

6. Pour lui il est honteux d'exécuter, et cette honte est partagée par tous les Français.

7. Le dernier est "remercie", car Badinter espère bien être entendu. Il remercie donc les députés à l'avance.

9. Pour aller plus loin

a. **Recherches:** Il existe plusieurs sites web sur Saint-Pierre-et-Miquelon qu'il est intéressant de consulter. Ils proposent des rubriques sur la géographie, la population, leur histoire et leurs traditions.

b. **Musique:** La bande originale du film est diponible à la FNAC et aux César du Cinéma.

CHAPITRE **10**

Au revoir les enfants

Au revoir les enfants est un grand classique du cinéma français. C'est un film idéal pour l'étude de la Deuxième Guerre mondiale.

Il est classé PG aux Etats-Unis, "Famille" par Monsieur Cinéma et "Tous" par Télérama. En effet, bien que la période soit grave et le sujet dramatique, le film évite toute violence et sait évoquer sans choquer. Il est donc parfaitement adapté à la classe.

Les étudiants trouvent le film très triste mais excellent. Ils aiment les personnages et le côté intimiste et authentique de l'histoire. Il est primordial cependant de leur dire que c'est un drame et de bien les préparer au contexte historique.

PREPARATION

Traduisez!

1. Le prêtre et les enfants juifs avaient peur que la milice fouille le pensionnat.

2. Il priait au dortoir pendant que les autres enfants dormaient.

3. Toute l'école se cachait dans l'abri pendant les raids aériens.

4. Joseph a trahi les enfants en les dénonçant.

2. Repères culturels

1. Entre 1940 et 1944 la France a été envahie, puis occupée par les troupes allemandes. On appelle cette période l'Occupation.

2. Créée en janvier 1943 par le gouvernement français, la milice collaborait avec les Allemands.

3. Service créé par le gouvernement français pendant la guerre pour envoyer des hommes travailler en Allemagne.

4. La Gestapo était la police politique du IIIe Reich. Elle était terrifiante car elle avait des pouvoirs presque illimités dans toute l'Europe occupée, et s'en servait pour torturer, exécuter, et envoyer ses prisonniers dans les camps de concentration.

5. La Résistance a commencé en 1940, par des appels du Général de Gaulle sur la BBC, et la formation de groupes et de réseaux clandestins. Les résistants s'occupaient du sabotage des installations allemandes, de la protection des Juifs, de la transmission d'informations aux Alliés, et luttaient contre le gouvernement français (qui collaborait avec l'Allemagne). Petit à petit, les noyaux de Résistance se sont fédérés au niveau

national et le mouvement a reçu l'appui et la participation de plus en plus de Français. En 1944 la Résistance était aux côtés des Alliés pour libérer la France.

CONVERSATION EN CLASSE

2. Madame Quentin envoie son fils dans un pensionnat loin de Paris pour le protéger. Elle ne peut pas le garder avec elle à Paris car c'est trop dangereux.

3. Julien est jeune et a besoin de sa mère. La séparation est d'autant plus difficile qu'il est protégé et choyé par elle, alors que la vie est rude au collège.

4. C'est un pensionnat catholique pour garçons. Ce n'est pas confortable: il n'y a pas d'eau chaude, pas assez à manger, et il fait froid (on remarque que les élèves et les professeurs gardent leurs gants et leurs écharpes en classe). La discipline est assez souple: il y a beaucoup de bagarres dans les dortoirs et les salles de bain, mais les enfants se tiennent tranquilles quand l'heure est grave.

5. Ils sont tous habillés pareil, avec une chemise, une cravate, une culotte courte et un béret.

6. Les enfants se moquent de son nom, se battent avec lui, lui font des croche-pied, et Julien est agressif à son égard.

7. Ils se réfugient tous ensemble dans un abri.

8. Julien remarque que Jean ne récite pas le "Notre Père" et le "Je vous salue Marie" comme tout le monde. En plus, les prêtres ont une attitude particulièrement bienveillante à son égard et l'emmène quand la Milice fouille l'école. Jean se distingue aussi car il obtient de bonnes notes, joue admirablement du piano et ne fait pas de grec. Tout cela intrigue Julien.

9. Julien est surpris et ne comprend pas très bien, mais cette scène lui confirme que Jean est différent.

10. Les produits échangés sont des confitures, des timbres, des cigarettes et des billes.

11. Julien comprend quand il voit le vrai nom de Jean (Kippelstein) dans un livre lui appartenant.

12. Julien ne sait vraiment pas grand chose, sauf que les Juifs portent une étoile jaune. Les explications de François sont très succintes: un Juif c'est "quelqu'un qui ne mange pas de cochon", et ce qu'on leur reproche c'est "d'être plus intelligents que nous. Et aussi d'avoir crucifié Jésus-Christ".

13. La chasse au trésor soude leur amitié car ils ont besoin l'un de l'autre quand ils se perdent et qu'ils ont peur.

14. Julien compte sur François pour donner des réponses à ses questions. Quant à François, il est protecteur mais il utilise Julien quand il a besoin de lui.

15. Jean se sent attaqué, il est surpris et il a peur. Les deux garçons se battent.

16. Le prêtre ne laisse pas Jean communier car il est juif. C'est un geste légitime de la part

du prêtre (qui est pris au dépourvu), mais cela scelle la différence entre Jean et les autres enfants. Jean a voulu communier pour sortir de son isolement et être comme tout le monde. C'est aussi un geste de défi envers le Père Jean.

17. La mère de Julien emmène ses deux fils et Jean au restaurant. Les convives sont tranquilles jusqu'à l'arrivée de deux miliciens français qui demandent leurs papiers aux gens. Un monsieur juif se fait insulter, la salle s'échauffe, jusqu'à ce qu'un soldat allemand se lève et demande aux miliciens de s'en aller. C'est une réaction surprenante de l'Allemand car il n'est pas supposé protéger les Juifs.

18. C'est une femme élégante, riche, un peu hautaine mais gentille, tendre et chaleureuse.

19. Joseph est renvoyé car il volait à la cuisine et il faisait du commerce au marché noir avec les provisions personnelles des élèves.

20. Julien et Jean sont tous les deux intelligents et pas très aimés des autres élèves.

21. C'est en suivant un regard furtif de Julien dans la direction de Jean que les Allemands trouvent Jean au milieu des autres élèves.

22. Jean donne tous ses livres à Julien qui lui donne *Les mille et une nuits* en échange.

23. Négus se cache dans un lit à l'infirmerie mais les Allemands le trouvent car la sœur le dénonce.

24. Les enfants sont arrêtés car ils sont juifs, et le Père Jean car il les cachait et avait des tracts de la Résistance dans son bureau. Quant à Moreau, il se cache pour ne pas faire son STO (Service du Travail Obligatoire) en Allemagne. Il réussit à s'échapper.

25. Joseph se venge en dénonçant les trois enfants juifs et le Père Jean à la Milice.

26. Le Père Jean sait que les enfants ont peur et sont impressionnés et il veut les rassurer.

27. Julien comprend que les adultes peuvent détruire une amitié entre deux enfants. Il comprend aussi que le monde est injuste et qu'il faut se méfier.

APPROFONDISSEMENT

1. Vocabulaire

A. Complétez les phrases suivantes avec les mots de la liste:
1. frais de scolarité - bourse
2. prêtre - courageux - protégeait - juifs - guerre
3. chasse au trésor - vous perdre
4. classe - craie - bureau
5. abris - priaient
6. pensionnat - a peur - se moquent de - dortoir

B. Trouvez les mots qui se cachent derrière les définitions:

Indice: le mot en gras est un film de Louis Malle: <u>Au revoir les enfants</u>

1	A	L	E	R	T	E												
2	U	N	I	V	E	R	S	I	T	E								
3	R	E	D	A	C	T	I	O	N									
4	E	M	P	L	O	I	D	U	T	E	M	P	S					
5	V	A	N	Y	A	4	2	E	R	U	E							
6	O	C	C	U	P	A	T	I	O	N								
7	I	N	T	O	L	E	R	A	N	C	E							
8	R	E	S	I	S	T	A	N	C	E								
9	L	I	C	E	N	C	E											
10	E	D	U	C	A	T	I	O	N	P	H	Y	S	I	Q	U	E	
11	S	E	C	O	N	D	E											
12	E	L	E	V	E													
13	N	O	I	R														
14	F	R	A	N	C	O	I	S										
15	A	M	I	T	I	E												
16	N	O	T	E														
17	T	R	A	H	I	R												
18	S	T	Y	L	O													

2. Réflexion - Essais

1. La vie des pensionnaires a bien changé aujourd'hui: les dortoirs ont souvent été remplacés par des chambres individuelles, les salles de bain sont plus comfortables et mieux équipées, la nourriture est meilleure, plus variée et en quantité suffisante, et les règles en ce qui concerne la religion sont bien moins strictes, même dans les écoles catholiques. Ceci dit, certains aspects de la vie en pensionnat sont restés les mêmes: il est toujours difficile de se séparer de ses parents, et la vie en collectivité est pesante. Il existe toujours la même méfiance vis-à-vis des nouveaux, mais la camaraderie l'emporte.

2. Le Père Jean est avant tout un homme courageux, avec un sens moral aigu. C'est un homme prêt à appliquer ce qu'il prêche, même au péril de sa vie. Il fait ce qu'il peut pour que l'école soit un havre de paix pour les enfants, afin que ceux-ci mènent des vies aussi normales que possible. Il est sérieux dans ses fonctions, mais il est chaleureux, il aime rire (notamment pendant le film de Chaplin) et est très attaché aux enfants.

3. Joseph est le garçon de cuisine de l'école et il fait du marché noir. Les élèves font du commerce avec lui mais ils sont dédaigneux. Ils sont bien au-dessus de lui dans la société et le traitent comme un inférieur, ils le méprisent et l'humilient. Joseph est sûr de ne pas être envoyé en Allemagne car il boite. On a pitié de lui quand il est renvoyé par le Père Jean et qu'il n'a nulle part où aller (il est orphelin). C'est une victime, mais pas autant que les enfants juifs qu'il dénonce pour se venger.

4. Le marché noir est compréhensible à cause des privations dues à la guerre. C'est cependant une pratique répugnante, puisqu'au lieu de partager avec leurs camarades ("Vous en privez vos camarades", leur dit le Père Jean), ils profitent de leurs richesses.

5. Au début, leur relation est marquée par de l'agressivité et de l'arrogance de la part de

Julien, qui veut protéger son domaine. Julien voit un rival en Jean et il est jaloux de ses bonnes notes et de son aisance au piano.

Ensuite, leurs relations sont instables. Jean ne supporte pas les questions directes et indiscrètes de Julien sur sa famille, et il a peur quand il voit que Julien a découvert qu'il est juif. En revanche, les deux garçons aiment échanger leurs points de vue sur *Les trois mousquetaires*, et s'attachent l'un à l'autre pendant la course au trésor. Jean apprécie aussi l'invitation de Julien pour le restaurant.

A la fin ils sont devenus complices. Il jouent un boogie ensemble au piano au lieu de se réfugier à l'abri pendant un raid aérien, Jean parle de sa peur, et ils lisent ensemble *Les mille et une nuits*. Quand Jean est arrêté, il donne tous ses livres à Julien et les regards qu'ils échangent à la fin en disent long sur l'amitié qui les lie désormais.

6. Les couleurs sont particulièment tristes. C'est l'hiver, le ciel est sombre, la nuit tombe vite, il y a de la neige, les arbres sont nus. Les élèves et les professeurs portent des vêtements sombres, et cette impression est renforcée par les coupures d'électricité (il fait alors complètement noir au dortoir) et les moments passés dans l'abri (très sombre) pendant les alertes.

7. Les enfants ont peur des Allemands, de la milice et des raids aériens. Pour se donner du courage, ils prient et chantent quand ils sont dans l'abri. Julien et Jean sont pétrifiés quand ils sont perdus dans la forêt. Ils ont peur des loups et des sangliers, et de tous les bruits bizarres qu'ils ne connaissent pas. Enfin, ceux qui vivent la peur au ventre en permanence sont bien sûr les enfants juifs ("Tu as peur?", demande Julien. "Tout le temps", répond Jean).

8. C'est un film tout en nuances. La Gestapo est bien sûr horrible, mais c'est un Allemand qui permet au monsieur juif du restaurant de ne pas être arrêté. Quant aux Français, il y a ceux, comme le Père Jean, qui choisissent de risquer leur vie pour protéger des Juifs, et il y a ceux qui collaborent, comme la milice française et la sœur qui dénonce. Ceux-là sont les pires, car ils trahissent leur pays.

9. Joseph veut se venger du Père Jean, qui l'a renvoyé de l'école de façon injuste (ce dont le Père est d'ailleurs conscient). Comme il n'a nulle part où aller, il s'est tourné vers la Milice, qui était toute prête à l'accueillir, lui et ses dénonciations. Dans ces conditions, on peut comprendre que Joseph ait cherché à se venger. C'est cependant un acte extrêmement cruel, et on se demande si Joseph était conscient du destin qu'il réservait à ses victimes.

10. Les trahisons étaient courantes pendant la guerre. Dans le film la sœur trahit l'enfant juif à l'infirmerie, Joseph trahit le Père Jean et les trois enfants, et les collaborateurs français trahissent leur pays. Julien a aussi le sentiment qu'il a trahi son ami en le regardant.

11. Julien ne comprenait pas complètement les risques encourus par les Juifs et par le Père Jean. Ce n'est que quand ils sont arrêtés qu'il prend conscience de la situation. Il est en partie responsable de l'arrestation de Jean, puisqu'en tournant la tête il a permis à l'Allemand de le repérer dans la classe, mais les vrais coupables sont Joseph, et surtout la guerre, la haine et le racisme.

12. Le film commence et finit avec Julien car Louis Malle raconte son histoire et tout est vu à travers Julien. C'est son point de vue, et il est donc normal qu'il serve de cadre au film.

Ce sont deux scènes de séparation qui sont tristes pour des raisons différentes. Au début le spectateur a un pincement au cœur en voyant cet enfant pleurer en quittant sa mère. A la fin, on a le cœur déchiré et la tension dramatique est bien plus forte.

Au début Julien est un enfant protégé et choyé par sa mère. A la fin il est blessé, meurtri. Quelques minutes ont suffi pour le faire mûrir, lui ouvrir les yeux et le changer pour toujours.

Les deux scènes commencent par des plans larges et finissent en gros plans. Dans la première scène nous voyons le quai de la gare, le train et les autres passagers, mais elle finit sur un gros plan de Julien et sa mère. La dernière scène montre tous les élèves dans la cour, et se termine sur Julien, seul. Cet effet est renforcé par la voix de Louis Malle expliquant ce qu'il est advenu du Père Jean et des trois enfants. Dans les deux cas Louis Malle présente le contexte pour mieux mettre en relief le personnage principal.

3. Analyse d'une photo

1. Julien et Jean sont sur la route qu'ils ont trouvée dans la forêt. C'est le soir, la nuit est tombée.

2. Julien tient le trésor qu'il a découvert tout seul.

3. Ils semblent inquiets, tendus. Ils sont fatigués et ont peur. Ils ont entendu un bruit et regardent maintenant une voiture venir vers eux (ils ne savent pas encore que ce sont des Allemands).

4. Analyse de citations

1. Le Père Jean est un homme dégoûté par les privilèges des riches, ce qui explique cette remarque dans son sermon, le jour de visite des parents. Cela provoque des remous dans l'assemblée, et un père d'élève se lève, indigné par les propos du père Jean, et quitte la messe.

2. C'est ce que Jean dit à Julien en faisant sa valise. Il ne veut pas que Julien se sente responsable de son arrestation, et lui assure donc que les Allemands l'auraient trouvé, même sans le coup d'œil révélateur de Julien.

3. Julien est stupéfait de voir Joseph aux côtés de la Gestapo. Joseph lui explique qu'il faut être moins naïf et utilise la guerre pour justifier son acte.

5. Sous-titres

a. Les élèves avaient le choix entre deux filières: latin et grec (filière littéraire) et latin et mathématiques (filière scientifique). Le sous-titre est donc excellent.

b. Aujourd'hui le mot "lycée" veut dire "high school" mais à l'époque il était utilisé pour tout l'enseignement secondaire, de la 6e à la terminale (de 11 à 18 ans).

c. Tous les Français savent que Marseille est dans le sud de la France, mais ce n'est pas évident pour un public étranger. Le sous-titre insiste donc sur le fait que les Marseillais ont un accent particulier et facilement reconnaissable.

d. "POW" est un très bon choix puisque le sens est respecté et c'est un sigle que tout le monde comprend.

e. Les différentes références culturelles (latin moderne, lycée, accent marseillais et prisonnier) sont très bien rendues dans les sous-titres qui clarifient sans alourdir.

6. Les critiques

1. Les Allemands sont effectivement corrects dans leurs manières. En fait, ils ramènent les deux enfants perdus dans leur collège, et permettent au monsieur juif de ne pas être arrêté par la milice au restaurant. Le fascisme est montré de façon tout à fait ordinaire pendant l'arrestation: c'est un jour comme un autre, les enfants sont en classe comme d'habitude, et l'arrivée de la Gestapo ressemble à la banale visite d'un inspecteur.

2. Il est très difficile de jouer le rôle d'un personnage qui a vécu à une autre époque, surtout quand c'est un temps de guerre et que l'acteur n'a connu que la paix. Comment les acteurs d'*Au revoir les enfants* pourraient-ils vraiment comprendre ces notions abstraites que sont la peur de l'ennemi et l'antisémitisme, à moins de s'être trouvés dans des situations comparables? Ceci dit, ont-ils vraiment besoin de comprendre ces notions? Les enfants de 1944 ne les comprenaient pas clairement non plus.

7. Parallèles avec d'autres films

1. Les deux films sont des récits en partie autobiographiques d'amitié entre deux enfants. Ce sont des souvenirs tendres pour Jean-Loup Hubert, douloureux pour Louis Malle. Louis et Martine, et Julien et Jean ont en commun qu'ils ont besoin l'un de l'autre (Martine s'ennuie et Louis ne connaît personne, Julien n'est pas très aimé et Jean est nouveau). En revanche, dans la France occupée de 1944, l'amitié entre Julien et Jean se développe à l'école dans un contexte de guerre et de peur, alors que Louis et Martine sont libres de gambader comme ils le souhaitent dans la campagne. Enfin, Martine est plus forte que Louis, plus délurée et plus hardie, alors que Julien et Jean sont à égalité: même âge, même classe, même intellect.

2. Dans les deux cas la différence d'âge est assez grande pour que les enfants ne puissent avoir ni les mêmes amis ni les mêmes activités. D'ailleurs, certaines choses sont tolérées pour l'aîné(e) (François fume et Nadia sort le soir) et refusées au/à la cadet(te). Dans les deux films les jeunes comptent sur leurs aînés pour répondre à leurs questions, et les aînés se servent des jeunes (François voudrait que Julien donne un mot de sa part au professeur de piano et Nadia demande à Rosa d'aller chercher une robe appartenant à leur mère). Cependant dans les deux cas ils/elles ont besoin l'un(e) de l'autre, se respectent et s'estiment mutuellement.

3. C'est toujours à travers les yeux des enfants que le thème est traité, et ils ont tous la même réaction: ils en veulent à leur père d'être absent. Les pères de Louis et de Martine (*Le grand chemin*) ont tous deux quitté la famille (mais ne sont pas divorcés), et laissent les femmes élever les enfants. Alors que Martine accepte la situation (mais se rue sur le téléphone quand son père appelle), Louis ne peut accepter que son père ait quitté le domicile conjugal. Il est naïf et croit qu'il est loin pour son travail. La mère de Julien (*Au revoir les enfants*) explique l'absence de son mari en disant qu'il a beaucoup de travail, mais cette excuse est insuffisante pour Julien. Enfin le père de Sophie (*L'accompagnatrice*) a abandonné sa mère quand elle était enceinte, ce qui les a aigries toutes les deux.

4. *Au revoir les enfants* se passe en 1944 dans un pensionnat catholique à la campagne, *L'accompagnatrice* en 1942-43 à Paris, puis à travers la France et à Londres, et *Le dernier métro* en 1942 dans un théâtre parisien. Le pensionnat et le théâtre sont des lieux clos dont les personnages ne sortent presque jamais.

   Lucas Steiner du *Dernier métro* et les trois enfants d'*Au revoir les enfants* se cachent car ils sont juifs. Le surveillant du collège, Moreau, se cache pour échapper au STO. Les personnages de *L'accompagnatrice* ne se cachent pas mais fuient Paris quand il devient trop risqué d'y rester.

   Chaque film apporte un éclairage particulier sur la guerre. *Au revoir les enfants* parle de la vie quotidienne dans un pensionnat avec les alertes, les privations et l'angoisse des enfants. Le film expose aussi le courage de certains, comme le Père Jean, qui contraste avec la lacheté des miliciens. *L'accompagnatrice* nous éclaire sur le choix que faisaient certains Français: collaborer avec le régime de Vichy ou résister comme Jacques Fabert. La présence des Allemands à Paris est visible aux concerts d'Irène et aux représentations de la pièce de théâtre dans *Le dernier métro*.

   La guerre joue un rôle capital dans *Au revoir les enfants* et *Le dernier métro*. En temps de paix les enfants seraient tranquilles dans leur collège, les enfants juifs ne seraient pas là (Julien et Jean ne se seraient donc pas rencontrés), et le Père Jean n'aurait pas eu l'occasion de prouver son dévouement. Si Lucas n'était pas caché les rapports entre Marion et Bernard auraient été complètement différents. Ces histoires ne peuvent donc exister qu'en temps de guerre. En revanche, si l'on considère que la relation entre Sophie et Irène est au centre de l'histoire dans *L'accompagnatrice*, alors la guerre est seulement là en toile de fond

8. Lecture

1. Le père de Bella a été arrêté au cours d'une rafle, puis a franchi la ligne de démarcation. Sa mère, qui a échappé de peu à une autre rafle, a fui elle aussi vers le sud.

2. Bella aime être à l'école car elle se sent protégée. Elle mène donc une vie plus tranquille.

3. La vie quotidienne de Bella, Julien et Jean est très similaire sur certains points: ils dorment dans de grands dortoirs, font une toilette sommaire sans confort ni intimité, et doivent lutter contre le froid. En revanche, Bella doit faire du ménage alors qu'on ne voit jamais les garçons en faire. Elle déteste les promenades alors que pour les garçons les

sorties ressemblent plus à une récréation. Elle ne sort jamais car ses parents se cachent, mais d'autres filles ont cette chance. Les garçons, plus jeunes, attendent les vacances et le jour des parents pour pouvoir quitter le collège. Enfin, contrairement à Julien, Bella ne se plaint pas de la nourriture. Elle est peut-être simplement moins gâtée…

4. Bella adore les cours et les études. C'est tout son univers et elle a la chance d'être dans une bonne école. Elle est assez mûre pour savoir qu'elle doit travailler et avoir de bonnes notes pour réussir dans la vie.

5. Dans les deux écoles les professeurs sont stricts et exigeants mais gentils avec leurs élèves.

6. Bella se sentait très seule la première année, mais elle avait des amies et était bien acceptée par la suite.

7. Elle se prépare pour entrer à l'Ecole normale. Elle sera institutrice.

8. Bella n'est pas avec ses parents mais elle sait où ils sont alors que Jean a perdu tout contact. Il est donc beaucoup plus angoissé.

9. Bella est forte et volontaire. Elle veut réussir malgré la guerre et apprécie ce que les autres font pour elle. Sa force de caractère et sa détermination l'aident à rester équilibrée.

9. Pour aller plus loin

a. **Lectures:** Le scénario est disponible et contient, outre les dialogues du film, des extraits de presse très intéressants. D'autre part, le poème d'Eluard, "Liberté", défend avec des mots simples la liberté d'expression.

b. **Chansons:** Deux chansons complètent bien le film: "Le chant des partisans" (écrit en 1944 par Maurice Druon et Joseph Kessel, c'est un appel au soulèvement et à la résistance), et "Nuit et brouillard" de Jean Ferrat (sur la déportation). Les paroles du "Chant des partisans" sont disponibles sur www.paroles.net.

c. **Films:** On peut prolonger l'étude d'*Au revoir les enfants* en le comparant à d'autres films ayant lieu pendant la Seconde Guerre mondiale:
   ~ *Jeux interdits* (de René Clément): le traumatisme de la guerre vu par deux enfants
   ~ *Lacombe Lucien* (de Louis Malle): autre film de Louis Malle sur l'Occupation, la Résistance et la collaboration
   ~ *L'armée des ombres* (de Jean-Pierre Melville): le travail d'un réseau de Résistance
   ~ *Lucie Aubrac* (de Claude Berri): une femme cherche à faire libérer son mari résistant emprisonné

d. **Recherches:** Le Mémorial de Caen (www.memorial.fr) a rassemblé des documents très bien faits pour la classe et propose différents niveaux d'étude.

CHAPITRE **11**

L'accompagnatrice

L'accompagnatrice est un film cruel et touchant, qui mérite sa place dans un syllabus. Il aborde des thèmes universels (l'amour, la haine, l'ambition, la jalousie, la fidélité) dans le contexte de l'Occupation.

Il est classé PG aux Etats-Unis et "Famille" par Monsieur Cinéma. A mon avis, bien que rien ne soit dérangeant pour un jeune public, le sujet intéressera les élèves à partir de 13 ou 14 ans.

Les étudiants apprécient ce film tout en nuances. L'histoire est facile à suivre et ils peuvent s'identifier à Sophie à travers le thème de l'apprentissage. Il est préférable de leur dire à l'avance que c'est un drame pour qu'il ne soient pas déçus par la fin.

PREPARATION

Traduisez!

1. L'accompagnatrice a eu un malaise quand elle a rencontré la cantatrice pour la première fois. Elle était émue et complètement submergée.

2. Elle profite de Sophie pour poster des lettres à son amant.

3. Sophie voulait qu'Irène lui fasse des confidences et se confie à elle.

4. C'est évident qu'elle est coupable, mais elle mentira et niera tout.

2. Repères culturels

1. Le rôle de l'accompagnateur est de jouer au piano le morceau chanté par une cantatrice.

2. **a. L'Occupation**: entre 1940 et 1944 la France a été envahie, puis occupée par les troupes allemandes. On appelle cette période l'Occupation

   b. Le gouvernement de Vichy: de 1940 à 1944, le gouvernement français était installé à Vichy (en zone libre jusqu'en 1942), avec le maréchal Pétain à sa tête. Le gouvernement de Vichy collaborait avec les Nazis. Il a, entre autres, créé le service du travail obligatoire (STO) en Allemagne, la Milice, et il a organisé ou participé à l'arrestation et la déportation des Juifs.

   c. Pétain: le maréchal Pétain (1856-1951) s'est illustré lors de la Première Guerre mondiale, notamment au cours de la terrible bataille de Verdun (1916). En 1940, il est devenu Président du Conseil, et a signé l'armistice avec l'Allemagne. Une fois chef de l'État français, il a collaboré avec les Allemands. Il a été condamné à mort en 1945, mais est finalement mort en prison.

d. Un collaborateur: pendant l'Occupation, certains Français coopéraient avec l'Allemagne nazie (ils travaillaient pour eux, les renseignaient, dénonçaient les Juifs). Ces Français étaient des collaborateurs.

e. La Résistance: la Résistance a commencé en 1940, par des appels du Général de Gaulle sur la BBC, et la formation de groupes et de réseaux clandestins. Les résistants s'occupaient du sabotage des installations allemandes, de la protection des Juifs, de la transmission d'informations aux Alliés, et luttaient contre le gouvernement français (qui collaborait avec l'Allemagne). Petit à petit, les noyaux de Résistance se sont fédérés au niveau national et le mouvement a reçu l'appui et la participation de plus en plus de Français. En 1944 la Résistance était aux côtés des Alliés pour libérer la France.

CONVERSATION EN CLASSE

2. Le film se passe pendant l'hiver 1942-1943. La France est occupée.

3. Irène ne souffre pas du tout de la guerre: elle mange une nourriture excellente et abondante, elle a chaud et est bien habillée. Cela lui est possible grâce à ses relations avec des collaborateurs qui peuvent tout obtenir.

4. Sophie se sent mal pour plusieurs raisons: elle se trouve plongée dans un monde différent, luxueux, qui l'impressionne, elle est émue de rencontrer Irène, et elle a faim.

5. C'est honteux par temps de guerre quand la majorité de la population ne mange pas à sa faim.

6. Sophie n'a pas beaucoup d'argent et préfère donc le garder.

7. Elle est malade car elle a trop mangé, elle a fumé, et elle est submergée par ce qu'elle a vu et entendu.

8. Irène a peur que Sophie se fatigue vite de la vie qu'elle entend lui faire mener: une vie bien stricte et bien sérieuse pour une jeune fille de son âge.

9. Sophie pense qu'Irène a une liaison avec Céniat, et que Charles va le découvrir en voyant les gants. Elle essaie donc de les cacher. Cette scène préfigure le reste du film: Sophie fait ce qu'elle peut pour aider et protéger Irène.

10. Irène ne peut pas poster la lettre elle-même puisque son mari est rentré. Sophie est donc un intermédiaire pratique pour lui rendre ce service. C'est aussi une façon de s'attacher Sophie, en la mettant dans la confidence. Sophie est ravie, car elle partage un secret avec Irène.

11. Jacques et Charles ont une dispute violente. C'est un combat d'idées: Jacques fait de la résistance, alors que Charles préfère profiter de la guerre pour rester riche, ce qui dégoûte Jacques. C'est important pour la suite de l'histoire, car Charles finira pas quitter le camp des collaborateurs.

12. Sophie est déçue par le premier concert. Elle se rend compte que c'est Irène qui est au centre et que personne ne s'intéresse à elle. Elle est dans l'ombre, au deuxième rang, et la connivence des répétitions est perdue en concert.

13. L'officier allemand invite les Brice à un souper à l'ambassade allemande, ce que Charles refuse. C'est un affront dangereux de la part de Charles.

14. Irène cherche Jacques, qui ne se montre pas car il se cache de Charles et il désapprouve qu'Irène aille chanter à Vichy.

15. Charles confie au ministre qu'il va partir, quitter Paris. Il s'adresse à lui car son père avait confiance en lui, et comme il est influent il lui obtiendra les laissez-passer dont il aura besoin.

16. Quand ils rentrent de Vichy, les Brice trouvent leur appartement saccagé. Cela a sans doute été fait par les Allemands pour se venger du refus de Charles de dîner à l'ambassade.

17. Benoît est un idéaliste qui croit à l'absolu et au grand amour. Il est simple, sincère et exalté.

18. Irène n'approuve pas la relation entre Sophie et Benoît. Elle ne trouve pas Benoît assez bien pour Sophie, et surtout elle a peur que Sophie ne la quitte pour Benoît.

19. Elle lui dit non à cause d'Irène. Elle doit choisir entre Irène et Benoît, et choisit de suivre Irène. Elle se le dit d'ailleurs, juste après: "Dans ta vie, il ne doit y avoir personne d'autre qu'Irène Brice. Tu n'as plus qu'elle à regarder, à écouter, à épier".

20. La police anglaise sait que les Brice ont collaboré commercialement, et qu'Irène a chanté plusieurs fois pour la Wehrmacht et à Vichy. Il est donc normal qu'elle ait des doutes sur la sincérité des Brice et sur leurs motivations. Ils sont sauvés par Jacques Fabert, grâce à un coup de fil d'Irène à Londres. Charles n'a pas de certitudes, mais il sait qu'ils ont un "bon Samaritain" à Londres. Il sait aussi que Jacques fait de la Résistance, et que De Gaulle est à Londres…

21. Irène accepte que Sophie soit un peu dans la confidence, mais sans plus. De plus, elle doit se méfier: Sophie sait qu'elle a un amant, peut-être qu'Irène a peur de ce que Sophie pourrait dire.

22. Quand Charles voit Jacques au concert, il comprend que c'est lui qui les a libérés, et il devient évident qu'il est l'amant d'Irène.

23. C'est une chanson qui s'adresse à Jacques, une déclaration d'amour. C'est aussi une preuve du narcissisme d'Irène. On l'entendra à nouveau juste après le suicide de Charles.

24. Irène veut rester à Londres auprès de Jacques.

25. Sophie pense que Charles ne sait rien, et elle en veut à Irène de mener cette double vie. Elle est sur le point de tout lui dire, mais elle est surprise par Charles qui fait irruption dans sa chambre. Elle est donc interrompue dans son élan.

26. Irène se sent coupable, elle a des remords, elle est fatiguée de tous ses mensonges, et ne veut pas faire souffrir Charles. Sophie a peur quand elle entend Jacques dire qu'il tuera Charles.

27. Charles a donné son départ en province comme prétexte. En fait, il veut donner le champ libre à Irène pour avoir la certitude qu'elle le trompe. Il la voit d'ailleurs, devant le pub, embrasser Jacques. Il a la preuve qu'il cherchait, et se suicide.

28. Sophie rencontre Benoît, qui ne l'a pas oubliée, et qui est aussi surpris et ému qu'elle. Il lui présente sa femme, Peggy, une infirmière anglaise.

29. Irène n'a plus besoin de Sophie, qui est devenue encombrante. Sophie pense qu'Irène va épouser Jacques et partir en Amérique.

APPROFONDISSEMENT

1. Vocabulaire

A. Trouvez l'intrus:
   scène, submergé, gant, Résistance, répétition, ombre

B. Retrouvez les mots du Vocabulaire en utilisant une syllabe de chaque colonne:
   2. Macaron
   3. Critique
   4. Comptine
   5. Coupable
   6. Mélodie
   7. Cantique
   8. Evident
   9. Soliste
   10. Berceuse
   11. Vérité
   12. Luxueux

2. Réflexion - Essais

1.

	Appartement Vasseur	Appartement Brice
Taille	• petit	• grand
Meubles	• utilitaires	• cossus, luxueux, précieux
Décoration	• succinte, terne	• tapis, rideaux, sculptures, fleurs naturelles
Confort	• il fait froid • mobilier restraint • pas de baignoire (Sophie se lave les cheveux dans une cuvette)	• il fait chaud • porcelaine fine • Sophie a sa chambre et sa salle de bain avec baignoire
Type de piano	• piano droit	• piano à queue
Ambiance	• froide	• chaleureuse (feu de cheminée)

2. a. Sophie est pauvre, talentueuse, timide mais volontaire, gauche, discrète, envieuse et têtue (elle refuse les macarons alors qu'elle meure de faim au début du film).

b. Sophie n'a pas été élevée dans le luxe, elle semble avoir le sentiment d'avoir toujours manqué d'argent. Il est clair qu'elle aime l'argent, d'ailleurs elle garde celui de la course qu'Irène lui donne, et elle mentionne à sa mère qu'elles auront 400 fr par semaine, ce qui est énorme puisqu'elle n'a jamais gagné autant.

c. Sophie en veut à sa mère de la vie qu'elles mènent: "Une vie moche. Une vie terne". Elle est amère, elle est aigrie par la vie, les privations, les différences sociales et est agressive avec sa mère. Elle est d'ailleurs bien contente de lui échapper en allant vivre chez les Brice, puis quand elle va à Vichy pour le concert.

Madame Vasseur n'est pas une personne gaie. Nous savons qu'elle a été abandonnée par le père de Sophie avant sa naissance, ce qui explique en partie qu'elle soit aigrie. Elle est étouffante, et sans doute jalouse du succès de Sophie. Pourtant, elle est profondément émue et fière après son premier concert ("Ce que je suis heureuse! Tous les rêves que j'avais faits pour toi se sont réalisés!").

d. Sophie voit Irène en concert pour la première fois. Irène est sublime, Sophie est subjuguée. Leur rencontre dans la loge d'Irène préfigure le reste du film: Sophie est gauche, mal-à-l'aise, mais envoûtée par cette femme si fascinante et si sûre d'elle. Irène est charmante mais s'intéresse peu à Sophie. Elle est davantage préoccupée de sa beauté que de cette petite accompagnatrice.

Les sentiments de Sophie vis-à-vis d'Irène sont extrêmement complexes. Ils sont un mélange d'amour et de haine, de jalousie, d'envie. Sophie envie la gloire que connaît Irène sur scène, ainsi que son histoire d'amour avec Jacques. Elle se passionne pour la vie cachée d'Irène, elle l'épie pour tout savoir (elle cherche à lire la lettre pour Jacques, elle écoute ce que dit Irène à Jacques au téléphone, elle surprend Irène parlant au téléphone à l'hôtel à Vichy), enfin elle spécule sur les raisons qu'a Irène de pleurer à Londres. Sophie est fascinée, émerveillée par Irène et par sa vie, son appartement, le luxe, l'aisance, la nourriture, tout ce qui touche à Irène. En fait, elle se passionne tellement pour Irène que pour "lui devenir indispensable, irremplaçable" elle prend une attitude servile de soumission volontaire. Ainsi, elle peut vivre à travers Irène. Sophie est malheureusement trop obsédée par Irène pour pouvoir vivre sa vie (elle refuse Benoît), elle préfère se sacrifier pour sa belle chanteuse.

3. a. Irène est une cantatrice superbe, séduisante, gracieuse, et élégante. Elle est brillante, talentueuse, très à l'aise et sûre d'elle. Elle est le succès incarné, semble vivre sa vie sans effort, et est adorée par tous, Français, Allemands, Anglais. Elle est ambitieuse ("une sale ambitieuse", comme elle le dit elle-même): il n'y a que des compositeurs allemands dans ses concerts à Paris et Vichy, ceci pour plaire à l'occupant. Elle est radieuse et semble invulnérable, et pourtant elle pleure à Londres et est malade de faire souffrir Charles.

b. Irène cerne très bien Sophie. Elle voit tout de suite qu'elle est très sensible, et qu'elle est dure derrière son regard soumis. Elle remarque aussi que Sophie est amoureuse de Benoît.

c. Elle le dit elle-même: "Dans ma vie, il n'y a que Charles et la musique". Quand Sophie lui demande ce qu'elle est pour elle, Irène lui répond qu'elle est sa "petite amie". Il est donc clair que Sophie ne représente pas grand chose dans la vie d'Irène. Sophie est nécessaire, c'est un outil pour la servir sur scène et en dehors.

d. Au début, Irène est généreuse avec Sophie, mais c'est une générosité qui ne lui coûte rien. En fait, Irène est surtout condescendante. Elle se moque de Sophie, de ses "gros souliers de gendarme", de sa coiffure, de sa robe ("une collégienne habillée en dimanche pour plaire à son cousin"), de ses révérences, et de ses amours.

e. Il est l'amant d'Irène depuis des années, et souffre de ne pas la voir plus souvent. Il est résistant, et écœuré par les compromissions de Charles. Il ne parle pas beaucoup, est mystérieux, ce qui attise la curiosité de Sophie

4. a. Charles est courtier d'affaires. Il dit lui-même qu'il était "riche avant la guerre" et qu'il a "décidé de le rester", même en se compromettant. Il aime le luxe et donc est prêt à vendre à n'importe qui pour se l'offrir.

b. Charles n'est certainement pas résistant, mais pas vraiment collaborateur non plus: il fait du commerce avec les Allemands car cela l'arrange pour ses affaires, mais ne va pas jusqu'à souper avec eux, et il quitte Paris quand il sent que la situation se retourne contre lui.

c. Il la traite très bien, plaisante avec elle, et on sent une connivence entre eux, notamment à la fin quand il lui demande si c'est "si difficile d'être une femme" On a aussi l'impression qu'il remplace son père, et ceci est mis en évidence quand Benoît lui demande la main de Sophie. Le fait que les acteurs soient père et fille dans la vie renforce cette impression.

d. Charles est très amoureux d'Irène. Il l'admire, la trouve belle, et prend un plaisir sincère à être avec elle ("Elle est toute ma vie", confie-t-il à Sophie). D'ailleurs, ils vont à Londres au lieu d'Alger (alors que le vieux ministre trouvait Londres bien trop dangereux), car c'est ce qu'Irène veut. Ces sentiments profonds expliquent qu'il s'effondre quand il acquiert la certitude que Jacques est l'amant d'Irène.

e. Charles choisit de ne pas confronter Irène par amour: il ne veut pas la mettre dans l'embarras, ne veut pas d'une grande scène où il ne gagnerait rien à écouter Irène s'expliquer. Il sait aussi qu'il l'a perdue et qu'une scène ne changerait rien.

5. a. *Premier concert (Irène seule avec l'orchestre):* Sophie voit Irène pour la première fois. Elle est facinée par la beauté et la voix d'Irène.

b. *Premier concert de Sophie:* C'est pendant ce premier concert ensemble que Sophie prend conscience qu'elle est à l'arrière-plan. C'est Irène la vedette, Sophie est seulement dans l'ombre.

c. *Concert à Vichy:* Charles profite du récital de sa femme pour discuter avec le vieux ministre de sa décision de quitter Paris.

d. *Concert à Londres:* Charles comprend lors du concert que Jacques Fabert est l'amant d'Irène.

6. La différence de classes sociales est importante car elle renforce la fascination de Sophie. Non seulement Irène est belle et talentueuse, mais en plus elle appartient à un monde étranger à Sophie et qui la fait rêver. Sophie est envieuse de ce monde luxueux et élégant, où l'argent est vite gagné, et où même en pleine guerre on peut porter des robes superbes et manger des huîtres dans les restaurants chics.

7. L'ange représente Irène. D'ailleurs, pour Sophie, Irène ressemble à un ange et elle l'appelle "mon bel ange". On voit plusieurs fois la statue de l'ange au-dessus de la porte du pub (qui s'appelle "The Angel"), et surtout juste après le suicide de Charles: l'ange est l'emblème du triomphe d'Irène.

8. Avec la guerre, Sophie est encore plus pauvre et encore plus frustrée. Quant aux Brice, ils sont encore plus riches, et surtout leur richesse se remarque d'autant plus que la majorité des gens manque de tout. Sans la guerre, les Brice auraient été riches mais pas compromis, Irène aurait eu un amant mais il n'aurait pas fait partie de la Résistance, et ils n'auraient pas fui tous les trois en Angleterre. Ceci dit, les relations entre Irène et Sophie auraient été fondamentalement les mêmes.

9. L'impression finale est que tout s'est fait sans elle. Elle n'a rien changé, n'a influencé personne. Charles excepté, chacun a fait sa vie: Benoît s'est marié et Irène va se remarier et partir en Amérique avec Jacques. Quand elle descend du train, la gare est pleine de gens qui se retrouvent, s'embrassent, sont heureux. Sophie ne retrouve personne. Elle reste inerte, sans désir, sans envie, sans but, sans ambition.

10. Sophie doit en partie son malheur à sa passivité. A la fin du film, elle a perdu Irène et Charles et refusé l'amour de Benoît. Sa fascination pour Irène et son obstination l'ont perdue. Elle avait le choix et a préféré rester dans l'ombre d'Irène plutôt que de prendre des décisions quant à son avenir et son bonheur.

11. Les personnages sont tous attachants.

Irène est pleine de contradictions: mariée à un collaborateur et maîtresse d'un résistant, très amoureuse de son amant mais pleine de remords vis-à-vis de son mari, attachée à son accompagnatrice mais trop préoccupée par ailleurs pour s'intéresser à elle. Elle fait souffrir les autres, mais elle souffre aussi elle-même, ce qui la rend humaine.

On voit Charles se transformer pendant le film. Au début, c'est un homme d'affaires prospère et opportuniste, qui aime sa richesse et fait tout pour la garder, quitte à se compromettre. Petit à petit, sa belle façade se fissure à deux endroits: ses affaires commencent à mal tourner après ses sautes d'humeur avec les Allemands, et le spectateur comprend que sa femme a un amant (Charles a sûrement des doutes depuis longtemps aussi, ce qui explique le choix de Londres, pour en finir et obtenir des preuves). A la fin, c'est un homme brisé, qui préfère se sacrifier pour celle qui l'a trahi.

Sophie, quant à elle, fait pitié. Elle est talentueuse et pourrait être promise à un avenir brillant, mais sa passivité, son manque de confiance en elle et sa fascination pour la vie des autres l'empêchent de réussir. Sophie est attachante car le spectateur comprend ses hésitations entre l'amour et la haine, et sa jalousie vis-à-vis d'Irène. On ne peut qu'espérer que son expérience avec les Brice lui aura ouvert les yeux, de façon à ce qu'elle puisse, elle aussi, vivre sa vie.

12. Les rails représentent un chemin à parcourir. La dernière scène est symbolique, car bien que Sophie ait pris le train et voyagé, elle n'a parcouru aucun chemin. Elle en est au même point. Sa vie n'a pas changé.

Le visage de Sophie exprime toute la fascination qu'exerce Irène sur elle et l'admiration qu'elle éprouve pour la cantatrice. On remarque aussi qu'Irène est au centre et que Sophie est dans l'ombre, ce qui caractérisera leurs relations à venir.

La rencontre avec Benoît accentue l'impression que Sophie est passée à côté de sa chance. Elle a entrevu ce qu'elle aurait pu avoir, mais n'a pas su le saisir.

Il y a un contraste frappant dans la dernière scène entre l'intense activité des autres personnes et la joie de ceux qui se retrouvent, et Sophie que personne ne vient chercher à la gare. Elle est seule, ne semble pas pressée, et a les larmes aux yeux.

3. Analyse d'une photo

1. Cette scène se passe au restaurant après la première rencontre entre Sophie et Irène. Sophie est sur le point de s'en aller.

2. Sophie est habillée de façon très simple: un manteau noir élimé et une écharpe à carreaux. Ce ne sont pas des vêtements adaptés à la circonstance, au contraire de ceux d'Irène. Elle porte une robe scintillante très décolletée et de beaux bijoux. Sophie a les cheveux tirés en un chignon strict alors qu'Irène porte ses cheveux sur le dos de façon naturelle.

3. Sophie baise la main d'Irène pour la remercier. Ce geste révèle déjà la soumission de Sophie et Irène est gênée. Elle ne s'y attendait pas et n'est pas habituée à ce genre de rapports.

4. Analyse de citations

1. C'est ce que se dit Sophie lors du premier concert. Elle est déçue de voir que seule Irène est la vedette. Sophie ne compte plus pour elle, Irène ne fait pas attention à elle.

2. C'est la confession de Charles au vieux ministre. Il sait qu'il a pris trop de risques et qu'il est en danger, donc il a décidé de s'en aller.

3. Irène a des remords et elle les explique ainsi à Jacques. Elle a un amant mais ne veut pas pour autant faire de mal à Charles, et elle se sent coupable de cette liaison.

5. Sous-titres

a. Les deux verbes ont le même sens mais n'appartiennent pas au même registre de langue. "Se lasser" est littéraire alors que "to get fed up" est familier.

b. "Disponible" veut dire "available". "Willing" est donc une interprétation, mais c'est un choix judicieux car le mot est fidèle à la pensée d'Irène.

c. "Devotion" a le sens de "dévouement" et est aussi utilisé dans un contexte religieux. Irène désire effectivement embaucher quelqu'un qui lui soit dévoué, mais ce n'est pas ce qu'elle dit. Elle parle de "disponibilité", pas de "dévouement".

d. Là encore, le sous-titreur a interprété et sur-traduit les propos d'Irène, sans toutefois faire de contre-sens.

e. C'était très difficile de rendre à la fois le sens et la forme dans le sous-titre. Les deux répliques sont plus élégantes en français mais le sens est respecté en anglais.

f. Les dialogues ont été sur-traduits. Le sous-titreur a interprété les paroles d'Irène (questions b, c, d) tout en respectant le sens de ses propos.

6. Les critiques

1. Sophie a beaucoup d'aventures: une aventure professionnelle (un nouveau travail passionnant avec une cantatrice célèbre qui lui offre son premier succès en concert et une liberté financière qu'elle n'avait pas eue jusque là), une aventure sentimentale avec Benoît, une aventure "touristique" avec la traversée de la France et de l'Espagne, puis le séjour à Londres, et enfin une aventure dans les complexités de la politique française pendant la guerre entre les collaborateurs et les résistants.

2. Il est certain que l'on admire plus les activités de Jacques que celles de Charles. Cela ne justifie cependant pas la liaison d'Irène, et ceci pour deux raisons: d'abord Charles est un mari aimant et fidèle, et ensuite Irène n'a pas choisi Jacques pour ses liens avec la Résistance. Elle est trop contente de profiter des privilèges que lui offre la situation de son mari.

7. Parallèles avec d'autres films

1. C'est toujours à travers les yeux des enfants que le thème est traité, et ils ont tous la même réaction: ils en veulent à leur père d'être absent. Les pères de Louis et de Martine (*Le grand chemin*) ont tous deux quitté la famille (mais ne sont pas divorcés), et laissent les femmes élever les enfants. Alors que Martine accepte la situation (mais se rue sur le téléphone quand son père appelle), Louis ne peut accepter que son père ait quitté le domicile conjugal. Il est naïf et croit qu'il est loin pour son travail. La mère de Julien (*Au revoir les enfants*) explique l'absence de son mari en disant qu'il a beaucoup de travail, mais cette excuse est insuffisante pour Julien. Enfin le père de Sophie (*L'accompagnatrice*) a abandonné sa mère quand elle était enceinte, ce qui les a aigries toutes les deux.

2. Les personnages se suicident pour des raisons différentes. Ugolin se pend car il a été rejeté par Manon, il a le sentiment d'avoir tout perdu et il a été humilié. Emma Bovary est tellement endettée qu'elle s'empoisonne. Elle a aussi été rejetée par ses amants, et elle a peur de son mari. Enfin Charles Brice se tire une balle dans la tête quand il a la preuve que sa femme a un amant.

   Le suicide d'Ugolin n'a pas vraiment de conséquences sur les autres personnages. Le Papet meurt, mais c'est plutôt à cause de la révélation de Delphine. Charles Bovary est tellement affligé par le suicide de sa femme qu'il meurt à son tour peu de temps après, et Berthe devient orpheline. Enfin le suicide de Charles libère Irène, qui va pouvoir refaire sa vie en épousant Jacques Fabert.

3. *Au revoir les enfants* se passe en 1944 dans un pensionnat catholique à la campagne, *L'accompagnatrice* en 1942-43 à Paris, puis à travers la France et à Londres, et *Le dernier métro* en 1942 dans un théâtre parisien. Le pensionnat et le théâtre sont des lieux clos dont les personnages ne sortent presque jamais.

   Lucas Steiner du *Dernier métro* et les trois enfants d'*Au revoir les enfants* se cachent car ils sont juifs. Le surveillant du collège, Moreau, se cache pour échapper au STO. Les personnages de *L'accompagnatrice* ne se cachent pas mais fuient Paris quand il devient trop risqué d'y rester.

   Chaque film apporte un éclairage particulier sur la guerre. *Au revoir les enfants* parle de la vie quotidienne dans un pensionnat avec les alertes, les privations et l'angoisse des enfants. Le film expose aussi le courage de certains, comme le Père Jean, qui contraste avec la lacheté des miliciens. *L'accompagnatrice* nous éclaire sur le choix que faisaient certains Français: collaborer avec le régime de Vichy ou résister comme Jacques Fabert. La présence des Allemands à Paris est visible aux concerts d'Irène et aux représentations de la pièce de théâtre dans *Le dernier métro*.

   La guerre joue un rôle capital dans *Au revoir les enfants* et *Le dernier métro*. En temps de paix les enfants seraient tranquilles dans leur collège, les enfants juifs ne seraient pas là (Julien et Jean ne se seraient donc pas rencontrés), et le Père Jean n'aurait pas eu l'occasion de prouver son dévouement. Si Lucas n'était pas caché les rapports entre Marion et Bernard auraient été complètement différents. Ces histoires ne peuvent donc exister qu'en temps de guerre. En revanche, si l'on considère que la relation entre Sophie et Irène est au centre de l'histoire dans *L'accompagnatrice*, alors la guerre est seulement là en toile de fond.

4. Pour tous ces personnages un départ pour les Etats-Unis est une façon d'oublier le passé et de refaire sa vie. Moishe espère que Bronka acceptera de partir avec lui pour qu'ils puissent enfin vivre ensemble. Irène et Jacques vont partir pour se marier et vivre loin de la France, de la guerre, des compromissions et du souvenir de Charles. Quand à Irène de Courtil, elle est partie à New York car elle n'a plus personne: elle est veuve, les révélations sur sa belle-famille l'ont déçue, et Dellaplane l'a repoussée.

5. Sophie étant accompagnatrice et Stéphane luthier, il est bien normal que la musique tienne une place importante dans leur vie. On peut se demander cependant s'ils n'entretiennent pas un rapport trop exclusif avec le monde de la musique, au point de ne pouvoir tomber amoureux simplement (Sophie repousse Benoît pour rester avec sa chanteuse, et Stéphane ne vit que pour ses violons, son apprenti, ses automates et son ancien professeur. Son seul lien avec l'extérieur est Hélène).

Il est intéressant de noter que la musique occupe une place importante dans les deux films, et pourtant les deux histoires auraient pu avoir lieu dans un contexte différent: Sophie aurait pu s'attacher à n'importe quelle vedette qu'elle aurait admirée, et Stéphane aurait pu tomber amoureux de Camille même si elle avait exercé un autre métier.

8. Lectures

1. Allocution du Maréchal Pétain

1. Le maréchal Pétain est sûr d'être compris et suivi par l'Armée, il est sûr qu'elle a fait tout son possible pour combattre l'ennemi, et sûr d'être approuvé par les anciens combattants (ceux de la Première Guerre mondiale).

2. Le maréchal va diriger la France par devoir moral. Il est venu "à l'appel de Monsieur le Président de la République", Il "assume […] la direction du gouvernement de la France" et il fait "le don de [sa] personne".

3. Il pense que l'armistice soulagera les réfugiés, qui pourront ainsi rentrer chez eux.

4. Il est bien évident aujourd'hui que ni les Allemands ni les collaborateurs français n'ont mis fin aux hostilités "dans l'honneur". Beaucoup de Français se sont groupés autour du gouvernement présidé par le Maréchal mais pas tous. L'appel du Général de Gaulle date du lendemain. Si le Maréchal pensait que "le destin de la patrie" était de devenir allemande, l'Histoire lui a donné tort et on peut désormais lire son discours avec un sourire ironique.

5. Si le film avait eu lieu en 1940 les activités de Charles n'auraient certainement pas été glorieuses mais pas franchement déshonorantes. Il aurait suivi les recommandations du maréchal Pétain. La situation était différente en 1942-43. En effet, la France était en guerre depuis plusieurs années, tout le territoire était occupé, et il était clair que l'Allemagne voulait en découdre. On peut supposer que si Charles ne s'était pas suicidé il aurait eu des ennuis avec la justice après la guerre.

2. Discours du Général de Gaulle

1. De Gaulle use de répétitions pour convaincre les auditeurs: "Ce sont les chars, les avions, la tactique des Allemands", "Elle n'est pas seule !", "Cette guerre n'est pas limitée… / Cette guerre n'est pas tranchée… / Cette guerre est une guerre mondiale", "j'invite les officiers et les soldats… / j'invite les ingénieurs et les ouvriers…". Il essaie aussi d'être persuasif en assurant ses auditeurs qu'il sait de quoi il parle: "Croyez-moi, moi qui vous parle en connaissance de cause" et qu'il est l'homme de la situation: "Moi, Général de Gaulle".

2. La France a perdu pour deux raisons: la puissance militaire allemande et l'incapacité des chefs français.

3. La France peut gagner la guerre grâce aux ressources de son Empire (les colonies) et à ses alliés britanniques et américains. Il voyait juste en affirmant que ce serait une guerre mondiale et que le rapport de force pourrait changer.

4. Il s'adresse aux Français qui se trouvent en territoire britannique, et en particulier à ceux dont l'expertise pourrait servir le combat. Il leur demande de se joindre à lui.

5. De Gaulle est optimiste. Il est conscient que la guerre sera difficile mais il croit sincèrement que la France peut gagner.

6. De Gaulle a le sentiment d'être investi d'une mission et qu'il est de son devoir de se battre et de rallier les hommes de bonne volonté. Il était difficile de se joindre à lui en 1940. Rien ne prouvait que cet inconnu patriote et sûr de lui pourrait un jour remporter la guerre. Dans le film la situation de Jacques Fabert est différente car les mouvements de Résistance étaient beaucoup plus nombreux et mieux organisés en 1942-43. Ils étaient donc plus accessibles.

3. Extrait du scénario

1. Sophie découvre un monde tout à fait nouveau: la loge est confortable, il y fait chaud, il y a des brassées de fleurs (en plein hiver!), Irène a de belles robes, de belles chaussures et une étole de fourrure, elle parle de voyages et propose des macarons. Sophie n'a rien de tout cela.

2. Irène est exigeante et ambitieuse, et consciente de la chance qu'elle a.

3. Irène apprend que la mère de Sophie est professeur de piano, que Sophie est consciencieuse et qu'elle a fait le Conservatoire.

4. Irène parade dans sa loge et s'intéresse très vaguement à Sophie (elle ne se souvient même plus de son prénom!). En fait, elle est absorbée par sa toilette et ses chaussures.

4. Entretien avec Claude Miller

1. Le spectateur s'attache rapidement à Sophie et est intrigué par Irène, mais il faut un certain temps pour que l'histoire démarre véritablement.

2. Claude Miller savait que le livre ferait un bon film car il avait pu s'identifier aux personnages et se sentait très proche d'eux.

3. Il ne voulait pas garder le contexte d'origine (la révolution de 1917 en Russie) car il craignait que le film ne fasse artificiel. En revanche il avait besoin d'une période troublée. L'Occupation est donc un choix judicieux car elle a bouleversé la vie quotidienne des gens.

4. Il aurait été de mauvais goût que Sophie assiste au suicide, et cela n'aurait pas été en accord avec la personnalité de Charles. Il appréciait Sophie et n'aurait pas voulu la choquer ainsi.

5. Romane Bohringer a rendu le personnage de Sophie plus chaleureux. Sa propre énergie et sa fraîcheur ont déteint sur Sophie.

6. Oui, Claude Miller est optimiste. Il sait bien que les gens et l'Histoire peuvent être cruels, mais il croit aussi que les jeunes ont assez d'énergie pour changer les choses.

9. Pour aller plus loin

a. **Lecture:** Le scénario est disponible (il est publié par Actes-Sud). Il est aussi intéressant de comparer le film au roman du même titre de Nina Berberova dont s'est inspiré Claude Miller.

b. **Films:** On peut prolonger l'étude de *L'accompagnatrice* en le comparant à d'autres films ayant lieu pendant la Seconde Guerre mondiale:
   ~ *L'armée des ombres* (de Jean-Pierre Melville) décrit le travail d'un réseau de Résistance
   ~ *Lucie Aubrac* (de Claude Berri): une femme cherche à faire libérer son mari résistant emprisonné
   ~ *La grande vadrouille* (de Gérard Oury) est une comédie ayant lieu à Paris pendant l'Occupation
   ~ *Uranus* (de Claude Berri): la vie quotidienne juste après la Libération: politique et règlements de comptes

CHAPITRE 12

Cyrano de Bergerac

Cyrano de Bergerac est devenu un classique du cinéma français. C'est un film qui a su toucher tous les publics et qui est donc bien adapté à l'étude en classe.

Il est classé PG aux Etats-Unis, "Famille" par Monsieur Cinéma et "Tous" par *Télérama*. Il peut en effet être vu par un public assez jeune car il n'y a pas de violence et le rythme est rapide. Les élèves ne risquent donc pas de se lasser.

Il fonctionne bien en classe car les films d'amour et d'aventure sont en général très appréciés. La langue est bien sûr ardue mais les sous-titres sont excellents et l'histoire est facile à suivre. Il est cependant judicieux de faire comprendre aux étudiants que ce n'est pas une comédie. Il ne faut bien sûr pas révéler la fin mais mais ils sont très déçus quand ils s'attendent à un dénouement heureux. Enfin le contexte est complexe et il est nécessaire qu'ils soient familiarisés avec la situation historique et politique de l'époque pour pouvoir apprécier le film.

PREPARATION

Traduisez!

1. J'aime les hommes qui sont courageux, fidèles et spirituels.

2. Cyrano est amoureux de Roxane, mais il préfère faire de l'esprit plutôt que lui faire la cour.

3. Il a provoqué M. D'Auberville en duel pour se venger.

4. Notre régiment était en première ligne à la bataille d'Arras.

2. Repères culturels

1. Un duel est un combat (généralement à l'épée au XVIIe siècle) entre deux personnes. Il avait lieu quand l'une avait été offensée et qu'elle demandait réparation à l'autre pour laver son honneur. Les duels ont été interdits par Richelieu en 1626, mais ils ont continué jusqu'à la fin du XIXe siècle.

2. Au XVIIe siècle, un mousquetaire était un gentilhomme appartenant à l'une des deux compagnies à cheval préposées, la première, à la garde du roi, et la deuxième, à celle de Richelieu. Les mousquetaires portaient à la fois le fusil (le mousquet) et l'épée. C'était les troupes d'élite des rois de France.

3. Dans les familles, seul l'aîné héritait des biens. Les cadets s'engageaient alors dans l'armée ou dans les ordres religieux. La Gascogne se trouve dans le sud-ouest de la France. Les Gascons avaient la réputation d'être vantards et beaux parleurs.

4. D'après Le Robert, le mot "honneur" a plusieurs sens:
   1. Fait de mériter l'estime des autres, de soi-même, sur le plan moral
   2. Gloire
   3. Traitement particulier destiné à honorer quelqu'un

5. Panache: "Ce qui a de l'éclat, du brio, un air de bravoure" (Larousse). D'Artagnan, dans *Les trois mousquetaires*, est un héros qui a du panache. Il a un courage, un brio et une intelligence comparables à Cyrano.

6. Les rois de France en 1640 et 1655:

Louis XIII:	Louis XIV:
1601-1643	1638-1715
Fils de Henri IV et de Marie de Médicis	Fils de Louis XIII et d'Anne d'Autriche
Roi à partir de 1610	Roi à partir de 1643
Marié à Anne d'Autriche	Son règne personnel commence en 1661 à la mort de Mazarin
De caractère autoritaire et dissimulé	Réfléchi, orgueilleux, prudent, travailleur
Avait Richelieu comme Ministre	Incarne la monarchie absolue de droit divin
	Age d'or de Molière et de Lully
	1682: Versailles devient le siège du gouvernement
	Surnommé "Le Roi Soleil"
	La France est ruinée à sa mort

7. Le Cardinal de Richelieu (1585-1642) est entré au service de Louis XIII en 1624 et est rapidement devenu son homme de confiance. C'était un homme politique brillant, pragmatique et réaliste qui avait une grande influence sur le roi. Strict et autoritaire, il croyait dans l'autorité royale et s'est appliqué à "rendre le roi absolu en son royaume".

8. Précieuse: "Dans la première moitié du XVIIe siècle, femme élégante, distinguée, d'un goût délicat; à partir de 1650, personne affectée, recherchée dans son language et ses manières" (Larousse)

   Préciosité: "La préciosité proprement dite apparut peu après 1650 [...] comme une revendication pour une plus grande liberté, présentée par certaines femmes qui voulaient choisir celui qui se montrerait digne de leur amour en supportant de leur faire d'abord une cour longue et assidue" (Larousse)

9. Arras se trouve dans le nord de la France. Elle a été prise par les Espagnols en 1492 et n'est redevenue française qu'en 1640.

10. Cyrano de Bergerac est un écrivain du XVIIe siècle. Né en 1619, il a été blessé au siège d'Arras et a abandonné la carrière militaire. Il fréquentait les milieux rationalistes qui diffusaient des idées antireligieuses. De son vivant il a publié une tragédie, *la Mort d'Agrippine* (1653) et une comédie, *le Pédant joué* (1654), dont son ami Molière s'est inspiré pour une scène des *Fourberies de Scapin*. Il est mort frappé à la tête par une poutre détachée d'un toit. Son ami Le Bret a ensuite publié deux romans: *Histoire comique des Etats et Empires de la Lune* en 1657 (dans lequel il décrit divers moyens de monter sur la lune) et *Histoire comique des Etats et Empires du Soleil* en 1662.

11. Les grands écrivains du XVIIe siècle:

Descartes: *Discours de la méthode* (1637)
Corneille: *Le Cid* (1636), *Horace* (1640), *Cinna* (1641)
Molière: *Le Tartuffe* (1664), *Le Misanthrope* (1666), *L'Avare* (1668), *Le Bourgeois Gentilhomme* (1670), *Les Fourberies de Scapin* (1671), *Les Femmes savantes* (1672), *Le Malade imaginaire* (1673)
Racine: *Andromaque* (1667), *Britannicus* (1669), *Bérénice* (1670), *Phèdre* (1677)
La Fontaine: *Les Fables* (1668-1694)

3. Bande-annonce

1. Les personnages principaux sont présentés au théâtre. On ne les voit pas dès le début, le contexte est présenté en premier.

2. Trois aspects de Cyrano sont dévoilés successivement: le panache (l'homme d'action), puis l'amoureux, et enfin le soldat courageux.

3. Roxane est jolie, précieuse, et elle est amoureuse de Christian.

4. Une épée traverse le titre à la fin de la bande-annonce car elle est associée aux aventures de Cyrano et à ses exploits.

CONVERSATION EN CLASSE

2. Tout le monde va au théâtre, toutes les classes sociales sont représentées, mais elles ne se mélangent pas. Le peuple est debout dans le parterre, alors que les nobles sont aux balcons. Les spectateurs participent à la pièce, interrompent les acteurs, donnent leur avis.

3. L'ambiance est à la fête. On se réjouit d'être au théâtre, on retrouve ses amis et on parle gaiement.

4. Montfleury est un mauvais acteur et il a des vues sur Roxane, ce qui exaspère Cyrano.

5. Le Brêt conseille à Cyrano d'avouer son amour à Roxane puisqu'il vient de se couvrir de gloire. Cyrano refuse car il est sûr de ne pas être aimé en retour. Comment une jeune fille aussi belle que Roxane pourrait-elle aimer un homme aussi laid, se dit-il.

6. Cyrano exulte car il pense que Roxane veut lui faire part de ses sentiments. Il est loin de penser que ce sera effectivement le sujet de conversation mais que ses sentiments sont pour un autre que lui.

7. Christian veut prouver qu'il est aussi courageux que les Gascons et prend donc le risque de s'attaquer à Cyrano avec l'espoir qu'ils se battront. Ce serait l'occasion de prouver son courage. Cyrano feint l'indifférence car il a promis à Roxane de protéger Christian. Ce n'est pas dans sa nature et les cadets sont stupéfaits.

8. Christian commence par refuser, car il est surpris, gêné, il ne comprend pas l'offre de Cyrano et ne veut pas admettre qu'il est incapable de séduire Roxane sans l'éloquence de Cyrano. Il est vrai que la proposition de Cyrano est inattendue et déplacée.

9. De Guiche cherche à se débarrasser de Cyrano en l'envoyant à la guerre. Roxane lui fait remarquer que Cyrano adore se battre et que le garder à Paris est une bien meilleure punition. Comme Christian est dans le même régiment, elle espère qu'il restera à Paris aussi.

10. Christian est incapable de parler d'amour. Ensuite, pour donner l'illusion qu'il sait parler, il répète les mots que lui souffle Cyrano.

11. Le mariage est célébré en toute hâte car De Guiche vient "rendre visite" à Roxane. Pour que la cérémonie ne soit pas interrompue Cyrano retient De Guiche en lui expliquant les six moyens qu'il a découverts pour aller sur la lune!

12. Les conditions de vie des soldats sont très difficiles. Ils sont assiégés et n'ont rien à manger.

13. De Guiche essaie de montrer qu'il a fait preuve d'un courage inouï mais il est ridiculisé par Cyrano qui lui rend son écharpe récupérée en terrain ennemi.

14. Il envoie les cadets (le régiment de Cyrano, Christian et Le Brêt) en première ligne, en sachant que beaucoup seront tués.

15. Au début du film, Roxane est superficielle, et plus encline aux bons mots qu'aux actes de bravoure. Son apparition parmi les soldats est donc tout à fait étonnante. Quand elle arrive les hommes se redressent et quand elle annonce qu'elle a amené Ragueneau et des vivres l'ambiance est à la fête.

16. De Guiche décide de rester car Roxane refuse de partir pour se mettre à l'abri. Si elle est prête à mourir pour rester avec Christian, il est prêt à faire de même et reste avec ses hommes. Cette décision prouve son attachement à Roxane, et on peut supposer qu'il n'est pas assez lâche pour abandonner ses soldats.

17. Christian comprend qu'elle n'est pas amoureuse de lui mais de Cyrano.

18. Il veut que Cyrano avoue son amour car il sait que ses sentiments sont partagés.

19. Christian se bat courageusement et désespérément contre les Espagnols jusqu'à la mort. C'est un suicide déguisé en acte de bravoure.

20. Cyrano affirme à Christian que c'est bien lui (Christian) que Roxane aime toujours, ce qui est faux puisque Roxane vient de lui dire que c'est son âme qu'elle aime, et qu'elle l'aimerait même "affreux", "défiguré", "grotesque".

21. Dans les deux cas elle vit dans un couvent.

22. Les religieuses nous apprennent que Cyrano est toujours en vie, qu'il est pauvre, mais drôle et provocateur. Le Brêt raconte que Cyrano vit misérablement et qu'il s'est fait beaucoup d'ennemis.

23. De Guiche est devenu Duc (il était seulement Comte au début du film). Il explique à Roxane que bien qu'il n'ait rien fait de vraiment mal dans sa vie, il est un peu dégoûté par la façon dont il est monté dans la société.

24. Roxane n'est pas consciente de l'accident. Elle est surprise par son retard mais rassurée par la gazette. La nuit commence à tomber et Roxane est occupée par sa tapisserie donc elle ne remarque pas que Cyrano est souffrant.

25. Roxane comprend, grâce au ton et à la voix de Cyrano, qu'il est l'auteur de la lettre. Lire cette lettre, ou plutôt la réciter, est un moyen d'avouer son amour à Roxane, sans le faire directement. Elle comprend la supercherie, et donc les sentiments de Cyrano, sans qu'il ne se déclare clairement. Il sait qu'il va mourir et veut que Roxane sache enfin la vérité. Il l'a cachée pendant quinze par respect pour Christian et pense peut-être qu'au seuil de la mort la vérité est acceptable.

26. Il est vrai que Cyrano n'a jamais épousé Roxane, et qu'elle n'apprend que trop tard qu'il l'aimait, mais Cyrano n'a pas tout raté dans sa vie. Il a eu des amis loyaux, il a été admiré, même de ses ennemis, pour sa bravoure et son éloquence, et il a rendu Roxane heureuse sans qu'elle le sache.

27. Au contraire, Roxane a été le bonheur de Cyrano. Elle était son amie et la seule femme qu'il ait connue.

28. A la fin Roxane a renoncé au monde. Elle est sereine et ses propres malheurs l'ont ouverte aux malheurs des autres.

29. "Panache" est le dernier mot prononcé par Cyrano. C'est révélateur du personnage qui veut mourir comme il a vécu.

30. La dernière scène est symbolique. La caméra se tourne vers la lune qui vient "cueillir" Cyrano. Il avait inventé des moyens pour s'y rendre; il n'en aura pas besoin cette fois-ci. Son âme va monter toute seule, et la caméra, qui s'élève au milieu des arbres, l'accompagne.

APPROFONDISSEMENT

1. Vocabulaire

A. Mots-croisés:

	A	B	C	D	E	F	G	H	I	J	K	L	M	N	O	P	Q	R	S	T	U	V	W	X	Y
1										B	L	E	S	S	E	R									
2				L		A											B								
3				A		G							F				E								
4					M	E	C	H	A	N	T			C	H	R	I	S	T	I	A	N			
5							H		R			R			A		I								
6							E		R			R	A	C	I	N	E		S		F				
7									E			G			C		R	E	G	I	M	E	N	T	
8			P	A	R	E	S	S	E	U	X			U							E		M		
9			V						R					E				V			G		M		
10			P	A	N	A	C	H	E			G	E	N	T	I	L	L	E	S	S	E	M		
11			R						R					E			O	R	E					D	
12			E			R	A	P	P	E	N	E	A	U			U	S	D		C			U	
13		M						R			I			U			I	A	A		U			E	
14		E				A		E			N			B	S	P	I	R	I	T	U	E	L		
15	A	N	N	E	B	R	O	C	H	E	T			A	T		L	R			V				
16		T				R		I			M			L	T		L	E			E				
17		I		T	O	L	E	R	A	N	T			C	E	P	E	E			N				
18		R	N	G	U			R						O			I	S			T				
19			A	A				S	G					N	E	Z									
20			F	I	A	N	C	E	O								E								
21			F	I				T	T																

B. Reliez les défauts correspondants aux qualités suivantes:

1 d - 2 c - 3 f - 4 b - 5 e - 6 a

2. Réflexion - Essais

1. La pièce présente le contexte avant de faire entrer Cyrano. Ragueneau parle de lui et l'on comprend que c'est un personnage remarquable, exceptionnel. Il attend Cyrano avec impatience et le spectateur attend avec lui. Retarder l'arrivée de Cyrano est une façon de faire monter la tension, tension d'ailleurs accrue par le fait qu'on entend Cyrano avant de le voir. Le spectateur se demande où il est, s'il se cache, à quoi il ressemble. Cyrano est un héros dès les premières minutes.

2. a. Cyrano est passionné, fier, courageux, honnête, fidèle et éloquent. En public, il est bavard, sûr de lui, querelleur, héroïque, exubérant, mais en privé il est timide, sensible, complexé, secret, susceptible, tendre et romantique. Cyrano est un héros avec

de grandes qualités mais il n'est pas parfait, et ses défauts le rendent plus humain et plus proche de nous.

b. Au début, Roxane est une précieuse futile, superficielle et égoïste, plus habituée à être admirée qu'à écouter les autres. Peu à peu elle se montre intelligente, rusée (avec De Guiche), et courageuse (au siège d'Arras). A la fin, on la voit sensible, fidèle, et calme.

c. Christian est beau, mais peu éloquent et niais. Il est amoureux de Roxane mais pas assez courageux pour braver sa peur pendant le siège d'Arras pour lui faire parvenir des lettres. Cependant son amour pour Roxane est sincère.

3. Les personnages sont tous attachants mais Cyrano est sans doute celui qu'on admire le plus. C'est une question personnelle, et les étudiants pourront se sentir plus proches de Roxane et de Christian car ils ne sont pas surhumains comme Cyrano.

4. Cyrano parle avec une aisance extraordinaire et est capable d'improviser des monologues brillants. Il se moque de la mode et s'habille comme il l'entend. Il a une force extraordinaire, est flamboyant, ne fait rien comme tout le monde et cherche à se démarquer. En fait, il veut surtout rester fidèle à ses principes sans jamais être opportuniste.

5. Le stratagème est nécessaire à l'intrigue et permet à Cyrano de briller par son éloquence. Il est cependant tout à fait condamnable puisque seul Cyrano en manie les ficelles. En effet,

1. Christian ne connaît pas les sentiments de Cyrano pour Roxane

2. Roxane ne connaît pas la véritable identité de l'auteur des lettres et des déclarations d'amour.

Cette imposture était vouée à l'échec à long terme et certaine d'être découverte par Roxane. Ceci dit, quand Roxane comprend enfin la supercherie (pendant l'agonie de Cyrano), elle se montre très indulgente (comment n'a-t-elle pas compris plus tôt?).

6. Ils sont tous deux de fidèles amis, mais sont très différents. Ragueneau reçoit les poètes chez lui, mais ne fait pas de distinction entre les bons et les mauvais. C'est un enthousiaste naïf qui admire Cyrano, sans véritablement le comprendre. Le Brêt, en revanche, est l'ami véritable, le confident, qui connaît Cyrano mieux que personne, et qui devine l'amour secret et non partagé de celui-ci.

7. De Guiche est un personnage présenté de façon antipathique au début, mais il évolue. Il souffre de l'indifférence de Roxane (ce qui le place dans la même situation que Cyrano). Il envoie les cadets à la guerre par dépit quand il constate le mariage de Roxane et de Christian, mais on peut comprendre son geste. Il est déçu et blessé. Cette humanité se révèle davantage quand il décide de se battre aux côtés des cadets au lieu de les abandonner, et il exprime des regrets à la fin. Ce n'est donc pas un personnage au cœur sec et fondamentalement mauvais.

8. Cette scène nous rappelle la scène du balcon dans *Roméo et Juliette*. Dans les deux cas les femmes sont au balcon et les hommes leur déclarent leur flamme d'en bas. Cependant, alors que Roméo est seul, Christian a besoin de Cyrano et c'est finalement Cyrano qui

déclare sa flamme (celle de Christian et la sienne par la même occasion) à Roxane. Le balcon est un lieu classique de déclaration d'amour, mais Rostand complique la scène grâce à l'imposture.

9. La guerre force les personnages à se surpasser pour prouver leur valeur et leur courage. Elle sert aussi l'intrigue en éloignant les deux hommes de Roxane et en permettant à Christian de se suicider héroïquement. La guerre est un révélateur: Christian s'effondre alors que Cyrano continue à écrire deux fois par jour à Roxane et force son courage pour porter les lettres.

10. L'acte le plus grandiose accompli par Cyrano est de faire croire à Roxane que les lettres venaient de Christian, et de garder le secret jusqu'à sa mort. C'est le sacrifice ultime et cela lui coûte beaucoup plus que de se battre seul contre cent.

11. Cyrano avait trop d'ennemis pour pouvoir gagner. Les hommes comme lui finissent par tomber car ils embarrassent beaucoup de monde. De plus il fallait une fin dramatique et l'attentat est fidèle à l'Histoire: le vrai Cyrano a été assassiné. La situation a évolué car aujourd'hui on est libre de dire ce que l'on pense et on peut critiquer le pouvoir mais il y a toujours des assassinats politiques et des règlements de comptes, même s'ils sont rares.

12. Aucun personnage n'a obtenu ce qu'il espérait. Roxane a épousé Christian mais ce n'est pas l'homme qu'elle croyait aimer, Christian a gagné l'amour mais perdu la vie, Cyrano n'a jamais épousé Roxane (mais elle lui a avoué juste avant sa mort qu'elle l'aimait), et De Guiche a monté les échelons du pouvoir mais n'a jamais gagné le cœur de Roxane.

13. *Cyrano de Bergerac* comporte un certain nombre d'éléments du conte classique, sans toutefois en être un. Un conte doit comprendre les éléments suivants:

~ un héros aux qualités exceptionnelles

   ~ une mission à accomplir

   ~ des épreuves à surmonter

   ~ un/des adversaire(s)

   ~ un/des ami(s) qui aide(nt) le héros

   ~ des éléments surnaturels

   ~ une situation finale où les bons sont récompensés et où les méchants sont punis

Notre héros peut certainement s'apparenter au monde du conte. Il a des qualités humaines et une force physique dignes des plus grands héros. On le trouve souvent dans des actes héroïques exceptionnels, comme se battre un contre cent, ou franchir les lignes ennemies pour faire parvenir ses lettres à Roxane.

En revanche, Cyrano n'a pas de mission clairement définie. Certes il se bat contre ses ennemis, et il aide Christian à gagner le cœur de Roxane, mais ce n'est pas comparable aux missions des contes.

Les épreuves à surmonter ne sont pas typiques du conte non plus, puisque sa plus grande épreuve est morale: son assurance de ne jamais pouvoir être aimé de Roxane. Les épreuves des contes sont généralement physiques (délivrer une princesse d'un monstre, affronter un ogre, traverser un torrent de feu, par exemple).

Les adversaires de Cyrano sont légion, notamment à la fin de sa vie, mais sont là encore diffus. Il ne s'agit pas, dans *Cyrano de Bergerac*, de sorcière, de diable, de mauvais génie. Même son rival du début (Christian) devient son ami!

Les deux amis de Cyrano (Le Brêt et Ragueneau) apparaissent plus en tant qu'admirateurs et modérateurs des colères de Cyrano (le Brêt notamment) qu'en tant qu'aides. Ils sont un soutien moral pour Cyrano mais ne l'aident pas dans une mission précise.

Les éléments de surnaturels sont rares dans "Cyrano". Nous avons toutefois la lune, et l'apparition de Roxane au siège d'Arras. Son apparition est tellement inattendue et dangereuse qu'elle s'apparente bien au conte. Son chariot fait aussi penser au carrosse de Cendrillon.

Enfin, la situation finale n'a rien d'un conte! Cyrano meurt d'un attentat en ayant révélé bien trop tard son amour à Roxane. Quant à Roxane, elle a été amoureuse pendant 15 ans du physique de Christian et découvre, elle aussi trop tard, la véritable identité de son amour.

14. L'ironie est un élément central de l'histoire puisque Cyrano n'est pas ce qu'il donne l'impression d'être: sa laideur physique cache des qualités de cœur et une droiture morale admirables. Christian, en revanche, est beau physiquement mais ses paroles sont banales et il ne sait pas exprimer son amour. Le vicomte est élégant et à la dernière mode, mais il est fourbe et incapable d'aligner trois mots intelligents. Roxane est attirée par la beauté de Christian mais elle est réellement amoureuse du cœur et de l'âme de Cyrano. Cyrano n'a peur de rien mais il est paralysé devant Roxane et incapable d'avouer son amour.

15. *Cyrano de Bergerac* est un mélange des genres. Il allie des éléments comiques (au début notamment), tragiques (l'attentat contre Cyrano) et mélodramatiques (la scène du balcon). C'est aussi un film d'aventures (les combats, le siège d'Arras) et de cape et d'épée (film d'époque, duels, honneur).

16. L'élément le plus étonnant est le fait que les personnages s'expriment en vers. C'est tout à fait inhabituel et rend l'histoire impossible. Parmi eux, Christian et De Guiche sont les plus crédibles car ils ne font rien d'extraordinaire. Roxane l'est aussi à l'exception du siège d'Arras. Il est en effet difficile de croire qu'une femme aurait pu entreprendre un tel voyage et prendre autant de risques au XVIIe siècle. Cyrano est bien évidemment surhumain. Ses faits d'armes et ses exploits poétiques sont peu plausibles, même si les spectateurs ont très envie d'y croire!

17. Cette histoire est difficile à imaginer si Cyrano avait été une femme car certaines des qualités de Cyrano (le courage, la bravoure, la vaillance, la force) sont traditionnellement associées aux hommes. Evidemment certaines femmes ont les mêmes qualités et Roxane le prouve en venant à Arras, mais une femme n'aurait sans doute pas eu la force physique requise pour accomplir les exploits de Cyrano. Il est difficile aussi

d'imaginer deux femmes courtisant le même homme, et le faisant de cette façon. La nature humaine et la société imposent certaines règles que la grande majorité du public accepte facilement.

18. Depardieu est époustouflant dans le rôle de Cyrano. Il a à la fois la présence physique et la sensibilité pour rendre son personnage touchant et humain. Il n'a certes pas la beauté physique de son rival Christian, mais sa beauté intérieure se lit sur son visage. Quant à son nez, il est long mais pas grotesque. La certitude de Cyrano de ne jamais pouvoir être aimé d'une jolie femme comme Roxane n'est pas fondée. Il se croit atteint d'un handicap physique, alors que c'est son manque d'assurance et sa timidité devant Roxane qui l'empêchent d'être aimé.

19. A sa sortie en 1897 la pièce a fait un triomphe et a été jouée à guichets fermés pendant plus d'un an. Le film a lui aussi remporté un immense succès. Cela s'explique sans doute car l'histoire fait appel aux émotions. On a envie de rire, de pleurer, on prend fait et cause pour les personnages et on s'apitoye sur leur sort. Le personnage de Cyrano est difficilement crédible mais les spectateurs sont conciliants et plus facilement prêts à accepter ses exploits du fait que l'histoire a lieu au XVIIe siècle (on est donc détaché des réalités actuelles). Enfin les spectateurs aiment être éblouis et les images sont splendides, la musique bien choisie, les costumes magnifiques et le texte magistralement servi par des acteurs sur mesure.

20. Il se passe beaucoup de choses avant l'apparition de Cyrano, car il est important de présenter le contexte pour préparer son arrivée. Nous voyons donc la rue, le théâtre, la foule et tous les autres personnages sont présentés: Ragueneau d'abord, puis De Guiche, Christian, Roxane et enfin Le Brêt.

A l'exception de Christian, tous les personnages sont présents à la fin, mais De Guiche s'en va plus tôt. Les amis intimes de Cyrano étaient donc présents au début et sont là pour sa mort. Ceci dit, quinze ans ont passé et ils ont bien changé. Le Brêt a vieilli et Ragueneau a perdu sa femme et sa boutique. Roxane était jeune, innocente et amoureuse au début, et maintenant c'est une veuve triste et apaisée. Enfin Cyrano était flamboyant et sûr de lui dans la première scène. Maintenant c'est un homme blessé et affaibli, qui ne déclare son amour que parce qu'il sait qu'il va mourir.

La première scène est rapide et agitée. Il y a beaucoup de mouvement, la caméra change souvent d'angle pour donner du rythme à la scène. La dernière scène est au contraire très calme (on est dans un couvent), et les mouvements de caméra sont lents pour accompagner la mort de Cyrano. Il n'y a plus rien à présenter, donc la caméra le suit en permanence.

3. Analyse d'une photo

1. Cette scène se passe au début du film et à l'extérieur de l'Hôtel de Bourgogne où la pièce de théâtre devait être jouée.

2. Cyrano se bat en duel avec Valvert pour le ridiculiser.

3. Il fait des rimes pour se moquer de son adversaire.

4. Non, Cyrano s'amuse et semble sûr de lui et très à l'aise.

5. Cyrano a blessé l'orgueil de Valvert en le ridiculisant. Valvert se jette donc sur lui pour se venger mais Cyrano le tue.

4. Analyse de citations

1. Les spectateurs sont outrés par l'attitude de Cyrano au théâtre, alors il les provoque par bravade. Il sait qu'il est plus fort qu'eux et qu'il va les intimider.

2. Le Brêt vient de conseiller à Cyrano d'avouer son amour mais celui-ci est persuadé que son nez l'empêche d'être aimé.

3. Le Brêt a compris que les propos amers et agressifs de Cyrano étaient dûs à sa déception amoureuse. Il connaît bien son ami et l'encourage à se confier.

4. Cyrano refuse les compromis et déteste les flatteurs et les hypocrites. Il préfère au contraire rester libre et indépendant même si, en refusant un protecteur, il n'aura jamais ni succès ni richesse.

5. C'est la déclaration d'amour de Roxane à Christian à Arras. Elle est sincère mais blesse son mari qui comprend que Roxane est amoureuse de Cyrano. Ce sont les lettres qui l'ont rendue passionnée et Christian n'en est pas l'auteur.

6. Christian sait que Cyrano est amoureux de Roxane et préfère tout lui révéler afin qu'elle choisisse entre les deux hommes.

7. Cette affirmation de Cyrano peut être interprétée de deux façons: Cyrano est incapable d'avouer son amour, même quand Roxane a tout compris et/ou il ne peut se résoudre à tout admettre par peur de trahir la mémoire de Christian. Il est passionnément amoureux mais trop réservé et trop loyal pour admettre la vérité.

8. Oui et non. Certes il a raison en ce qui concerne l'amour puisqu'il n'a jamais "cueilli le baiser de la gloire". En revanche, il a eu ses heures de gloire à la guerre, où ses combats et sa bravoure faisaient le tour des soldats

9. Il fut tout pendant quelques heures de gloire (des discours mémorables, son combat contre quelques personnes célèbres, des duels, des batailles à la guerre), mais finalement meurt en n'étant presque rien. Il ne sera pleuré que de Roxane, Le Brêt et Ragueneau, et sera oublié de tous les autres

5. Sous-titres

a. Un film comme *Cyrano de Bergerac* est extrêmement difficile à sous-titrer car il est en vers. Les alexandrins et les rimes sont impossibles à rendre exactement.

b. Toutes les idées principales sont présentes dans les sous-titres.

c. Il n'était pas possible de faire rimer tout le texte anglais. L'important était de préserver les idées et de les exprimer de façon poétique.

d. Le texte est poétique grâce au vocabulaire utilisé, à quelques rimes en fin de vers (kiss/

promise), à des allitérations (<u>s</u>eal <u>s</u>et, <u>l</u>ove/<u>l</u>ips) et des assonances ("<u>O</u>" <u>o</u>f l<u>o</u>ve <u>o</u>n / <u>E</u>tern<u>i</u>ty <u>i</u>n the <u>i</u>nstant the b<u>ee</u> s<u>i</u>ps).

e. Les sous-titres sont excellents puisqu'ils sont fidèles aux idées originales et réussissent à donner une impression poétique.

6. Les critiques

1. On pourrait deviner que le film est basé sur une pièce à cause des alexandrins et des rimes. Au théâtre les acteurs seraient plus proches de nous, plus réels, plus humains. De plus au théâtre les acteurs réagissent grâce au public. En revanche, une partie de la beauté visuelle du film (notamment les grands espaces) serait perdue. De plus, le cinéma permet des gros-plans sur les visages des acteurs, et donc leurs expressions et leurs émotions touchent les spectateurs de plus près.

2. La comparaison de Rappeneau est tout à fait à propos, puisque dans les deux histoires il s'agit d'un homme laid qui cache un cœur en or. La Bête et Cyrano souffrent de leur laideur et de ne pouvoir avouer leur amour à Belle et à Roxane. Cependant dans les deux cas la femme finit par découvrir la vérité. C'est donc une comparaison justifiée, même si le dénouement des histoires diffère sensiblement: la Belle et la Bête se marient, alors que Cyrano meurt après sa révélation à Roxane.

7. Lectures

1. a. Premier extrait

1. Valvert n'aligne que des platitudes et des injures alors que Cyrano brille par sa verve.

2. Il ne juge Cyrano que sur ses apparences, ce dont justement Cyrano se moque éperdument.

3. Cyrano ne porte pas de vêtements élégants mais son cœur et sont esprit le sont, au contraire de Valvert.

4. La tirade oppose les apparences et la réalité profonde.

5. Cyrano est toujours indépendant et franc, sauf quand il s'agit d'admettre ses sentiments.

6. Cyrano a jeté son dernier gant au visage de quelqu'un qui l'importunait. Voilà bien un geste que Valvert ne ferait pas!

7. La réponse de Cyrano est drôle car tout à fait inattendue. Il vient de se faire copieusement insulter et répond à Valvert en déclinant son identité. Il ridiculise donc son adversaire en retournant les insultes contre lui.

b. Deuxième extrait

1. Nous assistons à une scène intime avec un Cyrano timide, angoissé, paralysé à l'idée de se retrouver seul face à Roxane.

2. Il est à la fois impatient et paniqué à l'approche de l'heure du rendez-vous.

3. Il envisage de "[se] sauver", tout en étant conscient de sa lâcheté. Cyrano n'a plus rien d'héroïque, il n'est plus le Cyrano prestigieux des duels et des combats, mais plutôt le Cyrano complexé et pétrifié devant son amour.

4. "Cette lettre d'amour qu'en moi-même j'ai faite / et refaite cent fois"

5. Cette métaphore indique la profondeur de l'amour de Cyrano, ainsi que la clarté de ses sentiments. Cyrano trouve facile de les exprimer par écrit: il n'a pas besoin de composer, juste de "recopier".

6. Toutes les interprétations sont permises! Ce qui est sûr, c'est que la supercherie imaginée par Cyrano n'aurait jamais eu lieu, et que les rapports entre Roxane, Cyrano et Christian auraient été complètement différents.

2. **Critique**

1. C'est une critique enthousiaste!

2. Il est vrai que Cyrano est un héros dont tout le monde en France a entendu parler. Le film l'a rendu très populaire mais il l'était beaucoup moins auparavant.

3. Le metteur en scène et le scénariste ont coupé des passages de la pièce pour simplifier et éclaircir, et pour que le film ne soit pas trop long.

4. Les vers font tellement partie de la pièce qu'ils sont indispensables. Si le texte avait été réécrit le film n'aurait pas eu le charme et la richesse qui ont fait son succès.

5. Tout est démesuré dans cette histoire: le nez de Cyrano est énorme, son amour pour Roxane immodéré, ses qualités de cœur rares, ses talents poétiques hors normes, son courage et sa force extraordinaires. Il fallait donc des moyens pour être à la hauteur de l'histoire et illustrer ce que Rostand avait écrit.

6. Il trouve Depardieu prodigieux car il a su incarner toutes les nuances du personnage.

8. Pour aller plus loin

a. **Lectures:** De nombreux passages de la pièce sont excellents et peuvent faire l'objet d'une étude en classe: la tirade du nez est sans doute la plus célèbre, et toute la dernière scène est intéressante.

b. **Films:** On peut comparer cette version de *Cyrano de Bergerac* aux nombreuses autres filmées antérieurement, ainsi qu'aux variations sur le thème de Cyrano, comme *Cyrano et D'Artagnan* (d'Abel gance) et *Roxanne* (de Fred Schepisi).

c. **Recherches:** Les étudiants peuvent faire des recherches sur le véritable Cyrano et établir des parallèles entre sa vie et la fiction.

CHAPITRE 13

Le hussard sur le toit

Le hussard sur le toit est une fresque historique et romantique, une aventure épique et chevaleresque, et les paysages provençaux sont de toute beauté. Le film a eu du succès mais le réalisateur n'a pas renoué avec la gloire apportée par *Cyrano de Bergerac*.

Il est classé R aux Etats-Unis, "Famille" par Monsieur Cinéma et "Adultes et adolescents" par *Télérama*. Le classement américain est dû à une scène de nudité et aux nombreux cadavres bleus par le choléra. Le film n'est pas adapté à un jeune public mais passe bien à partir de 15 ou 16 ans.

Les réactions des étudiants sont variées. Certains se passionnent pour l'histoire et les personnages (les filles notamment qui se pâment devant Olivier Martinez!) et d'autres sont complètement dégoûtés par les cadavres. Il faut les prévenir que la première partie (les 45 premières minutes environ) est un peu violente et que certaines images sont difficiles. L'amour et l'aventure dominent les 90 minutes qui suivent et valent bien que les étudiants s'accrochent au début!

Le contexte historique est compliqué donc il est capital que les étudiants soient familiarisés avec la situation politique dans laquelle se trouvaient l'Italie et la France en 1832. Il faut notamment qu'ils comprennent pourquoi Angelo est poursuivi par les agents autrichiens, pourquoi il essaie d'apporter de l'argent en Italie, et les liens politiques entre M. de Théus et M. Peyrolle.

PREPARATION

Traduisez !

1. Les gens fuyaient à cause de l'épidémie de choléra.

2. Après s'être caché sur les toits, le hussard est entré chez la marquise par une lucarne.

3. Le traître italien est mort de la maladie.

4. Pour s'échapper ils ont mis le feu à la quarantaine.

2. Repères culturels

1. Un hussard est membre d'un régiment de cavalerie légère.

2. La Provence se situe au sud-est de la France. Il y a environ 150 km entre Aix et Gap.

3. Giono (1895-1970) est né et mort à Manosque, en Provence. Son père était d'origine piémontaise (région du nord-ouest de l'Italie). Il a fait une large place aux thèmes ruraux et à la Provence dans ses œuvres.

Quelques œuvres de Giono: *Colline* (1929), *Regain* (1930), *Jean le Bleu* (1933), *Que ma joie demeure* (1935), *La femme du boulanger* (1944), *Le hussard sur le toit* (1951), *Angelo* (1958)

4. En 1832, Louis-Philippe était roi depuis deux ans. Il avait remplacé Charles X, chassé par la Révolution de 1830. Les légitimistes se battaient pour que les Bourbons (Charles X) reprennent le pouvoir perdu au profit de la famille d'Orléans (Louis-Philippe).

5. En 1832, l'Italie était complètement morcelée, sous domination autrichienne. Les Carbonari étaient une société secrète italienne, créée pour se battre contre l'empire autrichien, unifier l'Italie, et imposer la république. Ils étaient proscrits en Italie, et se cachaient donc en France, où ils étaient poursuivis par des agents autrichiens.

3. Bande-annonce

1. Les personnages principaux sont un homme et une femme, tous deux jeunes.

2. Les extraits de dialogues parlent du choléra, de l'Italie, et la jeune femme dit qu'elle est à la recherche de son mari.

3. Les images sont accompagnées d'une musique mélodramatique.

4. On remarque une alternance entre des moments intimistes et d'autres où l'aventure et la fuite priment.

5. On peut supposer que les deux personnages vont tomber amoureux, sur fond de choléra. Leurs aventures semblent assez énigmatiques. En fait, cette bande-annonce n'a pas pour but de nous dire de quoi le film va parler, mais plutôt de nous mettre dans l'ambiance.

CONVERSATION EN CLASSE

2. L'homme est arrêté et exécuté par des Autrichiens car il a fui l'Italie et se cache en France.

3. Angelo se trouve par hasard dans un village où l'épidémie de choléra a fait des ravages. Il se trouve confronté à des dizaines de morts, puis à la mort du docteur qu'il a essayé de sauver.

4. C'est sa mère qui lui a acheté son grade.

5. Les gens allument des bûchers pour brûler leurs morts.

6. Les gens sont paniqués et terrorisés par la maladie et sont persuadés qu'elle vient de l'eau. Ils recherchent donc un empoisonneur de fontaines, et tous les soupçons se portent sur les étrangers.

7. Pour échapper à ses poursuivants, Angelo se cache sur les toits, jusqu'à ce qu'un orage vienne le déranger. Il entre alors chez la marquise par le toit.

8. Angelo est susceptible, il a toujours l'impression qu'elle se moque de lui. Il est aussi impressionné et mal-à-l'aise avec elle.

9. Maggionari est un ancien ami d'Angelo (ils ont été élevés ensemble). C'est désormais un traître à la cause italienne, puisqu'il s'est rallié aux Autrichiens et les aide à pourchasser les Italiens en exil. Il tue le dernier Autrichien car il ne supporte plus son rôle, il a perdu ses illusions et veut rentrer chez lui. Il meurt du choléra.

10. Le soleil permet à Angelo et Pauline de s'échapper, car étant dans les yeux des soldats, il les éblouit et les empêche de tirer.

11. Le corbeau est tout près d'elle, il lui parle comme s'il lui "faisait la cour", et elle est incapable de réagir. Le corbeau symbolise la mort. Pauline a été piquée au front.

12. Pauline est extrêmement bien accueillie à Montjay par la famille et les amis de M. Peyrolle, car elle est la marquise de Théus. C'est une personnalité respectée, et donc accueillie avec tous les honneurs.

13. Ils changent d'attitude quand ils apprennent qu'elle vient de Manosque (qui a été très touchée par l'épidémie) et qu'elle n'a pas fait de quarantaine. Ils sont outrés car ils pensent qu'elle propage la maladie. M. Peyrolle, en revanche, l'accueille très bien et lui est tout à fait dévoué. Il a des liens politiques avec M. de Théus (ils sont tous les deux légitimistes), et semble avoir des sentiments pour Pauline.

14. Pauline veut retourner à Manosque car elle pense que son mari y est (d'après ce que lui a dit M. Peyrolle). Elle ne réussit pas: elle est arrêtée et emmenée en quarantaine.

15. Les gens sont entassés les uns sur les autres, il n'y a aucun confort. Cela ressemble à une prison.

16. Angelo se porte volontaire pour faire sa quarantaine.

17. Ils mettent le feu et les soldats les laissent sortir.

18. Ils se mettent en route pour Théus.

19. Ils s'installent dans une maison meublée mais inhabitée près de Théus. Ils font du feu, boivent du vin chaud, et Pauline se change.

20. Il dit qu'il veut partir avant la nuit, mais en fait il a peur de ses sentiments. Il sait qu'il aime Pauline, mais il est gentilhomme et elle est mariée. Il ne sait plus quoi faire et cherche à fuir.

21. Pauline est attaquée par le choléra. C'est le corbeau qui le lui a donné en la piquant.

22. Angelo applique les méthodes du docteur. Il lui faire boire de l'alcool et frictionne son corps pour activer la circulation. Il avait déjà fait cela sur le docteur mais ne l'avait pas sauvé. Il sauve Pauline car il est animé d'une farouche énergie, l'énergie de l'amour.

23. Pauline retrouve son mari et Angelo s'en va.

24. Non, Pauline écrit à Angelo, et reçoit une lettre de lui au début de l'année suivante.

25. Monsieur de Théus est prêt à laisser Pauline partir si elle souhaite retrouver Angelo, car il sait bien que "le temps n'effacer[a] pas le souvenir d'Angelo".

APPROFONDISSEMENT

1. Vocabulaire

A. Complétez les phrases suivantes avec les mots de la liste:

1. traitement - a réussi - reprend des forces - guéri
2. effrayée - corbeau - cauchemar
3. arrêter - soupçonnaient - empoisonneur
4. me fais du souci - est tombé malade - grave
5. toits - se cacher - Autrichiens - traître

B. Reliez les mots qui vont ensemble:

1 e - 2 g - 3 a - 4 b - 5 h - 6 c - 7 f - 8 d

2. Réflexion - Essais

1.

Nuit 1	• Angelo : est à Aix. Il a failli être assassiné par les Autrichiens • Pauline: est à Manosque
Jour 1	• Il s'arrête dans une auberge et: est à nouveau surpris par les Autrichiens
Jour 2	• Mort du docteur • Angelo passe la journée sur les toits • Rencontre Angelo-Pauline
Nuit 3	• Nuit passée chez les tantes de Pauline
Jour 3	• Angelo retrouve Giuseppe • Maggionari tue l'Autrichien
Jour 4	• Mort de Maggionari • Angelo et Pauline se retrouvent • Ils s'échappent ensemble
Jour 5	• Pauline est frappée par un corbeau • Ils rencontrent le colporteur dans les collines • Rencontre avec M. Peyrolle
Jour 6	• Pauline est arrêtée • Pauline et Angelo passent la journée en quarantaine • Soir: ils s'échappent de la quarantaine
Jour 7	• Ils se reposent dans une maison inhabitée • Pauline est terrassée par le choléra
Nuit 8	• Angelo frictionne et sauve Pauline
Jour 8	• Angelo ramène Pauline à Théus

2. a. L'amour entre Angelo et Pauline est pur et platonique, une sorte d'amour courtois. Chacun refusant d'admettre ses sentiments, à soi-même et à l'autre, cet amour reste inavoué, ce qui n'empêche pas une tension érotique de se développer dans le film.

   b. Angelo sait que cet amour est impossible (puisque Pauline est mariée), et reste donc fidèle à son code d'honneur chevaleresque et à son éducation. Chacun résiste, mais à la fin Pauline est plus ouverte. Elle pose des questions directes ("Est-ce-que je vous suis indifférente?", "Il y a une autre femme dans votre vie?"), car elle ne comprend pas l'attitude d'Angelo: comment peut-il avoir été son "chevalier servant", son "ange gardien", et rester si froid envers elle?

   c. Angelo et Pauline ne s'avouent pas leur amour, et pourtant il est clair qu'ils s'aiment. Angelo la suit partout, même en quarantaine, la protège, et se décompose quand il croit qu'elle va mourir. L'énergie avec laquelle il la sauve en dit plus long sur ses sentiments que bien des déclarations. Pauline, quant à elle, accepte la présence d'Angelo, et trahit ses sentiments quand elle se montre agacée par la froideur d'Angelo.

3. Pauline est marquise mais elle n'est pas noble. Elle est la fille d'un médecin de campagne, et a épousé le marquis de Théus, de quarante ans son aîné. Pauline aime son mari et lui est fidèle. Elle est terrifiée à l'idée qu'il puisse mourir du choléra, et en fait des cauchemars, comme elle le raconte à M. Peyrolle. La jeunesse, la fougue, et l'enthousiasme d'Angelo contrastent avec l'âge et l'expérience du vieux marquis. Pauline est une jeune femme chaleureuse, énergique et énigmatique. Elle est déterminée et intrépide, et sait braver sa peur face au danger. Son courage, sa loyauté et sa beauté en font une véritable héroïne.

4. a. Angelo est jeune et naïf, mais il a un sens de l'honneur et une droiture morale à toute épreuve. Il est honnête, loyal et courageux, et se met au service de ceux qui ont besoin de lui. Ainsi, il aide le docteur et les autres exilés italiens, et protège Pauline.

   b. "Je suis un gentilhomme", dit Angelo à Pauline quand il la rencontre. C'est vrai, puisque sa mère est duchesse. Cependant, il ne sait presque rien sur son père, sinon qu'il était de passage en Italie avec Napoléon. Angelo est donc un bâtard, ce qui le force à être encore plus noble pour prouver sa valeur. Sa mère, bien qu'on ne la voie jamais, joue un rôle important puisqu'elle nous renseigne sur le caractère et l'éducation d'Angelo. Les lettres d'Angelo à sa mère permettent de faire une pause dans l'histoire et donnent à Angelo le temps de réfléchir.

   c. Angelo veut retourner en Italie pour se battre pour l'indépendance. Il est tellement loyal à la cause de son pays qu'il trouve normal de risquer sa vie. Il a deux missions: la première est d'avertir les autres Italiens que les Autrichiens sont à leurs trousses et qu'ils ont déjà assassiné l'un des leurs, la seconde est de porter un sac d'or en Italie (qui lui est confié par Giuseppe) pour financer la révolution.

   d. Angelo part à l'aventure pour deux raisons: il veut être digne de sa mère, et il veut s'éprouver lui-même en testant son courage. Il doit faire face à quatre difficultés: ne pas se faire assassiner par les agents autrichiens, ne pas attraper le choléra, ne pas se faire prendre par les villageois affolés, et ne pas être attrapé par la police française qui met tous ceux qui veulent fuir la Provence en quarantaine.

e. Angelo fait trois rencontres:

~ Le médecin: Il lui parle du choléra et lui explique comment tenter de sauver les malades, ce qui permettra à Angelo de sauver Pauline plus tard.

~ Giuseppe: En retrouvant Giuseppe, Angelo retrouve sa passion pour l'Italie. Giuseppe lui confie une mission précise, celle de porter l'argent.

~ Pauline: Avec Pauline, Angelo rencontre l'amour, et sa chevauchée en solitaire se transforme en chevauchée à deux.

5. a. La première rencontre entre Angelo et le choléra se passe dans un village déserté, où des cadavres bleus gisent partout. Angelo devra à plusieurs reprises traiter des malades, enjamber des cadavres, il verra les morts transportés sur des charrettes et brûlés sur des bûchers.

b. A l'époque, les moyens étaient rudimentaires et dérisoires, et même les médecins ne savaient presque rien. Le jeune médecin qu'Angelo rencontre au début lui explique qu'il faut frictionner les malades pour activer la circulation du sang. La quarantaine est instaurée pour éviter à l'épidémie de se propager. La maison Peyrolle est tout à fait typique de l'ignorance des populations: les gens paniquent et cherchent à désinfecter les lieux avec de la vapeur. La maladie donne aussi prise au charlatanisme, comme le colporteur et ses tisanes.

c. Le choléra est un révélateur: il fait ressortir la méchanceté et l'égoïsme chez certains, et la bonté chez d'autres, et permet de mettre en évidence les qualités de cœur (la générosité notamment) d'Angelo.

6. Pendant l'épidémie, on assiste à un cas de terreur collective. La peur rend les gens hystériques et paranoïaques. Ils ont besoin d'un bouc émissaire, ont recours aux superstitions et à la religion, et se dénoncent les uns les autres. Les étrangers sont suspects, d'où leur acharnement sur Angelo et le lynchage de l'Autrichien. Les biens matériels sont de première importance quand ils fuient leurs maisons: ainsi, on les retrouve avec leurs meubles, pendules et argenterie quand ils sont bloqués à un barrage.

7. Si une épidémie similaire avait lieu aujourd'hui les gens paniqueraient sans doute de la même façon. Ils essaieraient de se protéger, seraient prêts à croire n'importe quoi et auraient peur des étrangers. Il y aurait cependant une différence importante: aujourd'hui on se tournerait vers les médecins et la recherche et on attendrait impatiemment qu'un vaccin ou un médicament soit mis au point pour enrayer la maladie.

8. Le bétail a été abandonné par les fermiers morts ou enfuis. Il résiste mais n'a plus personne pour s'occuper de lui. Ce bétail abandonné montre à quel point le choléra dérègle la vie, même pour ceux qui ne sont pas malades.

Le chat est le compagnon d'Angelo sur les toits de Manosque. En s'enfuyant du grenier où ils se sont réfugiés, il mène Angelo jusqu'à Pauline.

Les chevaux sont indispensables pour la chevauchée d'Angelo et de Pauline. Quand ils perdent leur cheval, ils doivent en retrouver un, quitte à le voler (c'est ce qu'a fait Pauline en sortant du barrage avec Angelo).

Les corbeaux, quant à eux, sont partout et font peur. Ils sont menaçants, annoncent la maladie et la mort. Les corbeaux et le choléra sont très étroitement associés.

9. Comment se fait-il que Pauline soit si calme lorsqu'elle rencontre Angelo?
   Pourquoi n'a-t-elle pas réveillé Angelo lorsqu'elle a quitté sa maison?
   Pourquoi Maggionari a-t-il trahi son pays?
   Pourquoi Pauline veut-elle tant aller à Montjay?
   Quelles sont les relations entre M. Peyrolle, Pauline et M. de Théus?
   Que contient la lettre d'Angelo à la fin?

10. *Le hussard sur le toit* est un titre qui peut paraître surprenant puisqu'Angelo passe peu de temps sur les toits de Manosque, comparé au reste de son aventure. Ceci dit, c'est un moment crucial pour lui: exilé sur les toits, Angelo peut observer les villageois de Manosque et leur folie, et réfléchir sur son sort. C'est aussi le prélude à sa rencontre avec Pauline.

11. Le contraste entre les deux scènes est saisissant: la première se passe à Aix-en-Provence en juillet, alors que la dernière a lieu au château de Théus en plein hiver.

    Il y a beaucoup de tension dans la première scène: un homme est recherché et exécuté, une femme paniquée court prévenir Angelo pour qu'il s'enfuie. Les personnages se sentent traqués et ils ont peur. Cela ressemble à un film d'aventures dans lequel le héros échappe de justesse à la mort. La dernière scène baigne au contraire dans le calme et la sérénité. Pauline est chez elle et en sécurité. Cependant elle n'a pas oublié Angelo et c'est une scène pleine de nostalgie.

    Tout a changé pour les personnages entre le début et la fin du film: l'épidémie est terminée, Pauline a survécu, elle a retrouvé son mari, Angelo a regagné l'Italie et tous deux sont tombés amoureux l'un de l'autre.

    Il y a beaucoup d'agitation dans la première scène, qui est donc filmée en mouvement: les personnages changent de lieux et le rythme est rapide. C'est le temps de l'action. La dernière scène n'est pas statique mais beaucoup plus lente. Pauline s'arrête pour lire la lettre d'Angelo, et une fois qu'elle est sur la terrasse elle regarde les Alpes sans bouger. C'est le temps de la réflexion et des souvenirs.

3. Analyse d'une photo

1. Cette scène se passe à la fin du film. Pauline et Angelo sont dans une maison inhabitée près du château de Théus.

2. Pauline a enlevé ses vêtements mouillés et mis une jolie robe appartenant à la dame de la maison.

3. Angelo veut partir car l'orage a cessé, mais Pauline est trop fatiguée. Elle lui dit de s'en aller s'il veut, mais elle va rester se reposer.

4. Pauline ferme les yeux car elle est épuisée et elle vient d'avoir un malaise. Elle est sur le point d'être attaquée par le choléra.

5. Bien qu'ils soient tous les deux sur la photo, Pauline est le centre d'attention pour deux raisons:
   ~ elle est en blanc et elle est éclairée par la fenêtre
   ~ Angelo la regarde, et notre regard suit le sien.

4. Analyse de citations

1. C'est ce que dit Angelo après que Pauline a été piquée par le corbeau. Il fait référence à tous les corbeaux qui, habitués à manger les cadavres, s'attaquent désormais aux hommes, même vivants.

2. Ce jeu de mots est formulé par Angelo en quarantaine en réponse à Pauline, quand celle-ci s'effraie à l'idée qu'elle pourrait bien lui transmettre la maladie.

5. Sous-titres

a. Les sous-titres sont beaucoup plus courts que l'original car il a fallu résumer pour qu'ils ne soient pas trop longs.

b. "Qu'allez-vous faire?" n'est pas traduit mais cela ne gêne pas la compréhension générale.

c. En français Pauline indique qu'il est possible qu'elle aille à Théus. Le sous-titre ne donne pas cette précision, mais l'idée principale est respectée puisqu'elle ne sait pas ce qu'elle va faire.

d. "Si vous voulez bien" et "La maladie n'ira jamais jusque là" sont omis en anglais. Il n'était pas possible de tout traduire donc le sous-titreur a choisi de rendre les deux idées principales seulement (je vous emmène et vous serez à l'abri).

e. Le pronom est plus court mais "Laurent" aurait été plus clair.

f. Là encore le sous-titreur a dû se contenter des idées principales.

g. Dans ce dialogue les échanges sont très rapides en français. Si tout était traduit le spectateur n'aurait pas le temps de tout lire. Le travail du sous-titreur est donc d'aller à l'essentiel et de rendre l'idée.

6. Les critiques

1. Angelo est vaillant, courageux et généreux, et donc il résiste bien aux difficultés et sait y faire face. En revanche, il est jeune, naïf, et n'a pas une grande expérience de la vie. Il a donc besoin de ces épreuves pour tester son courage, appliquer les principes inculqués par sa mère, et devenir un homme.

2. Pauline est vigilante à Manosque, puisqu'elle cache un pistolet sous sa serviette à table. Cependant elle avoue sa peur à Angelo et à M. Peyrolle. Elle est aussi terrifiée par le corbeau qui l'a piquée, et a peur pour Angelo dans sa lettre. Elle montre sa douceur à la fin du film quand elle raconte comment elle a rencontré son mari. Sa témérité est évidente lorsqu'elle laisse Angelo manger à sa table, accepte de forcer le barrage avec lui, et de mettre le feu pour sortir de la quarantaine.

7. Parallèles avec d'autres films

1. *Jean de Florette* et *Manon des sources* se passent à la campagne. On voit donc les collines et un village. Les personnages du *Hussard sur le toit* étant sans cesse en mouvement, on les voit aussi bien dans une grande ville (Aix-en-Provence), dans une petite ville (Manosque) qu'à la campagne. *Marius et Jeannette*, en revanche, se situe dans un quartier ouvrier de Marseille, et les personnages du film n'en sortent jamais, sauf pour aller à la plage.

    Les personnages de *Jean de Florette* et *Manon des sources* sont très ancrés dans le paysage. Ils appartiennent à l'ensemble, alors que la Provence du *Hussard sur le toit* est plutôt une toile de fond. Enfin l'histoire de *Marius et Jeannette* aurait pu se passer dans une autre grande ville, même si la personnalité très marquée de Marseille donne de la saveur au film.

2. Les films se passent en 1783, 1832, et aux alentours de 1850, et la situation est à peu près identique pour les femmes. Le mariage est une nécessité et elles n'ont pas grand choix.

    Avant de rencontrer Grégoire, Mathilde de Bellegarde avait l'intention d'épouser Montalieri car il était très riche. Ce n'était donc pas un mariage d'amour, mais une façon de financer ses recherches. Montalieri étant vieux, elle pouvait espérer tomber veuve de bonne heure. De toutes façons, il était clair dans le contrat de mariage qu'ils ne vivraient pas ensemble.

    Le cas de la comtesse de Blayac est tout à fait comparable. Elle a épousé un homme riche et bien plus âgé qu'elle, dont elle est maintenant veuve. Elle n'aimait pas son mari, ils vivaient séparément et la comtesse avait des amants.

    Pauline de Théus a elle aussi épousé un vieil homme, et elle est devenue marquise grâce à ce mariage. En revanche, elle aime son mari et fait tout ce qu'elle peut pour le retrouver.

    Emma Bovary s'est mariée parce qu'elle ne voyait pas ce qu'elle pourrait faire d'autre, et elle espérait que le mariage la rendrait heureuse. Elle pensait que la profession de Charles (officier de santé) lui permettrait de vivre comfortablement. Emma n'aime pas son mari et elle se sent prisonnière de son mariage. Elle a des amants.

3. Pauline et Irène tombent toutes les deux amoureuses contre toute attente: Pauline est mariée et elle aime son mari, et Irène est encore perturbée par la mort du sien. Toutes les deux avouent leur amour, et sont repoussées par des hommes qui les aiment. Angelo et Delaplanne sont timides, maladroits, bien élevés et ont un grand respect des femmes. Comme ils ont peur de leurs sentiments ils préfèrent rester distants plutôt que d'avouer leur amour.

4. Pauline de Théus et Madame La ont des caractères forts. Elles sont tenaces, obstinées et passionnées. Toutes deux ont une mission: Pauline de Théus parcourt la Provence pour retrouver son mari, et Madame La tente de réhabiliter Neel. Elles sont toutes les deux amoureuses de leur mari, mais un autre homme leur est cher: Pauline est attirée par Angelo et Madame La est tendre avec Neel.

8. Lectures

1. **Extrait du roman**

   1. Dans le film Angelo descend pour tenter de rattraper le chat qui s'est enfui du grenier. Dans le roman le chat n'est pas important (en fait, Angelo descend car il a faim). Il n'essaie pas de se cacher, alors que dans le film il se tient derrière la pendule. Il la fait sonner en se penchant contre elle, et cela attire l'attention de Pauline. Rappeneau a ajouté "N'ayez pas peur" avant "Je suis un gentilhomme".

   2. Rappeneau a abrégé et changé la conversation pour accélérer le rythme de cette scène.

   3. Angelo cherche à se justifier, à expliquer ses faits et gestes même quand Pauline ne lui demande rien. Il veut faire bonne impression et se comporter correctement. Pauline est toute simple et ne fait pas de manières. Elle pose des questions directes et terre-à-terre. Elle est plus sûre d'elle et plus à l'aise qu'Angelo.

   4. Dans le roman Pauline le rassure et insiste gentiment. Rappeneau a développé cette scène: Angelo croit que Pauline se moque de lui et décide donc de quitter la maison. Pour le retenir Pauline doit avouer qu'elle a peur. Un gentilhomme comme Angelo ne peut pas abandonner une femme apeurée…

   5. Dans le roman on découvre que Pauline est armée quand Angelo lui propose l'un de ses pistolets. Dans le film Pauline soulève la serviette qui cachait son arme en réponse à la remarque suivante d'Angelo: "Vous êtes seule et en plus vous ouvrez votre porte à des inconnus. Vous êtes très imprudente".

   6. Dans le film Angelo se regarde dans la glace, met ses bottes, chasse le chat, est vexé par une remarque de Pauline et prend congé. Pauline cherche les prunes à l'eau-de-vie, Angelo s'endort sur place et ne repart pas au grenier. Pauline observe la garde républicaine défiler dans la rue.

   7. On sait seulement ce que pense et ressent Angelo car c'est le personnage central et c'est lui que l'on suit. Le lecteur découvre Pauline en même temps qu'Angelo. On ne peut donc pas savoir ce qu'elle pense. Rappeneau a gardé le même procédé dans le film. C'est particulièrement net quand Pauline apparaît à l'écran pour la première fois: la caméra se trouve tout près de la tête d'Angelo pour que le spectateur ait le même point de vue que lui.

   8. Rappeneau est fidèle à Giono. Il a élagué mais l'impression générale qui se dégage du film est la même que dans le livre.

2. **Entretien avec Juliette Binoche**

   1. Certaines scènes sont effectivement magnifiques, grâce au travail sur le cadrage, la lumière et les couleurs notamment. Les champs de blé, les chevaux, les cadavres, les toits, le ciel, la quarantaine, les montagnes sont filmés de façon très artistique.

   2. Iseult est l'héroïne de la légende de *Tristan et Iseult*, dans laquelle le roi Marc envoie

Tristan en Irlande demander pour lui la main d'Iseult. Par erreur Tristan et Iseult boivent un philtre magique et tombent éperdument amoureux l'un de l'autre. Cette légende celtique a été développée au Moyen-Age par plusieurs poètes. Il y a donc des variations dans l'histoire mais le thème central (la fatalité de la passion) et la fin tragique sont toujours présents. Il est exagéré de comparer la relation entre Pauline et Angelo à celle de Tristan et Iseult. Angelo suit Pauline et la protège, mais il n'est pas animé d'une passion dévorante comme Tristan.

3. Pauline fait preuve de force quand elle accueille Angelo chez elle, quand elle force le barrage de soldats et quand elle prend tous les risques pour aider les gens à sortir de la quarantaine. Elle sait aussi être douce, notamment lors de plusieurs conversations avec Angelo et quand elle parle avec M. Peyrolle.

4. Dans *Le hussard sur le toit* Pauline est jeune mais elle a le caractère bien trempé. Il n'est pas évident qu'en vieillissant elle deviendra difficile mais c'est une possibilité.

5. Juliette Binoche est très expressive et elle sait jouer avec le regard. Ses yeux sont donc un atout dont elle se sert pour exprimer ses sentiments.

6. C'est une actrice toute simple qui ne se prend pas pour une star. Elle a su rester naturelle malgré les nombreux prix qu'elle a reçus.

3. Entretien avec Jean-Paul Rappeneau

1. Rappeneau est tombé amoureux du livre quand il l'a lu à l'âge de vingt ans. Il était donc naturel qu'il ait envie d'en faire un film.

2. Il a contourné le fait que l'histoire a très peu d'action en ajoutant une tension dramatique entre Angelo et Pauline.

3. L'histoire est effectivement toujours d'actualité. Le contexte est différent mais dans des circonstances comparables les gens réagiraient de la même façon. La peur de la contagion, la peur de l'Autre et l'amour sont des thèmes intemporels.

4. Il est vrai que Cyrano et Angelo ont des points communs. Tous deux sont courageux mais ils le sont pour des raisons différentes. Angelo est prêt à braver tous les dangers pour accomplir sa mission (porter l'argent en Italie), pour protéger Pauline et pour rester en vie (échapper au choléra, aux Autrichiens et aux villageois en furie). Cyrano fait preuve d'un courage inouï pour porter les lettres en terrain ennemi, quand il se bat seul contre cent ou à la guerre, mais il le fait aussi par bravade, pour l'honneur et pour le panache. Le courage de Cyrano frôle souvent l'inconscience. "Leur timidité paralysante devant toutes les choses de l'amour" est très similaire. Tous deux sont amoureux mais incapables d'agir. Il y a cependant plus d'espoir pour Angelo (qui est jeune) que pour Cyrano.

5. Rappeneau aime voir et faire des films spectaculaires, il veut être ébloui par les images. Elles sont particulièrement soignées dans *Le hussard sur le toit*.

6. D'après Rappeneau, chaque film est une œuvre d'art. Il passe beaucoup de temps à peaufiner chacun de ses films et a besoin d'un temps de repos avant de se mettre à

un autre projet. En France les réalisateurs ont le statut d'auteur: ils ont beaucoup de droits mais aussi de nombreuses responsabilités. Le cinéma ne peut donc pas être une industrie.

9. Pour aller plus loin

a. **Lectures:** Le roman de Giono est intéressant mais difficile à lire car il est long et le vocabulaire est très riche. Il est cependant possible de proposer d'autres extraits aux étudiants.

b. **Recherches:** L'épidémie de choléra a eu un impact considérable en Europe occidentale de 1826 à 1837 (le film se passe en 1832). Les étudiants peuvent faire des recherches sur les conséquences de l'épidémie dans d'autres pays européens.

c. **Musique:** La superbe bande originale du film, composée par Jean-Claude Petit, est disponible aux César du Cinéma.

CHAPITRE 14

Un cœur en hiver

Un cœur en hiver est un film riche, subtil, intense et poignant. Il se prête bien à la discussion car les personnages sont ambigus et complexes.

Il n'est pas classé aux Etats-Unis. Monsieur Cinéma considère que c'est un film pour adultes, et *Télérama* le classe ainsi: "Adultes et adolescents, des idées peuvent heurter". A mon avis, bien que rien ne soit choquant pour des adolescents, le sujet nécessite un public mûr, à partir de 17 ou 18 ans.

A priori ce n'est pas un film qui peut plaire à tout le monde. Pourtant, il fonctionne très bien en cours. Il est important de dire aux étudiants que c'est un drame, qu'il n'y a pas d'action et que la fin n'est pas vraiment "finie" (comme ce n'est pas Hollywood, Camille et Stéphane ne sont pas ensemble!). Les étudiants ont besoin de temps pour se mettre dans l'histoire mais ils s'attachent aux personnages. De plus, ceux qui aiment la musique apprécient le contexte.

PREPARATION

Traduisez!

1. L'apprenti du luthier est très doué. Il a fait le Conservatoire et apprend maintenant à faire des violons.

2. Stéphane lui plaisait tellement qu'elle s'est jetée à sa tête.

3. Je ne pourrais jamais me confier à cet homme. Il est sournois et dissimulé et il me met mal à l'aise.

4. Elle s'est saoulée parce qu'elle était blessée et humiliée.

2. Repères culturels

1. Un luthier fabrique et répare des instruments de musique à cordes (comme des violons, des violoncelles, des contrebasses, etc.).

2. Ravel est un compositeur français, né en 1875 et mort en 1937. Il a composé, entre autres, des concertos pour piano, des sonates pour violon et violoncelle, des sonates pour violon et piano, et de la musique symphonique (son "Boléro" est très célèbre).

CONVERSATION EN CLASSE

2. Maxime est le patron, Stéphane est son employé.

3. Stéphane est surpris, déçu et blessé.

4. Camille est troublée par le regard profond, pénétrant et insistant de Stéphane.

5. Stéphane se tait pour plusieurs raisons. Il n'a peut-être pas d'avis, mais surtout il ne veut pas s'exposer et prendre des risques devant Camille, il est mal à l'aise dans la conversation, et de toutes façons ce n'est pas son genre de beaucoup parler.

6. Régine est l'agent de Camille, et la meilleure amie de sa mère. Elles se disputent car Régine est étouffante et Camille a le sentiment de ne plus avoir besoin d'elle. Elle reconnaît cependant ce qu'elle lui doit.

7. Brice est l'apprenti de Stéphane. Il apprend à fabriquer des violons. Stéphane se comporte très bien envers lui: il est gentil, patient et encourageant.

8. La scène dans le café est très importante. Camille et Stéphane sont ensemble pour la première fois (ils avaient déjà eu une brève conversation dans l'appartement de Stéphane, mais Maxime était sur le point d'entrer), et Camille s'expose en posant beaucoup de questions: elle lui demande s'il a fait le Conservatoire, s'il habite seul, s'il aime la solitude, s'il a déjà été amoureux, et ce que représente Hélène pour lui. Bien que Stéphane reste distant, nous sentons que cette scène est importante pour tous les deux.

9. Stéphane a un malaise et est obligé de s'asseoir. Il demande un verre d'eau à Maxime. Camille avait ressenti le même trouble au cours de la répétition et avait aussi eu besoin de boire .

10. Stéphane est très fort et maître de lui la plupart du temps. Son malaise dans l'appartement montre néanmoins qu'il a des failles.

11. Camille est curieuse et veut se faire une meilleure idée sur Hélène en la voyant de plus près. Elles s'étaient déjà vues au restaurant au tout début.

12. Stéphane cherche à provoquer Camille. Ce qu'il lui dit est évidemment faux. Ils se connaissent depuis très longtemps (ils se sont sans doute rencontrés aux cours de Lachaume), travaillent ensemble, ont la même passion, et sont complices. Ils sont extrêmement différents, mais ils ont besoin l'un de l'autre et se complètent très bien. On se demande ce que Stéphane pense et ressent réellement: on a l'impression qu'il n'avouera jamais qu'il puisse être attaché à quelqu'un, et peut-être ne veut-il même pas se l'admettre à lui-même.

13. Maxime dit à Stéphane que ça l'ennuie de ne pouvoir assister au dernier jour d'enregistrement de Camille. En réalité, il teste Stéphane, et veut aussi que Camille se sente bien.

14. Camille est sûre d'être aimée en retour et ne s'attend pas à être repoussée quand elle dit à Stéphane qu'elle a envie de lui. Stéphane reste complètement froid et distant. Camille est abasourdie quand elle entend son explication: "J'ai voulu vous séduire, sans vous aimer, par jeu, sans doute contre Maxime". Elle le quitte confuse, honteuse, et pas vraiment convaincue de ce qu'il lui a dit ("Arrêtez de vous mentir!").

15. Camille se saoule, et Stéphane va chez Lachaume mais il n'entre pas, car il l'entend se disputer avec Madame Amet.

16. Camille cherche Stéphane et le retrouve au restaurant, en train de déjeuner avec Hélène. Elle veut lui parler, car elle ne peut pas accepter ce qu'il lui a dit la veille. Elle ne le croit pas. S'ensuit une dispute bruyante et très gênante, pendant laquelle Camille insulte Stéphane, qui se tait.

    Maxime, qui a assisté à la scène, gifle Stéphane pour plusieurs raisons: Stéphane a blessé Camille, il reste de glace et semble avoir le cœur dur comme une pierre, et aussi Maxime est déçu par Stéphane.

17. Stéphane et Hélène sont très amis et se confient beaucoup l'un à l'autre. Hélène comprend tout, tout de suite. Elle sait que Stéphane est amoureux de Camille, et qu'il est jaloux de Maxime.

18. Stéphane déménage, crée son propre atelier, et a sa propre clientèle. Brice, son apprenti, le suit.

19. Stéphane est surpris et ne dit presque rien. Maxime est très aimable, il parle de Camille, de Lachaume, et propose même à Stéphane de s'associer, mais se rend compte que Stéphane n'est pas intéressé.

20. Stéphane fait une piqûre à Lachaume pour l'aider à mourir. Maxime est dans la chambre pendant la piqûre, mais laisse Stéphane seul avec Lachaume pour la fin. La mort de Lachaume les rapproche, car c'est un moment fort auquel ils assistent ensemble. Ils sont d'ailleurs ensemble au café dans la dernière scène.

21. C'est sa déclaration, bien tardive, à Camille. Il a toujours su qu'il aimait Lachaume, et a toujours accepté de l'aimer. Il se rend compte maintenant qu'il aimait aussi Maxime, Hélène, et bien sûr Camille.

22. C'est un moment qui serre le cœur et qui résume le gâchis entre eux. Ils auraient peut-être pu être bien ensemble, d'autant que le couple Maxime-Camille ne semble pas extraordinaire (quand Maxime rend visite à Stéphane dans son nouvel atelier, il parle de Camille en disant "Elle va, elle vient. Tu sais, c'est avant tout une violoniste"). Désormais Stéphane est seul, et semble à jamais enfermé dans sa solitude.

23. "Un cœur en hiver" décrit le cœur de Stéphane. Il est en hiver car il est froid, en attente, en hibernation. On a l'impression qu'il ne s'y passe rien bien qu'il continue à battre, mais de façon souterraine, sans produire ni sentiment ni émotion. C'est un titre extrêmement bien choisi qui colle parfaitement à la personnalité de Stéphane.

APPROFONDISSEMENT

1. Vocabulaire

A. Retrouvez les instruments de musique qui se cachent derrière les lettres mélangées:

1. violon	5. contrebasse
2. hautbois	6. batterie
3. trompette	7. clavecin
4. flûte	8. accordéon

B. Complétez les phrases suivantes avec les mots de la liste:

1. apprenti - atelier
2. clavecin - harpe
3. plaît - est amoureux d'
4. jaloux - doué
5. mal à l'aise - me taire - avis
6. blessée - humiliée - gifle

2. Réflexion - Essais

1. Stéphane est fermé, introverti, timide, alors que Maxime est gai, extraverti, charmeur, et à l'aise en société. Ils ont donc des caractères opposés, mais se comprennent très bien ("Maxime et moi on se comprend sans se parler. On se connaît depuis si longtemps"), et ont besoin l'un de l'autre. Maxime a besoin de Stéphane car c'est Stéphane l'artiste, celui qui sait réparer les violons. En revanche, c'est Maxime l'homme d'affaires qui sait charmer les clients. Ils forment donc une paire efficace, où chacun y trouve son compte.

2. Stéphane séduit Camille en restant en retrait et en étant énigmatique. Il utilise son regard pénétrant pour la troubler, mais quand il se rend compte qu'elle s'intéresse à lui, il l'évite. Il sait très bien qu'en feignant l'indifférence il attise l'intérêt de Camille.

3. Camille est troublée par Stéphane dès le début. Elle lui pose beaucoup de questions, lui téléphone, parle d'elle et de ses problèmes avec Régine. Elle est jalouse d'Hélène (elle demande à Stéphane ce qu'elle est pour lui, et va acheter un livre dans la librairie d'Hélène pour la voir de plus près). Après l'enregistrement, elle demande à Stéphane s'il a une voiture, propose de boire quelque chose dans un bar d'hôtel, lui dit: "c'est pour vous que je l'ai jouée" en parlant de la sonate qu'elle vient d'enregistrer, et lui dit qu'elle a envie de lui. Son obsession ne s'arrête pas au moment où Stéphane la repousse, puisqu'elle le cherche le lendemain pour lui parler à nouveau.

4. Stéphane dit à Camille qu'il ne l'aime pas pour plusieurs raisons: il ne s'autorise pas à aimer, il ne veut pas s'engager, il a peur de ses sentiments, il ne veut pas prendre la femme de Maxime, et finalement sa passion pour son métier lui suffit.

   Nous savons que Stéphane est amoureux de Camille car il lui dit deux fois, indirectement: quand il lui rend visite il lui dit qu'il a manqué sa chance, et à la fin du film il dit qu'il avait longtemps cru que la seule personne qu'il aimait était Lachaume. Stéphane n'est pas le genre à faire de grandes déclarations enflammées, donc ces deux moments sont assez clairs pour avoir la certitude qu'il l'aimait.

5. Là encore, il y a plusieurs explications: Stéphane séduit Camille pour se venger de Maxime parce qu'il se sent trahi, il est jaloux et agacé par le bonheur de Maxime qui se lit sur son visage, et il est déçu que Maxime ne lui en ait pas parlé plus tôt. Il le fait aussi pour jouer, pour se distraire, pour tester ses capacités de séduction et de manipulation, et aussi parce qu'il aime Camille et qu'il veut voir si elle peut l'aimer en retour.

6. Stéphane n'avait pas pensé que Camille tomberait amoureuse de lui, et n'avait pas prévu qu'il perdrait le contrôle de la situation. Il n'avait pas envisagé la séparation avec Maxime. On a l'impression que Stéphane est débordé par Camille, qu'il ne sait plus comment se tirer d'affaire et que ce qui semblait comme un jeu au départ est allé bien trop loin.

7. Stéphane manipule les automates comme il manipule Camille. Il aime jouer avec et être le maître de la situation. Comme Stéphane, les automates ne vivent pas, ils sont juste une représentation de la vie.

8. a. *Stéphane et Maxime:* Stéphane est jaloux de Maxime à cause de Camille et à cause de son bonheur. Quant à Maxime, il est jaloux de Stéphane pour plusieurs raisons: Camille est amoureuse de lui, il se débrouille très bien professionnellement une fois qu'ils sont séparés, et enfin il sera témoin au mariage de Brice. Bien qu'ils aient donc tous les deux des motifs de jalouser l'autre, ceux de Stéphane sont plus sérieux et plus profonds, et ont des conséquences bien plus graves.

   b. *Régine et Camille:* Le fait que Camille soit amoureuse de Maxime déplaît à Régine. Elle sait qu'elle aura moins d'influence sur elle et qu'elle la verra moins. La jalousie de Régine est claire quand elle ne veut pas aller au dîner chez Lachaume: "Tu es avec Maxime, tu n'as pas besoin de moi".

   c. *Camille et Hélène:* Camille est jalouse d'Hélène. Elle voit bien qu'Hélène compte beaucoup pour Stéphane, et cette amitié lui déplaît.

9. Lachaume est l'ancien professeur de musique de Stéphane et son père spirituel. Il l'admire, aime lui rendre visite, et se confie à lui. C'est à lui qu'il raconte ses déboires avec Camille après leur grande dispute. En fait, Lachaume a le même rôle qu'Hélène: tous les deux comprennent Stéphane, l'acceptent tel qu'il est, et Stéphane est à l'aise avec eux. Enfin, Lachaume rapproche Stéphane et Maxime, et redonne une humanité à Stéphane.

10. Stéphane ne supporte pas que Lachaume souffre, et il sait par Madame Amet que Lachaume veut mourir. Il est le seul à avoir le courage de faire la dernière piqûre. C'est une preuve d'amour, un geste humain et généreux, et pour la première fois Stéphane semble avoir des sentiments assez forts pour être capable de compatir.

11. Maxime et Stéphane sont présents dans les deux scènes, mais Maxime arrive plus tard et part plus tôt. C'est Stéphane qui est au centre du film et c'est donc lui que l'on voit au début et à la fin.

    La première scène se passe à l'atelier. Elle permet de présenter Maxime et Stéphane au travail et de montrer leurs bonnes relations. La dernière scène, au contraire, se passe dans un café. C'est un lieu neutre, et donc mieux adapté depuis leur dispute.

    Au début Stéphane est actif et à l'aise. Il fait son travail, Maxime est présent, et il nous parle de sa relation amicale avec Maxime. En revanche dans la dernière scène, Stéphane est complètement immobile. Il est assis à sa table et ne bouge absolument pas. C'est un contraste saisissant avec le mouvement dans la rue et l'homme derrière lui qui lit son journal. Alors que les gens vivent, Stéphane est immobile et figé.

Nous avons la même musique au début et à la fin, ce qui donne une unité au film. L'importance de la musique est renforcée grâce aux génériques de début et de fin qui défilent simplement sur fond noir. Il n'y a rien à regarder, il faut juste écouter.

3. Analyse d'une photo

1. Cette scène se passe juste après un enregistrement de Camille auquel Stéphane a assisté.

2. Ils sont dans la rue mais tentent de s'abriter de la pluie à la devanture d'un magasin. Ils vont au café.

3. Ils semblent proches, d'autant plus que Camille est penchée vers Stéphane.

4. Analyse de citations

1. Tous les personnages principaux souffrent. Camille souffre d'avoir été rejetée et humiliée, et Maxime souffre d'avoir été trahi par Stéphane et de l'avoir perdu. Mais c'est sans doute Stéphane qui souffre le plus. Il a perdu son ami Maxime, il a raté la chance d'aimer et d'être aimé de Camille, son professeur et confident meurt, et son amie Hélène quitte Paris pour s'installer en province avec l'homme de sa vie.

2. Stéphane ne se permet d'avoir des sentiments et des émotions que quand ils arrivent à d'autres, ou quand c'est écrit dans des livres. Il est capable de les apprécier, mais se les refuse quand cela lui arrive.

3. Stéphane a pris conscience de la façon dont il vit. Il s'est rendu compte que s'il s'était laissé faire, s'il n'avait pas eu le "cœur en hiver", il aurait pu être heureux avec Camille. Il sait aussi que les autres continueront à vivre, malgré les cicatrices, alors que Stéphane se détruit et s'isole de plus en plus.

5. Sous-titres

a. "It must have happened to me" aurait été une traduction exacte. Le sous-titreur a donc cherché à rendre l'idée et il a bien fait. "I guess I have" est concis, et c'est exactement ce que veut dire Stéphane.

b. Le sous-titre est plus vite lu et mieux compris si les mots sont dans le bon ordre.

c. Là encore, le sous-titreur a cherché à rendre l'idée. On aurait pu traduire "qu'est-ce qu'elle est dans votre vie?" par "what does she mean to you?". Le choix de l'auteur est excellent.

d. Les sous-titres sont très concis. "You don't like to talk about yourself" aurait été une traduction plus fidèle, mais le sous-titre choisi est approprié et il est plus court.

e. "Why bother" n'est pas dans le même ton que l'original. La phrase de Stéphane veut dire "It doesn't go anywhere, it doesn't serve any purpose". Le sous-titre est plus désabusé, presque agressif.

6. Les critiques

1. Au début du film Stéphane paraît effectivement inhumain. Rien ne l'affecte, rien ne l'émeut, il ne semble rien ressentir. Il est au-dessus de tout. A la fin, Stéphane est complètement différent. Il a pris conscience de son attitude envers le monde, et il a donné des preuves qu'il était capable d'avoir des sentiments (notamment en faisant la piqûre libératrice sur Lachaume, et en avouant à Camille qu'il l'avait manquée).

2. C'est une remarque étonnante et très juste. En effet, le formol est un antiseptique, et on a tout à fait l'impression que le cœur de Stéphane a été aseptisé, lavé de tout sentiment, comme le formol désinfecte et aseptise les instruments chirurgicaux.

7. Parallèles avec d'autres films

1. Rencontres et découvertes:

Un cœur en hiver :	*Nelly et M. Arnaud* :
~ Stéphane voit Camille pour la première fois	~ Nelly rencontre M. Arnaud ~ Nelly dîne avec Vincent pour la première fois ~ Nelly et M. Arnaud font mieux connaissance pendant leur grand dîner dans le restaurant chic

Conversations importantes (aveux, révélations):

Un cœur en hiver:	*Nelly et M. Arnaud*:
~ Maxime avoue à Stéphane son amour pour Camille ~ Stéphane assure à Camille que Maxime n'est pas son ami	~ Nelly et M. Arnaud commencent leur relation à la signature du chèque ~ on a la certitude de l'attachement de M. Arnaud à Nelly quand il parle d'elle à Jacqueline

Disputes et ruptures:

Un cœur en hiver:	*Nelly et M. Arnaud*:
~ Scène terrible entre Camille et Stéphane et gifle de Maxime	~ Nelly rompt avec Vincent

2. Sophie étant accompagnatrice et Stéphane luthier, il est bien normal que la musique tienne une place importante dans leur vie. On peut se demander cependant s'ils n'entretiennent pas un rapport trop exclusif avec le monde de la musique, au point de ne pouvoir tomber amoureux simplement (Sophie repousse Benoît pour rester avec sa chanteuse, et Stéphane ne vit que pour ses violons, son apprenti, ses automates et son

ancien professeur. Son seul lien avec l'extérieur est Hélène).

Il est intéressant de noter que la musique occupe une place importante dans les deux films, et pourtant les deux histoires auraient pu avoir lieu dans un contexte différent: Sophie aurait pu s'attacher à n'importe quelle vedette qu'elle aurait admirée, et Stéphane aurait pu tomber amoureux de Camille même si elle avait exercé un autre métier.

3. Dans ces trois films Daniel Auteuil prouve qu'il est capable d'endosser des rôles très différents. Il est toujours crédible et s'accommode bien de ses partenaires. Ces trois rôles n'étaient sans doute pas de difficulté égale. En effet, il fallait faire preuve de finesse, de tact et de profondeur pour incarner Stéphane. Le rôle d'Ugolin nécessitait aussi beaucoup de talent pour que l'acteur soit convaincant. En revanche, le rôle de Jean semble moins exigeant. C'est d'ailleurs le seul pour lequel Daniel Auteuil n'a pas reçu de prix.

8. Lecture

1. C'est Camille qui initie la conversation car Stéphane commence à l'intriguer. En parlant de sa dispute avec Régine elle ne fait pas de grande confidence à Stéphane, mais comme ils ne se sont jamais parlé auparavant, c'est une conversation importante.

2. Comme Camille dit qu'elle a eu une journée difficile, Stéphane essaie de deviner ce qui l'ennuie. Il mentionne donc les répétitions et Maxime. En fait, il cherche à alimenter la conversation pour faire parler Camille.

3. Stéphane analyse très bien les relations entre Camille et Régine. Il est fin et comprend bien Camille.

4. Cette scène est importante car c'est la première fois que Stéphane et Camille se parlent. Stéphane se montre gentil et compréhensif, et va donc encourager Camille à rechercher sa présence.

5. Maxime ne dit rien, mais comme il connaît très bien Stéphane et Camille, il doit remarquer qu'il s'est passé quelque chose.

6. Hélène est clairvoyante: elle pense que Stéphane est amoureux de Camille et jaloux de Maxime.

7. Oui et non. Il est bien évident qu'il est amoureux de Camille, mais il ne le sait peut-être pas encore.

8. Hélène sourit en fixant Stéphane car elle sait bien qu'elle a raison. Elle connaît mieux Stéphane qu'il ne se connaît lui-même.

9.   Pour aller plus loin

a. **Lecture**: Le scénario est disponible et particulièrement recommandé car le film repose sur des dialogues bien écrits.

b. **Musique**: Pour les mélomanes, un CD des morceaux de musique de Ravel joués par Camille dans le film, est disponible aux César du cinéma (www.cesarducinema.com).

CHAPITRE 15

Nelly et Monsieur Arnaud

Nelly et M. Arnaud est un film profond, intelligent et sensible. Il est peu étudié dans les universités américaines, et pourtant mérite d'être vu. L'histoire étant facile à suivre et les acteurs parlant clairement, c'est un film très abordable en classe.

Il n'est pas classé aux Etats-Unis. Monsieur Cinéma considère qu'il est pour tous publics, et *Télérama* pour adultes et adolescents. Il me semble que le sujet nécessite un public mûr, à partir de 17 ou 18 ans.

C'est une comédie dramatique, ce qui implique que le film est plus dramatique que comique. Il ne se passe rien de vraiment grave, mais ce n'est pas une comédie (il ne faut pas que la classe s'attende à une fin joyeuse!). C'est un genre très courant dans le cinéma français, mais moins représenté aux Etats-Unis.

PREPARATION

Traduisez!

1. Il est endetté et au chômage mais il est tellement paresseux qu'il ne cherche même pas de petits boulots.

2. Nous avons dû nous débarrasser de cet homme d'affaires parce qu'il détournait des fonds.

3. Michel vit aux crochets de Monique depuis longtemps et ils se disputent tout le temps. Je crois qu'ils vont bientôt rompre.

4. Quand Nelly aura fini de taper les Mémoires de M. Arnaud sur l'ordinateur, elle enverra le manuscrit à l'éditeur.

2. Repères culturels

1. Les Iles Sous-le-Vent sont en Polynésie française, dans le Pacifique, à l'est de l'Australie. Elles appartiennent à la France depuis 1887.

2. a. Un roman: a novel
   b. Une nouvelle: a short story
   c. Dans une autobiographie, l'auteur raconte sa vie.
   d. Dans des Mémoires, il raconte des événements qui se sont passés dans sa vie, de façon moins personnelle que dans une autobiographie. Le mot Mémoires prend toujours une majuscule.

3. a. A critic: un critique (une personne)
   b. A critique: une critique, un article critique (un article)
   c. A criticism: une critique (négative)

CONVERSATION EN CLASSE

2. M. Arnaud pose des questions directes à Nelly, ils parlent de ses problèmes d'argent, il lui offre un chèque. C'est une conversation surprenante entre deux personnes qui ne se connaissent pas, et l'offre de M. Arnaud est gênante et audacieuse.

3. Il lui propose de lui faire un chèque car il est intéressé par elle, et il veut aussi sincèrement l'aider. Bien que Nelly ait décliné l'offre, elle raconte à Jérôme qu'elle a accepté et déposé le chèque à la banque.

4. Ils ont des relations et des conversations superficielles. Ils sont très différents: Nelly est travailleuse et énergique, alors que Jérôme est paresseux, ne cherche pas de travail, et vit à ses crochets.

5. Nelly se sent libre de le quitter car elle a payé leurs dettes et elle ne supporte plus de voir Jérôme ne rien faire.

6. Il lui propose de faire du traitement de texte chez lui, pour un livre qu'il a écrit.

7. Il s'agit d'une autobiographie, une période de sa jeunesse où il était magistrat aux Iles Sous-le-Vent.

8. Jacqueline est l'amie et la confidente de Nelly et de M. Arnaud.

9. Arnaud et Lucie sont divorcés depuis longtemps, mais elle lui téléphone régulièrement pour lui demander conseil sur des questions d'argent. Cela ennuie prodigieusement M. Arnaud. Nelly n'est pas intéressée par ses histoires de famille. Cela la gêne, elle préfère travailler.

10. Il dit qu'"on relit toujours les deux ou trois mêmes livres", et qu'ils sont une "pression psychologique un peu irrespirable". Se débarrasser de ses livres est un acte symbolique pour M. Arnaud. Il se débarrasse ainsi de son passé. On se demande s'il ne recherche pas une vie nouvelle et un autre lui.

11. M. Arnaud lui donne une clé de l'appartement pour qu'elle soit libre d'aller et venir comme elle l'entend. Elle est assez à l'aise pour lui suggérer de couper un passage du livre, et son attitude au bureau a changé. Elle n'est plus droite et stricte comme au début, mais indifférente et relâchée. Enfin, nous savons que Nelly est vraiment à l'aise avec M. Arnaud quand elle lui propose de lui faire un massage.

12. Ils se vouvoient, ce qui est tout à fait normal du fait de la différence d'âge.

13. Vincent est l'éditeur de M. Arnaud. A leur première rencontre il est fasciné par Nelly et lui demande son numéro de téléphone.

14. Vincent est amoureux, sensible, sincère, nerveux et honnête.

15. Elle est froide et distante comme son père. Elle est polie mais hautaine avec Nelly quand

elle lui demande des nouvelles de la santé de son père. Elle n'est pas du tout contente qu'il se débarasse de ses livres. Nous savons qu'elle ne vient pas souvent (c'était sa "visite d'automne"), ce qui n'a pas l'air d'attrister M. Arnaud.

16. M. Arnaud dit à Nelly qu'elle lui a "sauvé la vie" et qu'il lui doit donc de l'emmener dans un bon restaurant ("Je n'allais pas vous emmener au Mac Donald".) Nous savons qu'il est aussi fier de la montrer, il veut lui faire plaisir, et peut-être aussi lui faire découvrir un monde nouveau pour elle. Ses amis doivent se demander qui est Nelly et quels rapports elle entretient avec M. Arnaud, ce qui amuse celui-ci.

17. Jérôme a trop bu et fait une overdose de somnifères. En apprenant la nouvelle, Nelly a cru qu'il avait tenté de se suicider. Elle prend conscience dans la chambre d'hôpital qu'ils n'ont rien à se dire, que Jérôme a tourné la page et qu'il a une nouvelle amie. Elle est peinée de voir qu'il ne reste rien de cinq ans de mariage.

18. La dispute était nécessaire et n'est pas surprenante. Nelly est saturée, elle s'ennuie, elle en a assez de travailler dans ce monde clos, elle veut respirer et penser à autre chose. Quant à M. Arnaud, il est jaloux du mari et de l'amant, et voudrait que Nelly fasse plus de confidences.

19. Il dit que M. Arnaud est un humaniste et qu'ils sont amis depuis longtemps. Il dit aussi qu'"il vaut mieux être de ses amis que de ses ennemis", et il ajoute que "nous avons tous une part d'ombre". Ses paroles laissent Nelly songeuse...

20. Il fut un temps où M. Arnaud et Dolabella étaient associés en affaires. Ils avaient confiance l'un en l'autre, jusqu'au jour où Dolabella a profité de la société pour détourner des fonds. Il y a eu un procès: M. Arnaud a été mis hors de cause, et Dolabella jugé coupable. M. Arnaud a fait tout son possible pour détruire Dolabella ("il a fallu que je le ruine"). Il l'a anéanti, Dolabella a fait trois ans de prison mais M. Arnaud n'a jamais éprouvé de remords.

    M. Arnaud est un personnage complexe. Il est droit, strict et honnête et s'est senti trahi par Dolabella, ce qui justifie son acharnement à le détruire. C'est un homme qui semble avoir le cœur sec (il est fâché avec son fils, voit rarement sa fille et semble indifférent, n'a pas de remords à propos du sort de Dolabella), mais dont le cœur se réchauffe grâce à Nelly. On remarque aussi que M. Arnaud entretient une amitié de longue date avec Jacqueline.

21. Ils rompent car Vincent a visité un appartement pour qu'ils puissent vivre ensemble, ce que Nelly ne veut pas faire. Elle voudrait continuer cette relation, mais elle ne veut pas vivre avec Vincent. La rupture est compréhensible car Vincent est plus amoureux de Nelly qu'elle ne l'est de lui, et elle est un peu perdue entre son ex-mari, son amant et M. Arnaud.

22. Christophe est l'ami de Nelly et de Jérôme. On le voit à la piscine pour la première fois, et ensuite c'est lui qui s'occupe des livres de M. Arnaud. Il accompagne Jérôme et Nelly au tribunal, et la reconduit ensuite en voiture. Ses dernières paroles pour Nelly sont une déclaration: "Marianne prétend que je suis toujours amoureux de toi". Nelly lui fait comprendre gentiment qu'elle n'est pas intéressée.

23. Nelly est choquée et déçue et se sent abandonnée. M. Arnaud comprend son désarroi et s'excuse en disant qu'il n'a pensé qu'à lui. Il est conscient du changement de vie qu'il provoque, pour lui et pour Nelly: "C'est une rupture avec ma vie sédentaire, avec nos habitudes aussi".

24. M. Arnaud est pensif et a l'air absent. Peut-être regrette-t-il sa décision de faire ce voyage et de laisser Nelly, puisqu'il est maintenant certain qu'elle est attachée à lui.

APPROFONDISSEMENT

1. Vocabulaire

A. Complétez la phrase en choisissant l'expression qui convient.

1 c - 2 a - 3 b - 4 b - 5 a - 6 b - 7 c - 8 b

B. Reliez les mots qui vont ensemble:

1 f - 2 j - 3 a - 4 i - 5 d - 6 h - 7 b - 8 c - 9 e - 10 g

2. Réflexion - Essais

1. a. Ils se rencontrent dans un café, grâce à Jacqueline. En posant des questions directes à Nelly, M. Arnaud découvre qu'elle a des dettes. Il lui fait un chèque, puis l'engage pour taper ses Mémoires. M. Arnaud est captivé, fasciné. Est-il immédiatement amoureux de Nelly? Peut-être. Ce qui est sûr, c'est qu'il essaie de se persuader du contraire car il est bien trop vieux pour elle. Quant à Nelly, elle a besoin d'argent, elle se sent redevable et M. Arnaud l'intrigue.

    b. Leurs relations sont ambigües du début à la fin du film. Ils ne sont pas supposés être amis, mais avoir des rapports d'employeur à employée. Nelly garde longtemps ses distances (elle ne fait pas de confidences), mais devient finalement très proche de M. Arnaud (ils se voient tous les jours, elle apprend tout de sa jeunesse en tapant son livre, elle lui fait un massage, et dort chez lui après sa dispute avec Vincent). Quant à M. Arnaud, il aime la présence de Nelly, et le soin qu'elle prend à critiquer et changer son manuscrit. La scène au restaurant est importante car elle les montre ensemble et complices pour la première fois en société. Leur connivence ne s'arrête pas à la porte de l'appartement de M. Arnaud, elle se voit à l'extérieur aussi.

    c. M. Arnaud est probablement épris de Nelly dès le début, mais il sait que cela restera un amour platonique. Elle éclaire ses vieux jours, elle réchauffe son cœur refroidi par des années de solitude. Ce qu'il veut, c'est sa présence et des confidences (il s'interrompt fréquemment quand il dicte pour lui poser des questions sur sa vie privée). Il se trouve trop vieux pour être amoureux, et ne veut pas prendre de risque pour être sûr de garder sa dignité. En fait, M. Arnaud revit sa jeunesse à travers Nelly, son divorce et son aventure avec Vincent. Leurs relations sont sensuelles bien que platoniques. La scène où il la regarde dormir est touchante et d'une grande sensualité. M. Arnaud est attiré par Nelly mais il sait bien que leur différence d'âge crée un fossé. De plus il est à un âge où il préfère ne pas s'exposer au risque de se couvrir de ridicule.

Les sentiments de Nelly sont plus difficiles à cerner. Elle est confuse. Elle sait qu'elle se plaît avec M. Arnaud, mais elle sait aussi, comme lui, qu'ils ne pourront jamais être ensemble. Sa réaction à l'annonce du départ de M. Arnaud est une preuve, s'il en était besoin, de son attachement à lui. Est-ce de l'amour? Sans doute pas. Plutôt une profonde amitié.

d. L'argent est important au début, puisque le chèque de M. Arnaud permet à Nelly de quitter son mari. Ensuite, M. Arnaud paie Nelly pour qu'elle travaille pour lui. Elle accepte car elle se sent redevable, mais l'argent perd rapidement sa place dans leurs relations. Nelly ne va pas chez M. Arnaud pour le travail et le salaire, elle y va pour lui, pour être en sa compagnie.

e. M. Arnaud a une vie très stable: il a de l'argent, un grand appartement cossu, et la même vie routinière depuis longtemps. Il est à la retraite, a réussi sa carrière et n'a plus rien à prouver. En revanche, il n'a aucune sécurité affective. Sa femme vit avec un autre homme depuis longtemps, il voit rarement sa fille, est fâché avec son fils, et ses interactions avec les autres semblent se limiter, avant Nelly, à Jacqueline, Dolabella, et son éditeur. Son attachement à Nelly met en évidence ce manque affectif, et on peut se demander si le voyage avec sa femme a pour but de retrouver une stabilité de couple qu'il a perdue vingt ans plus tôt.

f. Nelly est instable financièrement (elle a des dettes et court de petit boulot en petit boulot) et dans ses relations amoureuses (elle quitte le mari puis rompt avec l'amant). Ceci dit, une fois M. Arnaud parti, elle ne s'effondre pas sur le canapé en pleurant. Nelly a les pieds sur la terre. Elle s'installe au bureau et se met à travailler, comme d'habitude.

g. Nelly redonne une jeunesse à M. Arnaud, et réveille en lui des sentiments qu'il ne croyait plus jamais éprouver. Elle met du piment dans sa vie et lui sert aussi de confesseur. M. Arnaud n'a jamais raconté l'histoire de Dolabella, même pas à sa femme ("Je n'en avais jamais parlé à personne"). Nelly permet à M. Arnaud de se retourner sur son passé, sa jeunesse, sa carrière, ses réussites et ses erreurs, et lui redonne goût à la vie.

2. Cette rencontre les a changés pour toujours. Si elle n'avait pas connu M. Arnaud, Nelly serait toujours avec son mari, elle habiterait le même appartement, elle n'aurait pas eu sa liaison avec Vincent, elle aurait toujours des dettes et des petits boulots. Quant à M. Arnaud, il serait toujours muré dans sa misanthropie, son ennui et ses certitudes.

3. a. Le film aurait pu exister sans Jérôme, mais leur séparation rend l'attachement de Nelly à M. Arnaud et à Vincent plus crédible. Nelly se retrouve seule et a donc grand besoin d'amour et d'amitié.

b. Vincent est nécessaire pour attiser la jalousie d'Arnaud (qui est possessif) et pour matérialiser les rapports entre Nelly et M. Arnaud. Bien que Nelly ait des sentiments plus profonds pour ce dernier que pour Vincent, c'est avec lui qu'elle passe la nuit après son grand dîner avec M. Arnaud. Vincent est gentil, il est attentionné, et surtout il est jeune. Il remplace donc M. Arnaud, qui a ainsi des relations charnelles par procuration.

c. Jacqueline est entre M. Arnaud et Nelly et est la confidente des deux. On a besoin d'elle pour faire parler M. Arnaud après sa dispute avec Nelly, car elle est la seule avec laquelle il puisse parler. Enfin, quand Nelly a besoin d'être hébergée après sa rupture avec Jérôme, c'est chez Jacqueline qu'elle se rend.

d. Dolabella fait ressurgir le passé de M. Arnaud, et nous éclaire sur un aspect différent de sa personnalité. M. Arnaud dit à Nelly n'avoir jamais éprouvé de remords vis-à-vis de Dolabella, mais il le laisse venir très régulièrement et il lui donne de l'argent.

e. Christophe est entre Jérôme et Nelly, et permet d'introduire le sujet de la séparation et du divorce. Il est aussi pratique pour débarrasser M. Arnaud de ses livres.

f. Grâce à la visite d'Isabelle et de son mari, on voit quels types de rapports M. Arnaud entretient avec sa famille.

g. Avec Lucie, comme avec Dolabella, le passé de M. Arnaud ressurgit. En voyant sa femme, on comprend mieux quel type d'homme il a été. L'arrivée de Lucie à la fin permet de clore le film. Sans elle et le voyage qu'ils décident de faire, le film n'aurait pas eu de raison de se terminer.

4. M. Arnaud est seul dans un joli restaurant, ce qui laisse supposer qu'il est libre et qu'il est aisé. Nelly est chez elle et son mari est là, mais on comprend rapidement que les rapports sont tendus entre eux. Ils ne se parlent presque pas et Nelly semble soucieuse et énervée. Alors qu'elle se dépêche pour partir travailler, Jérôme paresse au lit. Claude Sautet nous présente donc immédiatement la situation dans laquelle se trouvent ses personnages.

Il n'y a pratiquement aucun dialogue dans les premières et dernières scènes: soit les personnages sont seuls (M. Arnaud au début, Nelly à la fin), soit ils sont pensifs et préoccupés et n'ont pas envie de parler (Nelly n'a pas envie de parler à Jérôme et M. Arnaud pense à Nelly à l'aéroport).

Au début M. Arnaud est seul alors qu'il est avec son ex-femme à la fin. Nelly, au contraire, est mariée au début et seule à la fin. Les deux couples ont en commun qu'ils sont très fragiles: Nelly et Jérôme sont sur le point de divorcer, et M. Arnaud pense à Nelly quand il est avec sa femme. Ces deux couples donnent aussi une impression de solitude et d'isolement. Nelly et M. Arnaud semble seuls même quand ils sont avec Jérôme et Lucie.

3. Analyse d'une photo

1. Cette scène se passe dans le bon restaurant. Elle a lieu juste après le massage.

2. M. Arnaud porte un costume et Nelly une robe noire. Ils sont tous les deux habillés de façon très classique, ce qui est adapté pour le restaurant.

3. Nelly regarde les gens que M. Arnaud connaît. Tous les deux sont amusés à l'idée de ce que ces gens doivent penser d'elle.

4. Analyse de citations

1. Jacqueline est à moitié amusée par la tristesse de M. Arnaud quand il lui parle de la dispute et du froid entre Nelly et lui. Elle compatit mais elle trouve que cette relation aura au moins eu le mérite de changer M. Arnaud. Il comprend qu'elle fait référence à ses sentiments et au fait qu'il est tombé amoureux bien tard.

2. Cette déclaration de M. Arnaud à Jacqueline est drôle parce qu'elle est vraie, et parce que c'est une bonne description de son caractère. Sa femme aurait eu la liberté de faire ce qu'elle voulait et elle aurait eu la sécurité que l'argent apporte. Ceci dit, M. Arnaud est conscient qu'il n'est pas très amusant et que Jacqueline aurait eu une vie plus austère avec lui qu'avec Tayeb (son mari).

5. Sous-titres

a. "Spacing out" est un excellent choix: non seulement il a le même sens qu'"espacer", mais en plus les deux mots ont la même racine.

b. "We only" serait plus proche de l'original, mais "barely" respecte l'idée générale.

c. "I go" n'est pas familier mais il était difficile de trouver un équivalent exact. Comme le sens est identique, "to go" se justifie.

d. Ici, "débordé" veut dire qu'il ne sait plus quoi faire, quoi penser. On pourrait le traduire par "overwhelmed".

e. Le sous-titreur a choisi d'interpréter la réplique de Jacqueline. C'est une sur-traduction, même si le sens est respecté.

f. Les expressions toutes faites, comme "better late than never" passant bien dans les sous-titres, c'est un choix judicieux dans ce contexte.

6. Les critiques

1. Chacun est renvoyé à soi-même car Nelly et M. Arnaud ne sont pas ensemble à la fin du film. M. Arnaud part avec sa femme, Nelly se retrouve toute seule. Il est vrai que le film ne se termine pas sur une note très gaie, mais ils se sont beaucoup apportés, se sont enrichis en faisant la connaissance de l'autre et c'est une richesse qu'ils auront toujours. Chacun est renvoyé à soi-même, mais c'est un soi-même transformé et plus riche.

2. a. Oui. Nelly est divorcée et M. Arnaud s'est débarrassé d'un fardeau en racontant ses histoires avec Dolabella à quelqu'un.
   b. Nelly était coincée dans son mariage et ses dettes, et M. Arnaud dans sa misanthropie.
   c. Toutes les suggestions sont possibles! En voici quelques-unes:

~ M. Arnaud ne va pas s'entendre avec Lucie et rentrer plus tôt que prévu de son
    voyage.
~ M. Arnaud va embaucher Nelly pour un nouveau travail.
~ Nelly et Vincent vont reprendre leur relation.
~ Nelly va commencer un nouveau travail et y rencontrer l'homme de sa vie.
~ M. Arnaud et Lucie vont reprendre la vie commune.
Tout est possible!

7. Parallèles avec d'autres films

1. Les deux films se passent à des époques et dans des contextes bien différents. Pourtant,
    Dellaplane et M. Arnaud ont beaucoup en commun. Ils sont tous les deux vieillissants,
    seuls, divorcés, et il y a un certain mystère autour de leur personne (Irène pose quelques
    questions, Nelly découvre le passé de M. Arnaud grâce à son autobiographie et ses
    confidences). Tous les deux s'éprennent (sans réellement se l'avouer) d'une femme bien
    plus jeune, et leurs relations sont marquées par leur jalousie (Dellaplane veut savoir qui
    est Poney, M. Arnaud veut des détails sur la vie amoureuse de Nelly). A chaque fois, le
    spectateur a le sentiment qu'une relation aurait pu être possible bien qu'elle n'ait pas
    eu lieu. Cependant, dans les deux films la fin est assez ouverte pour une interprétation
    personnelle de l'avenir du couple.

2. Rencontres et découvertes:

Un cœur en hiver:	*Nelly et M. Arnaud*:
~ Stéphane voit Camille pour la première fois	~ Nelly rencontre M. Arnaud ~ Nelly dîne avec Vincent pour la première fois ~ Nelly et M. Arnaud font mieux connaissance pendant leur grand dîner dans le restaurant chic

Conversations importantes (aveux, révélations):

Un cœur en hiver:	*Nelly et M. Arnaud*:
~ Maxime avoue à Stéphane son amour pour Camille ~ Stéphane assure à Nelly que Maxime n'est pas son ami	~ Nelly et M. Arnaud commencent leur relation à la signature du chèque ~ on a la certitude de l'attachement de M. Arnaud à Nelly quand il parle d'elle à Jacqueline

Disputes et ruptures:

Un cœur en hiver:	*Nelly et M. Arnaud*:
~ Scène terrible entre Camille et Stéphane et gifle de Maxime	~ Nelly rompt avec Vincent

8. Lectures

1. Extrait du scénario

1. M. Arnaud parle de Jacqueline car c'est le seul point qu'il a en commun avec Nelly. C'est un sujet de conversation pratique.

2. M. Arnaud pose des questions directes et indiscrètes à Nelly.

3. Il la provoque pour la forcer à répondre. "Et vous êtes heureuse", "des dettes?", "Mais alors vous êtes...", "il s'agit d'une grosse somme?" exigent une réponse de Nelly.

4. Elle veut dire qu'elle a perdu son travail.

5. Il veut d'abord avoir une idée du montant des dettes, puis il lui propose simplement et directement de lui donner l'argent dont elle a besoin.

6. Elle semble très sûre d'elle. Elle refuse la proposition de M. Arnaud car elle doit la trouver indécente et elle est prise au dépourvu. Sa première réaction est donc de refuser.

7. Ces deux dernières répliques sont représentatives de leurs relations à venir. M. Arnaud s'expose et veut s'assurer que Nelly a une bonne opinion de lui, alors que Nelly campe sur ses positions et parle peu.

2. Analyse de l'œuvre de Sautet

1. Le titre fait référence à *Une histoire simple*, un film que Sautet a réalisé en 1978.

2. Cette phrase s'applique très bien à certains films de Sautet, mais moins à *Nelly et M. Arnaud*. Il est bien question d'amitié (entre Nelly et M. Arnaud, Nelly et Jacqueline, et Jacqueline et M. Arnaud notamment) et d'"amours en détresse", mais la convivialité et la solidarité ne sont pas des traits marquants de ce film.

3. L'étude de caractères est ce qui intéresse Sautet. Il a besoin d'une histoire pour développer et analyser ses personnages, les rendre humains et attachants.

4. Il émane une vraie chàleur humaine de ce film. Sautet aime ses personnages et les filme de façon à ce qu'ils soient proches de nous. Ils sont tout à fait crédibles, ce qui donne une impression d'authenticité.

5. Sautet avait 35 ans au début de la Nouvelle Vague et il avait fait ses preuves. Le qualifier d'"homme du passé" semble bien injuste. D'ailleurs, sa carrière a été bien plus longue que celle de certains réalisateurs de la Nouvelle Vague...

6. Le café étant un lieu neutre, c'était l'endroit idéal pour la rencontre entre Nelly et M. Arnaud. Les autres scènes de café contrastent avec celles ayant lieu dans l'appartement de M. Arnaud. L'alternance entre les cafés bruyants, agités et très vivants, et l'appartement calme, voire suffocant, donne un rythme au film.

7. La morale de ce film n'est pas claire. On ne peut pas dire que dans *Nelly et M. Arnaud* Sautet soit un moraliste.

8. Si Nelly et M. Arnaud n'avaient pas eu un tel écart d'âge, l'histoire aurait été différente. On peut supposer qu'ils auraient formé un couple. Cependant, on peut se demander s'ils auraient été attirés l'un par l'autre, car c'est peut-être cette différence d'âge qui enrichit leurs rapports.

9. "Réalisme psychologique à la française" veut dire que Sautet tourne des films qui ne sont ni des contes, ni des aventures, ni de la science-fiction, mais plutôt des histoires réalistes dans lesquelles la psychologie des personnages l'emporte. C'est un genre que l'on retrouve chez d'autres réalisateurs français mais qui est moins courant dans d'autres pays.

10. Il est clair que Nelly et M. Arnaud ne sont pas dans une situation de "vrai conflit", mais chacun a des zones d'ombre dans sa vie. Ce que veut dire le critique, c'est que Sautet s'attache aux petites choses, aux détails de la vie, plutôt qu'à de graves problèmes.

9. Pour aller plus loin

Le scénario est disponible et contient, outre les dialogues du film, de nombreux extraits de presse. Il est aussi possible d'étudier des extraits des Mémoires de quelques grands écrivains (Chateaubriand, Rousseau, Musset par exemple).

Chapitre 16
Trois hommes et un couffin

Trois hommes et un couffin a eu un succès aussi phénoménal qu'inattendu. C'est une comédie légère et vive qui joue habilement avec les émotions des spectateurs.

Il est classé PG-13 aux Etats-Unis, "Famille" par Monsieur Cinéma, et "Tous" par *Télérama*. C'est un film qui peut effectivement être vu par des élèves assez jeunes.

Les étudiants américains aiment les comédies et celle-ci leur plaît tout particulièrement. L'histoire est facile à suivre, le rythme est rapide (le film ne dure qu'1h40), les personnages sont attachants et le bébé adorable. C'est un bon film à faire en début d'année ou de semestre.

PREPARATION

Traduisez!

1. Je me réveille toutes les nuits à 3 heures pour donner son biberon à Marie. Ensuite c'est difficile de se rendormir.

2. Je suis tellement épuisé et tendu que j'ai besoin de faire une croisière dans les Caraïbes.

3. Les trafiquants ont cambriolé et saccagé leur maison.

4. La drogue était cachée dans une poubelle derrière l'escalier.

2. Repères culturels

1. Un quiproquo est un malentendu, une erreur sur une chose ou une personne qui est prise pour une autre.

2. Une comédie doit faire rire les spectateurs et avoir un dénouement heureux.

3. Bande-annonce

1. Au début les trois hommes semblent insouciants, mais on les voit changer. Ils s'énervent, se disputent, semblent tendus et énervés.

2. On les voit avec des trafiquants et la police donc on suppose qu'ils vont avoir des ennuis.

3. Les deux paquets sont le bébé et la drogue.

CONVERSATION EN CLASSE

2. Un ami de Jacques lui demande s'il lui serait possible de réceptionner un paquet pour lui. On sait juste que c'est "un peu compromettant", et que quelqu'un viendra le chercher le jeudi d'après.

3. Ils sont fâchés, paniqués, et ne peuvent pas y croire. Michel propose d'appeler leurs mères, mais Pierre veut qu'ils se débrouillent tout seuls.

4. Pierre et Michel ne se sont jamais occupés d'un bébé, donc ils ne savent pas quoi lui donner à manger, comment la changer, l'habiller, la faire dormir et l'empêcher de pleurer.

5. Pierre ne peut plus aller travailler, Michel n'a plus le temps de faire ses dessins, et Pierre doit mentir à sa petite amie et inventer une excuse pour annuler leur rendez-vous.

6. Ils dorment dans le salon auprès de Marie.

7. Oui, ils font tout ce qu'ils peuvent. Ils achètent des livres et apprennent vite à s'occuper d'elle. Ils sont épuisés!

8. Oui et non. Ils sont soulagés de la voir partir, mais ils sont inquiets. Ils veulent savoir où les deux hommes l'emmènent, ils demandent un numéro de téléphone ou une adresse.

9. Pierre comprend que les deux hommes ne venaient pas chercher Marie quand il s'assied sur le petit paquet apporté par la concierge. En tombant il voit que le paquet contient de la drogue.

10. Dans la rue le policier est intrigué par le couffin sur la moto, et il sent que quelque chose n'est pas net.

11. Il la cache d'abord dans une boîte de couches, puis dans une couche portée par Marie.

12. Leur appartement est cambriolé et saccagé par les trafiquants qui cherchent la drogue.

13. Il panique quand il ne la voit pas, et est très soulagé et affectueux quand il la retrouve.

14. Il donne rendez-vous au trafiquant au Parc Monceau. Il change Marie et jette la couche dans une poubelle. Il est alors facile pour le trafiquant de récupérer la couche et le paquet dedans.

15. Le service des douanes le fouille car il est suspect.

16. Ils accueillent Jacques très froidement, ne lui répondent pas, et lui montrent bien qu'ils sont excédés.

17. Il est déçu et fâché car il ne veut pas que Marie s'en aille, bien qu'il ne l'admette pas.

18. Jacques pense d'abord à sa mère, mais elle ne peut pas s'occuper de Marie car elle part en croisière aux Caraïbes. Ensuite il essaie d'embaucher une nurse, mais Pierre refuse absolument que cette femme s'installe chez eux.

19. Ils se disputent car ils sont fatigués et tendus. Marie a transformé leurs vies et ils n'étaient pas prêts pour ce changement. De plus, chacun allait et venait à sa guise avant l'arrivée du bébé, alors qu'ils sont maintenant soumis à des contraintes et des horaires.

20. Ils lui chantent *Au clair de la lune* tous ensemble.

21. Les invités s'en vont car ils sont mal-à-l'aise. Ils n'ont pas d'enfant et ne comprennent pas que Marie pleure. On remarque à ce moment-là le chemin parcouru par Pierre, Michel et Jacques, qui auraient agi de la même façon quelques mois plus tôt, mais qui sont maintenant plus intéressés par Marie que par leurs invités.

22. Au départ ils sont surexcités: ils vont pouvoir dormir et sortir, mais cela ne dure pas. Jacques se met à boire, et met un coussin sous son pull pour faire comme s'il était "enceinte". Il déprime complètement: il veut arrêter son travail ("j'en ai marre de leurs voyages") et veut changer de vie et lui donner un sens. Michel ne peut plus dessiner, et Pierre tombe malade et dort avec la girafe de Marie.

23. Michel revoit Marie par hasard dans un immeuble où il va pour son travail. Elle est dans sa poussette, cachée derrière un escalier et elle attend Silvia tranquillement.

24. Silvia est complètement débordée. Elle travaille beaucoup et a des horaires très difficiles. Elle est obligée de laisser Marie avec un baby-sitter qui ne s'en occupe pas. Elle voit bien qu'elle travaille trop, mais elle a besoin d'argent pour tout payer.

25. Elle ramène Marie car elle est épuisée et ne s'en sort pas. Elle a besoin d'aide.

26. Ils sont absolument ravis. Ils embrassent Marie, sautent de joie, et s'affairent autour de ses sacs.

APPROFONDISSEMENT

1. Vocabulaire

A. Complétez les phrases suivantes avec les mots de la liste:
1. me débrouiller - changer
2. tendu - se dispute - s'endormir
3. suspect - douane - trafic de drogue
4. me réveille - débordée - sieste
5. couffin - siège-auto - parc - chaise haute

B. Mots-croisés:

	A	B	C	D	E	F	G	H	I	J	K	L	M	N	O	P	Q	R	S	T	U
1														C							
2	C	A	M	B	R	I	O	L	E	R		D	R	O	G	U	E	E		E	
3				I										U						M	
4				B		T				C				F			B	E	B	E	
5		P	L	E	U	R	E	R		G	I	R	A	F	E					A	
6				R		A								I						U	
7	M	O	T	O		F		D						N						C	
8				N		I	E	P	U	I	S	E			H	O	C	H	E	T	
9						Q			S				P			E					
10				P	O	U	S	S	E	T	T	E	E					R	M	A	
11				A		A			I				D		C			R	A		
12			M	N		N			N	C	E	L	I	B	A	T	A	I	R	E	
13			O	T		T			A				A		C				I	E	
14			B	T					T				T		H				E		
15			I	N	Q	U	I	E	T		B	E	R	C	E	U	S	E			
16			L						U				E	R							
17			E						R												

2. Réflexion - Essais

1. Pierre, Michel et Jacques vivent dans un immense appartement à Paris. Il est spacieux, luxueux, et bien décoré avec des tapis, des peintures, des fauteuils confortables, de beaux canapés en cuir et des bibliothèques pleines de livres.

2. Ils sont célibataires, ont de l'argent, n'ont aucune attache et vivent donc dans l'insouciance la plus totale. Ils sont libres, n'ont aucune contrainte, et passent leur temps à sortir avec des femmes de passage et à organiser des fêtes et des réceptions. Ils vivent de façon égoïste, mais ne dérangent personne et se plaisent ainsi.

3. a. *Pierre:* Pierre est tendre et anxieux. C'est le plus mûr et le plus responsable des trois. C'est lui qui trouve Marie et qui décide de s'occuper d'elle. Il va à la pharmacie pour acheter tout le nécessaire, et se procure des livres pour apprendre à s'occuper d'un enfant. Il est paniqué de ne pas la trouver après le cambriolage, et très fâché de voir que Jacques l'a emmenée chez sa mère sans le lui dire. C'est Pierre qui refuse catégoriquement qu'une nurse s'occupe de Marie, car il s'est attaché à elle et veut garder son rôle.

   b. *Michel:* Michel est tendre, naïf et amusant. Il se comporte parfois comme un enfant, mais il est très ingénieux (pour cacher la drogue notamment). Il cherche toujours à calmer les deux autres et à leur remonter le moral (il a préparé de bons steaks quand ils dépriment). Michel adore s'occuper de Marie, ce qu'il fait très bien et plus que les autres puisqu'il a la tranche horaire de la journée. Il est fort attristé quand il voit Marie cachée derrière l'escalier, et saute littéralement de joie quand elle revient vivre avec eux.

c. *Jacques:* Jacques est un séducteur frivole et immature. Il refuse de prendre ses responsabilités et met en doute sa paternité. Cependant Jacques se révèle à la fin. Il s'attache à Marie et est encore plus affecté que Pierre et Michel après son départ.

4. Les trois hommes se cachent leur attachement à Marie. Ils ne veulent pas admettre ce qu'ils ressentent car ce n'est pas masculin, cela ferait du tort à leur réputation et casserait leur image. Ils ne sont pas non plus habitués à ce genre de sentiments et veulent garder une façade. Ils sont gênés si les autres les surprennent à jouer tendrement avec Marie: Michel se fige quand Pierre entre alors qu'il joue avec elle, et Pierre ferme la porte pendant le bain de Marie.

5. Au début, Pierre et Michel sont paniqués, stupéfaits et furieux. Ils ne savent pas quoi faire et sont pris au dépourvu. Rapidement ils éprouvent des sentiments mélangés: ils s'attachent à Marie, mais lui en veulent de changer leur vie, ce qui explique leur soulagement quand Sylvia la reprend. Leur joie est cependant de courte durée. Elle leur manque tellement qu'ils tombent malades, dépriment, ne se prennent à rien et ne peuvent plus travailler. A la fin ils sont fous de joie quand elle revient.

6. Sylvia doit faire face à toutes les difficultés que rencontrent beaucoup de parents seuls: elle est débordée et fatiguée, a des horaires difficiles à concilier avec une vie de famille, et des problèmes d'argent. Elle est obligée de beaucoup travailler pour tout payer, mais se retrouve prisonnière d'un cercle vicieux. Enfin elle culpabilise car elle a le sentiment de mal s'occuper de Marie.

7. Il était nécessaire pour l'histoire d'avoir un paquet, mais il aurait sans doute pu contenir autre chose. La drogue rend les quiproquos plus piquants et permet à Pierre et Michel de s'attacher davantage à Marie (ils sont inquiets de la voir partir avec les deux trafiquants...).

8. Il est probable que les trois hommes partagent la garde de Marie avec Sylvia. Marie vivra chez eux et Sylvia viendra pour s'occuper d'elle. Ce serait une solution commode pour Sylvia qui pourrait ainsi travailler en ayant l'esprit tranquille, et les hommes auraient la joie de garder Marie. Cependant cela pourrait mener à une situation explosive. Il est bien possible en effet qu'ils finissent par trouver Sylvia encombrante, à moins d'avoir un arrangement très clair pour la garde de Marie.

9. La famille traditionnelle n'existe pas dans le film. La situation de départ (trois hommes célibataires et un bébé) est tout à fait inhabituelle. Coline Serreau a renversé les rôles en ayant une femme qui fait carrière et qui a des horaires impossibles, et des hommes qui restent à la maison, qui s'occupent du bébé, et qui ont une attitude maternelle vis-à-vis de Marie. Ce sont des hommes au foyer. A la fin, la femme et l'enfant reviennent, ce qui permet à la cellule familiale de se reformer, même si ce n'est pas une famille classique.

10. C'est un film comique et pour tous publics avec des thèmes universels: l'amitié, l'attachement à un enfant, la difficulté de concilier travail et vie de famille. C'est aussi un film dont le titre intrigue, et qui se place en opposition avec les films d'action souvent violents, dont le public se lasse. Celui-là est nouveau et frais, et il a un bébé adorable auquel le public français n'a pu résister.

11. Dans les deux cas les hommes sont chez eux et ils sont très gais, mais pour des raisons différentes. Au début ils s'amusent à une soirée organisée chez eux, et à la fin ils sautent de joie à l'idée de retrouver Marie. Ces deux scènes illustrent parfaitement l'évolution des trois hommes qui, en quelques mois, ont changé de vie et sont devenus des papas poules.

3. Analyse d'une photo

1. Marie est au centre de la photo car elle est au centre des préoccupations des trois hommes.

2. Ils essaient d'endormir Marie mais ne sont pas d'accord sur les moyens pour y parvenir.

3. Non, Marie est assise dans son lit et ne prête aucune attention à ses "pères".

4. Analyse de citations

1. Cette question de Jacques est tout à fait révélatrice de son manque de maturité et de son refus d'accepter cette paternité involontaire. Il espère bien que Sylvia n'aura pas de réponse convaincante.

2. Pierre se rend maintenant compte que ses amis n'ont aucune profondeur et que leurs conversations sont sans intérêt. Il préfère la compagnie de Marie à celle de ces adultes dont les remarques l'exaspèrent.

5. Sous-titres

a. "ce que fout" n'est pas traduit mais l'idée générale est bien rendue. Le spectateur comprend que Jacques se demande qui est le bébé et pourquoi il est là.

b. La phrase de Jacques était: "Moi je veux pas de ça dans cette maison". La négation a été ajoutée par erreur dans le livre de l'étudiant. La phrase originale n'est donc pas correcte, mais cette omission de la négation, très fréquente en français oral, n'est pas facile à rendre en anglais.

c. "women" est du langage courant, alors que "nanas" est familier. C'est l'équivalent de "chicks" en anglais. Le sous-titre est concis et très réussi puisqu'il reprend toutes les idées de l'original.

d. "open your ears up" est un bon choix car c'est plus fort que "you're going to listen to me". Comme Pierre est excédé cela traduit bien son énervement.

e. L'idée est bien rendue par "zoo" puisque les deux expressions ont le même sens.

f. "your" devrait être "you're". C'est une faute courante (mais énorme!) en anglais. On peut supposer que les sous-titres ont été écrits un peu trop rapidement…

6. Les critiques

1. Pour Patrice Vivares, même des célibataires endurcis qui ne veulent surtout pas s'occuper d'un enfant s'y attachent malgré eux. Ils finissent par fondre devant ce bébé qui devient leur préoccupation principale et le centre de leur vie. Plus rien ne compte pour Pierre, Michel et Jacques quand Marie leur sourit.

2. Avant de connaître Marie, les trois hommes menaient des vies stériles. Ils vivaient pour eux, au jour le jour, égoïstement. Maintenant, ils donnent un sens à leur vie, en s'occupant d'un bébé qu'ils rendent heureux. Marie a changé leur vie, elle les a fait réfléchir et ressentir le manque d'enfant et de stabilité. Un bébé est un symbole de vie et d'avenir, et c'est ce qui intéresse désormais nos trois hommes.

7. Parallèle avec un autre film

Dans *Trois hommes et un couffin* la comédie est basée sur l'inexpérience des trois hommes. On rit donc de leur maladresse et on peut s'identifier à eux. On ne se moque pas d'eux et on ne rit pas méchamment. Dans *Le dîner de cons*, en revanche, c'est la méchanceté qui fait rire. On rit avec Brochant à l'insu de Pignon. On rit donc des personnages dans les deux films, mais différemment: on se sent à égalité avec les trois hommes et on rit <u>avec</u> eux, alors que l'on se sent supérieur à Pignon et on rit <u>de</u> lui.

8. Lecture

1. Michel explique à Jacques comment faire dormir Marie, comment la soigner, comment laver son linge et comment faire les biberons. Il est inquiet car Jacques n'y connaît rien. C'est donc une façon de se rassurer.

2. Jacques se moque des conseils car il pense à son avion qu'il risque de rater.

3. Cette scène est très révélatrice: Michel veut bien faire, il s'applique, il prend cela au sérieux. Jacques, en revanche, est pressé, impatient et surtout très insouciant.

4. Pierre entre dans une rage folle car il est déçu et blessé.

5. Au début Michel croit que Pierre s'inquiète simplement du sort de Marie, mais il comprend vite ce que ressent Pierre. Il est dans la même situation…

6. Pierre ne veut pas avouer à Michel qu'il est triste et que Marie va lui manquer. Il ne faut surtout pas ternir son image d'homme à femmes!

9. Pour aller plus loin

a. **Lecture:** Le scénario est disponible et contient, outre les dialogues du film, une présentation par Coline Serreau et une interview d'André Dussollier.

b. **Film:** Le film a fait l'objet d'un "remake" intitulé *Three Men and a Baby*. Il est très intéressant de mettre les deux films en parallèle et d'étudier les différences culturelles. Un extrait du remake est inclus dans le scénario de *Trois hommes et un couffin*.

c. **Chanson:** Une chanson de Jean-Jacques Goldman, intitulée "Elle a fait un bébé toute seule" reprend le thème de la femme qui tente de concilier, seule, sa carrière et son enfant. Les paroles sont disponibles sur www.paroles.net. Cette chanson est sortie en 1987, donc deux ans seulement après le film, et a été un tube.

CHAPITRE 17

Un dimanche à la campagne

Un dimanche à la campagne est l'un des plus beaux films de Bertrand Tavernier. C'est une chronique familiale tendre et intimiste.

Il est classé G aux Etats-Unis, "Famille" par Monsieur Cinéma et "Tous" par *Télérama*. C'est effectivement un film dans lequel il n'y a aucune violence et aucune scène susceptible de choquer les sensibilités, mais un public très jeune pourrait s'ennuyer. Il est donc recommandé à partir de 13 ans.

Il se prête bien à l'étude en classe puisque c'est une histoire familiale, mais il y a très peu d'action. Il faut donc que les étudiants s'attachent aux personnages sans attendre de grands événements.

PREPARATION

Traduisez!

1. J'aime peindre mais c'est difficile de gagner sa vie à cause de la concurrence.

2. Je ne suis pas d'accord avec la façon dont ma nièce est élevée. Elle est bien trop gâtée!

3. Le vieux peintre aurait voulu que sa fille lui rende visite plus souvent et qu'elle ne soit pas toujours si pressée.

4. Elle avait choisi de mener une vie passionnée avec beaucoup d'amants.

2. Repères culturels

1. La Belle Epoque a été une période d'euphorie pour les classes aisées, qui ont profité de la prospérité économique. En revanche les ouvriers avaient la vie dure et ont commencé à s'organiser pour faire valoir leurs droits.

   De nombreuses personnalités ont marqué cette époque, notamment Flaubert, Zola et Proust pour les lettres, les Impressionnistes, puis Matisse, Braque et Picasso pour la peinture, enfin Louis Pasteur, Pierre et Marie Curie pour les sciences. Le dramaturge Edmond Rostand et l'actrice Sarah Bernhardt triomphaient au théâtre.

   La Belle Epoque a aussi été marquée par de nombreuses inventions et découvertes: le vaccin contre la rage (1885), l'automobile (Peugeot a construit l'une des toutes premières automobiles en 1890), le cinéma (premier film projeté par les frères Lumière en 1895), et le radium (1898).

   Beaucoup de monuments parisiens datent de cette époque: la Tour Eiffel, l'Opéra Garnier, le Petit et le Grand Palais, le Pont Alexandre III et les Galeries Lafayette. Le métro de Paris date aussi de la Belle Epoque.

2. a. Il a eu lieu pendant la seconde moitié du 19e siècle.

   b. Les Impressionnistes travaillaient en plein-air. Ils s'intéressaient à peindre la lumière, et se sont donc appliqués à peindre tout ce qui transforme la nature (les saisons, le temps, l'heure du jour). L'important n'était pas l'exactitude dans la représentation du sujet, mais "l'impression" qui se dégage.

   c. Ils juxtaposaient de petites touches de couleurs vives, pour créer une impression d'ensemble.

   d. Ils n'ont eu aucun succès à leurs débuts, ne parvenant ni à vendre leurs œuvres ni à être exposés.

   e. Quelques Impressionnistes:

Pissarro (1830-1903):	"Le potager", "Jeune fille à la baguette"
Manet (1832-1883):	"Le déjeuner sur l'herbe", "Canotiers à Argenteuil", "Le bar des Folies-Bergère"
Degas (1834-1917):	"Les danseuses bleues", "Les repasseuses au travail"
Cézanne (1839-1906):	"La maison du docteur Gachet", "La montagne Sainte-Victoire", "Les joueurs de cartes"
Sisley (1839-1899):	"Le remorqueur"
Monet (1840-1926):	"Impression, soleil levant", "Les coquelicots", "La Cathédrale de Rouen", "Les Nymphéas"
Renoir (1841-1919):	"Le moulin de la Galette", "La balançoire", "Les baigneuses"
Bazille (1841-1870):	"Vue d'un village"
Morisot (1841-1895):	"Le berceau", "Eugène Manet et sa fille"
Cassatt (1845-1926):	"Mère et enfant", "Femme cousant"

3. Une guinguette est un cabaret populaire, généralement à la campagne ou sur les bords d'une rivière, où l'on va pour boire, manger et danser.

CONVERSATION EN CLASSE

2. Le film se passe au début du siècle, dans la campagne près de Paris. C'est le début de l'automne.

3. On sait que M. Ladmiral fait partie de la bourgeoisie car il a une superbe maison, grande, bien meublée, bien située (à 10 mn de la gare) et entourée d'un vaste parc. Il y a aussi tout le confort moderne, comme l'eau courante, l'électricité et le téléphone, rares à cette époque.

4. Mercedes n'est pas agréable avec M. Ladmiral (elle enlève la chaise qu'il utilisait pour brosser ses chaussures, elle l'écarte de la table pour faire la tarte, ne répond pas à la

gentille question de M. Ladmiral sur la tarte à la rhubarbe). M. Ladmiral la garde car il est veuf et a besoin de compagnie, et il sait que sous ses allures bourrues, Mercedes est attachée à lui. Elle ne traite pas tous les membres de la famille de la même façon. Elle est froide avec Marie-Thérèse, mais s'intéresse à Irène et est très gentille avec Mireille (elle lui donne une madeleine, puis la fait participer à la finition de la tarte).

5. M. Ladmiral déteste le fait que Marie-Thérèse ait changé le prénom de son mari. Mercedes l'appelle Edouard pour fâcher M. Ladmiral.

6. Marie-Thérèse est certainement très pieuse. Peut-être cherche-t-elle aussi à éviter M. Ladmiral, ou bien essaie-t-elle de laisser le père et le fils ensemble?

7. Gonzague voit son père sur son lit de mort. Il se tient debout près du lit, à côté de Marie-Thérèse et Mercedes. Il se regarde ensuite dans la glace, et semble prendre conscience de son âge. Il est très troublé par cette vision.

8. M. Ladmiral s'inquiète de l'avenir de la peinture à cause de la concurrence de la photographie.

9. Les garçons obéissent à leur parents, mais ceux-ci ne sont pas stricts (ils rient au nez de leur père qui les réprimande pour la motte de terre jetée contre la fenêtre!). Ils sont très actifs au début de la journée, mais s'ennuient profondément après le déjeuner. Ils ne sont pas habitués à la campagne et ne savent pas s'y amuser.

10. Mireille a un tempérament très calme. Elle s'occupe facilement toute seule (on la voit regarder le chapon cuire, peindre, jouer avec sa poupée et des feuilles). Elle est très protégée par ses parents, trop de l'avis d'Irène.

11. Irène est une tornade. Elle secoue la torpeur générale (tout le monde fait la sieste quand elle arrive), elle apporte fraîcheur, gaieté et dynamisme. M. Ladmiral et les enfants sont ravis, mais Gonzague et Marie-Thérèse préféreraient qu'elle ne soit pas là. Ils savent que M. Ladmiral n'a d'yeux que pour sa fille, et qu'en sa présence Gonzague ne compte plus.

12. Elle est brocanteur.

13. Elle croit à la chiromancie, à l'amour fou, aux héroïnes de roman, et à l'influence des étoiles sur le destin des êtres.

14. Irène est libre (elle n'est pas mariée) et indépendante (elle travaille et gagne sa vie). Elle essaie d'appeler son amant au téléphone. Sa vie n'a rien à comparer à celle de son frère. Gonzague a une vie calme, rangée et confortable, alors qu'Irène vit passionnément et sans stabilité affective.

15. Irène lit les lignes de la main et y voit que Mireille mourra jeune, ce dont le reste de la famille ne peut pas être conscient. Elle pense que Mireille est une petite fille trop entourée et trop gâtée.

16. Gonzague est extrêmement vieux jeu (il porte des moustaches en pointe, ce qui est passé de mode, et refuse d'enlever sa veste à table pour se mettre à l'aise). La scène de l'arbre est comique car Gonzague est très mal à l'aise et ne sait pas monter aux arbres.

Il donne une gifle à son fils car il est embarrassé et contrarié, et la gifle fera diversion.

17. Irène trouve la peinture de son père "trop sage, trop classique". Elle trouve que "ça manque de passion". En revanche, elle aime un tableau qu'elle trouve au grenier, pour l'émotion qui s'en dégage. C'est une œuvre de jeunesse de M. Ladmiral, qu'elle gardera chez elle.

18. Irène emmène des châles et des étoffes pour sa boutique. Gonzague n'apprécie pas du tout et le dit clairement ("Si Papa te les donne, c'est parfait. Il dispose de ce qui est ici comme il l'entend"). Irène se braque ("Mais mon petit Gonzague, je ne veux voler personne! Tout ce que j'emporte ici je l'achète!"). Quand M. Ladmiral cherche à calmer le jeu en disant que Gonzague plaisantait, Irène répond sèchement que "Gonzague plaisante rarement, et jamais sur les choses du cœur et sur celles de l'argent". Il est clair qu'il y a beaucoup de jalousie et de tension dans l'air, et qu'il sont exaspérés l'un par l'autre.

19. M. Ladmiral explique à sa fille qu'il a suivi les conseils de ses maîtres, quant au respect des traditions et des règles. La peinture de Cézanne et de Van Gogh l'intéressait, celle de Monet, Caillebotte, et Renoir lui plaisait, mais il a préféré suivre sa voie. Il a des sentiments partagés sur sa carrière, mais il pense qu'en copiant les grands maîtres il aurait perdu son style, sa "petite musique". Le spectateur peut aussi se demander si M. Ladmiral aurait dû changer de style et innover. Après tout, en suivant ses maîtres il a fait une carrière très honorable, il a une famille, et une splendide maison où finir ses jours.

20. "Papa, danse avec moi!". Irène ne veut pas répondre à la question de son père.

21. Ils sont tous les deux fiers et émus.

22. Les enfants sont tristes et déçus de la voir partir si tôt. Gonzague et Marie-Thérèse, bien qu'ils ne disent rien, sont sans doute soulagés. Quand à M. Ladmiral, le départ de sa fille lui déchire le cœur, mais il sait qu'elle est pressée, et il préfère donc la voir partir.

23. M. Ladmiral met de côté le tableau qu'il était en train de peindre (un coin d'atelier). Il tourne son chevalet pour en peindre un nouveau, s'assied et réfléchit. On se demande si sa conversation avec Irène va l'encourager à essayer quelque chose de nouveau, ou s'il va se contenter d'un autre coin d'atelier.

24. Elles n'existent pas vraiment, M. Ladmiral les imagine. Elles représentent la jeunesse, et mettent du baume au cœur de M. Ladmiral. Peut-être lui rappellent-elles aussi Irène au même âge.

25. Les feuilles jaunissent, c'est l'automne. Cela nous rappelle que M. Ladmiral vieillit, que bientôt l'hiver va venir, et que sa mort est de plus en plus proche...

26. On a un sentiment de tristesse, voire de pitié, pour ce vieil homme que l'on voit rentrer chez lui d'un pas lent, et qui va retrouver sa solitude et ses souvenirs.

APPROFONDISSEMENT

1. Vocabulaire

A. Reliez les mots qui vont ensemble:

1 d - 2 j - 3 f - 4 b - 5 g - 6 i - 7 a - 8 e - 9 c - 10 h

B. Trouvez l'intrus:

cousin - Delacroix - bru - brique - exactitude - gendre

2. Réflexion - Essais

1. a. Gonzague est fidèle et a le sens du devoir. Il vient presque chaque dimanche voir son père, ce que M. Ladmiral trouve normal, car ils sont habitués, ils sont nombreux, et ils n'ont qu'un jour de congé! Leurs conversations sont superficielles et décousues (ils parlent des enfants, mais sans s'apesantir, parlent de refaire un fauteuil, d'une route en construction, de la confiture de poires de Mercedes).

   Gonzague est lucide et sait que son père aurait préféré la visite d'Irène. Il se sent comme un "amoureux éconduit", car "tous les chagrins se ressemblent". M. Ladmiral ne remarque pas que son fils est sensible et qu'il souffre de la situation, et le méprise (on se rappellera la scène où M. Ladmiral mentionne que Gonzague travaillait dur à l'école et qu'il ne réussissait pas).

   Il est clair que Gonzague a préféré se tenir à l'écart et rester dans l'ombre quand il parle de ses premiers tableaux. Ils n'étaient pas mauvais, mais il a abandonné la peinture de peur, s'il avait été mauvais, de faire honte à son père, et s'il avait été bon, d'être un rival.

   b. M. Ladmiral est en adoration devant sa fille. Il aime sa gaieté, sa vivacité, son espièglerie, et sa jeunesse d'esprit ("Reste jeune", lui dit-il quand elle s'en va). Il admire même son côté étourdi et irréfléchi, car ils lui permettent de vivre de façon moderne, sans s'encombrer des pesanteurs du passé comme le fait Gonzague.

   Bien sûr, il voudrait bien qu'elle se marie ("ça lui tarde", dit Mercedes à Irène). Il sait bien qu'Irène a des amants, mais essaie de se convaincre du contraire car cela le rend malheureux. "Je suis persuadé que ce n'est pas une fille à faire des bêtises", dit-il à Gonzague qui n'a pas l'air aussi persuadé!

   Le gros chagrin de M. Ladmiral est de ne pas voir sa fille plus souvent. Elle entre et sort de sa vie en coup de vent et sans prévenir, et il passe son temps à espérer et à attendre: "tu reviendras bientôt?". La réponse d'Irène ("dès que possible") nous attriste car nous savons bien, comme M. Ladmiral, qu'il se passera bien des dimanches avant qu'Irène ne revienne.

   c. Les relations sont tendues entre le frère et la sœur. Irène méprise Gonzague, il est jaloux d'elle. Tout incident est prétexte à des querelles (comme les reproches amers de Gonzague au sujet des vieux châles qu'Irène emporte, et la remarque à propos de la voiture: "Moi, les enfants me sont venus avant la voiture").

Il est vrai qu'Irène et Gonzague n'ont pas grand chose en commun. Autant Irène est vive, gaie, rapide, irréfléchie et sûre d'elle, autant Gonzague est lent, posé, sérieux, lourd et maladroit. Ils ont pourtant un point en commun: ils tiennent tous les deux de leur père, mais chacun a hérité d'un côté différent: le côté académique, suivre les règles, les conventions, rester neutre, c'est Gonzague, et le côté intérêt pour les choses nouvelles (côté que M. Ladmiral n'a jamais développé, mais qui l'intéressait), c'est Irène.

d. Gonzague et Marie-Thérèse sont bien assortis, contrairement à ce qu'en pense M. Ladmiral, qui ne comprend pas pourquoi son fils a choisi cette femme. Il croit que son fils s'est marié pour faire comme tout le monde, mais Gonzague et Marie-Thérèse semblent bien s'entendre. Il est clair que c'est Marie-Thérèse qui prend les décisions, et que Gonzague les accepte docilement: la famille n'ira pas à Dakar car elle ne veut pas, et elle a même changé le nom de son mari de Gonzague en Edouard!

2. Irène a de grandes qualités et de grands défauts. Elle est vive, amusante, gaie, dynamique, et enthousiaste. En revanche, elle est aussi égoïste (elle vient rarement voir son vieux père qui l'adore), opportuniste (elle emmène les vieilleries familiales pour les vendre dans sa boutique), tapageuse et irréfléchie (elle parle et agit sans réfléchir). En rentrant de la guinguette, on découvre un aspect différent de sa personnalité. Irène se décompose au téléphone avec son amant, c'est une amoureuse blessée, triste et dépitée.

3. Elle a réalisé son rêve car elle a osé. Elle a osé être différente, elle a osé ne pas s'enfermer dans les conventions sociales. On est frappé pendant cette scène à la guinguette par la différence entre le père et la fille. Alors que le père a préféré suivre la voie tranquille qui le menait à la Légion d'honneur et qui plaisait à sa femme, la fille a fait de sa vie ce qu'elle a voulu. Le père a privilégié une vie de famille rangée plutôt qu'une recherche d'originalité artistique. La fille, elle, recherche sa voie, se teste et s'assume.

4. Gonzague et Irène sont issus d'une famille bourgeoise qui a de l'argent, mais ce n'est pas un sujet dont on parle. On sent que chacun est embarrassé pendant la scène fâcheuse où Irène propose paiement à son père. M. Ladmiral refuse l'argent, Irène insiste, Gonzague et Marie-Thérèse s'écartent, gênés par ce commerce.

5. Bien qu'elles vivent toutes deux à Paris et aient à peu près le même âge, Irène et Marie-Thérèse n'ont rien en commun. Marie-Thérèse est mariée et mère de famille (c'est une bonne mère, d'après Gonzague), qui apprécie de rester chez elle à s'occuper du foyer. Elle est émerveillée par l'automobile d'Irène, qu'elle trouve confortable. La voiture est le symbole même d'Irène: liberté, modernité, vitesse et anti-conformisme. Les habitudes vieillotes de Marie-Thérèse (comme la sieste l'après-midi) mettent Irène hors d'elle. Elles s'énervent d'ailleurs mutuellement et on sent plusieurs marques de jalousie de la part de Marie-Thérèse: "le café aussi c'est bon" (quand Irène parle du jus de pamplemousse qu'elle a apporté), ou encore le fait que ses garçons préfèrent jouer avec Irène plutôt qu'avec elle.

6. Il garde Mercedes, car elle est "indispensable dans sa solitude, il ne fallait pas la fâcher".

Lorsqu'Irène pense partir avant le dîner et que Gonzague parle de prendre un train plus tôt que prévu, M. Ladmiral est fort attristé et dit: "Ah non, vous n'allez pas me laisser tout seul". On voit aussi qu'il souffre de son veuvage précoce grâce aux flashbacks où l'on voit Madame Ladmiral (dans son fauteuil et dans le jardin). Enfin, nous avons la même scène au début et à la fin: la vue du jardin de la fenêtre. Ceci dit, on remarque une grande différence: au début du film, on voit le jardin le matin, alors que M. Ladmiral se prépare à passer son dimanche en famille. A la fin, c'est la même vue mais c'est le soir, la nuit tombe, et avec elle vient la solitude d'une nouvelle semaine à passer en la seule compagnie de Mercedes.

La solitude de M. Ladmiral est aggravée par la certitude de sa mort approchante. Sa femme est décédée, ses enfants sont partis, et même sa peinture a changé. Désormais il ne peint plus qu'en intérieur, et il ne peint plus la vie, juste un canapé, une nature morte (alors que dans la maison il y a des tableaux de scènes d'extérieur et beaucoup de portraits, notamment de sa femme, d'enfants, et un grand portrait d'Irène). Toutes ces peintures sont du passé, elles datent du temps où M. Ladmiral était entouré.

7. Bien que l'intrigue et l'action soient réduites au minimum, l'histoire avance grâce

   ~ au sentiment que c'est un jour unique, important, car M. Ladmiral va bientôt mourir.

   ~ aux émotions et aux sentiments: le bonheur de M. Ladmiral de voir sa fille, la tristesse de Gonzague de se savoir le moins aimé, la jalousie de Marie-Thérèse, l'enthousiasme d'Irène pour un tableau de son père.

   ~ aux non-dits: c'est ce qui n'est pas dit dans le film qui brise le cœur: un soupir, un regard, un sourire, un haussement d'épaules, un mouvement d'impatience, une moue, une démarche lente.

   ~ à l'utilisation du blanc dans le film: on sait que quelque chose de dramatique va se passer quand on voit Irène arriver tout en blanc (robe blanche, chapeau blanc, chaussures blanches, ombrelle blanche, qui contrastent avec l'habillement sombre du reste de la famille). La maison blanche au milieu du parc ressemble à un joyau, et nous rappelle que M. Ladmiral a accordé plus d'importance au confort de sa famille qu'à l'originalité de ses tableaux. La robe blanche de Mireille contraste aussi avec les costumes gris de ses frères, tout comme son éducation contraste avec celle des garçons.

8. Les personnages sont présentés de façon inhabituelle: on ne les voit pas mais on les entend parler et chanter.

   Le film s'ouvre et se ferme sur la vue du parc de M. Ladmiral, et c'est lui que l'on voit au début et à la fin. Cela donne l'impression que rien n'a changé. Pourtant cette journée n'était pas une journée ordinaire, et l'ambiance dans les deux scènes est différente: la première est pleine d'anticipation (M. Ladmiral chantonne et s'affaire pour se préparer à recevoir sa famille), alors que la dernière est empreinte de regret et de nostalgie.

3. Analyse d'une photo

1. Irène vient d'arriver et elle réveille son père qui faisait la sieste sous la tonnelle.

2. Irène lui reproche de faire la sieste en plein après-midi par une telle chaleur.

3. Ils sont tous les deux ravis et émus de se voir. M. Ladmiral est surpris de la visite de sa fille.

4. Cette scène est importante car c'est la première impression que nous avons d'Irène. Cette scène marque aussi un tournant dans l'histoire car elle change complètement la journée de M. Ladmiral: d'ennuyeuse, elle devient amusante.

4. Analyse de citations

1. Madame Ladmiral voyait déjà qu'Irène ne se contenterait pas de la vie simple et rangée d'épouse et de mère à laquelle son milieu la disposait. Elle prend les moyens d'obtenir plus de la vie en travaillant (ce qui satisfait son désir d'indépendance), et en restant célibataire (ce qui lui permet d'être libre de faire ce qu'elle veut).

2. C'est ce que M. Ladmiral dit à Gonzague sur un air de reproche. Il regrette que son fils soit si posé, si réfléchi et si conventionnel. Il admire la spontanéité d'Irène et aimerait que Gonzague soit plus comme elle.

3. M. Ladmiral se demande s'il a suivi la bonne voie en choisissant de faire confiance à ses maîtres et en suivant leurs conseils. S'il avait osé défier les conventions de son temps, peut-être serait-il devenu un grand peintre.

5. Sous-titres

a. "He" est plus court et il est évident que l'on parle de M. Ladmiral. L'usage du pronom n'est donc pas gênant.

b. C'est un très bon sous-titre car le sens est respecté.

c. Le sous-titreur a réussi à rendre les idées sans trahir l'original en condensant et remaniant la phrase. Il a néanmoins conservé le format de la fin de la phrase (": le refus" / ": denial").

d. "Il eût été" est conjugué au conditionnel passé 2e forme (même conjugaison que le plus-que-parfait du subjonctif). C'est un temps appartenant au registre soutenu et donc très rarement utilisé. Il n'y a pas de temps équivalent en anglais mais l'inversion ("Had he known") est littéraire. C'est donc un choix judicieux de la part du sous-titreur.

6. Les critiques

1. Il y a beaucoup de provincialisme dans le film: M. Ladmiral mène une vie lente, avec des rituels et des habitudes, loin du modernisme de la ville. Quant à Gonzague, bien qu'il vive à Paris, il est pétri de conventions, il a peur du qu'en dira-t-on et d'être différent.

2. En regardant le film on est transporté dans le passé, et on a le même sentiment que lorsque l'on visite un grenier. Les vieux draps, les chapeaux, les photos jaunies et les cartes postales qu'on y trouve restituent une époque disparue, tout comme le fait le film.

7. Parallèles avec d'autres films

1. Les deux films sont de Tavernier, qui a choisi de donner le même prénom (Irène) aux deux femmes. *Un dimanche à la campagne* se passe en 1905, *La vie et rien d'autre* en 1920. Il n'y a donc que quinze ans d'écart entre les deux, et pourtant la différence est flagrante. Dans *Un dimanche à la campagne* l'ambiance est insouciante, légère. On mange bien, on fait la sieste, on va danser dans les guinguettes. C'est une ambiance d'avant-guerre. Dans *La vie et rien d'autre*, au contraire, les personnages sont blessés, marqués, endurcis par les ravages de la guerre. Au lieu de la belle maison de M. Ladmiral, avec son jardin impressionniste, on a les champs de bataille de la Meuse, sans arbres et sans fleurs. La splendide journée d'*Un dimanche à la campagne* a fait place au froid, à la grisaille et au brouillard de novembre. Enfin on a le sentiment qu'Irène Ladmiral, si elle s'était mariée, aurait pu devenir Irène de Courtil: même vivacité, même indépendance, même exigeance.

2. Dans *Un dimanche à la campagne* la campagne est idyllique. M. Ladmiral a un jardin magnifique et le chemin vers la gare et la route vers la guinguette sont charmants. Tout est vert, le soleil brille, et la caméra du réalisateur joue avec la lumière. Cette campagne-là est fraîche et reposante, et elle invite à la paresse. Les personnages du *Grand chemin* ne se posent pas de question sur la campagne qui les entoure. Ils ont toujours habité là, ils cultivent leur jardin, élèvent des poules et des lapins et vont à la pêche. Le réalisateur nous la montre donc comme un lieu de vie, lieu qui fait d'ailleurs peur au petit Parisien.

8. Lectures

1. **Réaction d'un critique sue l'exposition des Intransigeants**

   1. Le critique est dégoûté et révolté.

   2. Pour lui, les peintres sont des fous ("cinq ou six aliénés") qui se croient doués et ont donc des ambitions.

   3. Il a le cœur serré car il pense que cette exposition est un événement tragique et qu'elle va provoquer des catastrophes.

   4. La technique utilisée par les Impressionnistes était révolutionnaire. Pierre Wolf était habitué à voir des torses de femme lisses et uniformes, donc il ne peut apprécier les petites touches de peinture utilisées par Renoir. Il trouve le tableau laid ("le torse d'une femme n'est pas un amas de chair en décomposition") car il ne le comprend pas.

   5. Berthe Morisot est "curieuse à observer. En effet, elle est gracieuse (comme une

femme) mais elle est aussi démente que les hommes.

6. L'histoire de l'homme qui mordait les passants est grotesque. Pierre Wolf l'a-t-il entendue? L'a-t-il inventée? Ce qui est sûr, c'est qu'il cherche à convaincre les lecteurs du danger potentiel de cette exposition.

7. Renoir est passé à la postérité alors que Pierre Wolf est oublié depuis longtemps. Il est très fréquent que les œuvres d'art ne soient pas comprises et appréciées du vivant de leurs auteurs. Pierre Wolf n'aimait pas l'Impressionnisme, et n'avait pas envie d'essayer car il était sûr de son fait.

2. Les guinguettes

1. Le coq gaulois, la Marseillaise, le drapeau bleu, blanc, rouge, le baccalauréat, le camembert, le vin, Notre-Dame de Paris et Astérix sont d'autres éléments de l'inconscient collectif des Français. Pour les Américains on peut citer, entre autres, le drapeau ("Old Glory"), l'hymne national, le 4 juillet (et le barbecue qui va avec!), la Statue de la Liberté, le Grand Canyon, George Washington, le baseball et Thanksgiving

2. Les guinguettes ont vu le jour quand les cabaretiers parisiens ont décidé de s'installer à l'extérieur de Paris pour ne pas payer de taxe sur leur marchandise.

3. Au début les guinguettes étaient mal fréquentées. C'est au XIXe siècle que la clientèle a changé. Les guinguettes n'étaient plus des lieux de débauche, mais au contraire l'endroit où l'on pouvait déjeuner et se détendre agréablement.

4. A la Belle Epoque les gens venaient manger, danser, nager et se promener en barque. C'est exactement ce que l'on voit dans le film.

5. Jusqu'en 1906 les ouvriers travaillaient tous les jours, même le dimanche. Ils ont commencé à profiter des guinguettes quand la loi leur a donné une journée de repos.

6. Les guinguettes font partie du patrimoine donc les jeunes les connaissent, mais seulement de façon abstraite: à travers la peinture, la littérature, le cinéma et les chansons. Ils ont envie de les découvrir et sont vite conquis par l'ambiance bon enfant qui y règne.

3. Le bon plaisir de Louis Ducreux

1. Depardieu est imposant et volubile. Il parle fort, fait de grands gestes et a une telle présence qu'on ne voit que lui à l'écran. Louis Ducreux est au contraire petit, mince et discret.

2. Louis Ducreux était effectivement "immense à l'écran" car l'homme qu'il incarne est attachant. Comme c'est un film dans lequel il y a très peu d'action, les personnages sont au centre de l'histoire et on s'intéresse à eux.

3. Il a commencé sa carrière comme chanteur, puis a exercé différents métiers au théâtre.

4. Pendant l'Occupation Ducreux a écrit et fait jouer une pièce prosémite, ce qui était dangereux à cette époque. C'était donc courageux de prendre ce risque.

5. Charles Trénet et Yves Montand font partie des chanteurs les plus aimés des Français. Montand a aussi joué dans de nombreux films. André Gide, André Malraux, Jean Cocteau et Marcel Pagnol étaient écrivains et ont tous marqué leur époque.

6. Comme M. Ladmiral, Louis Ducreux est un homme discret et rêveur. Il a eu une vie passionnante mais n'en tire aucune gloire. Il a su rester simple.

9. Pour aller plus loin

a. **Lecture:** Le film est basé sur un roman de Pierre Bost intitulé *Monsieur Ladmiral va bientôt mourir*, et publié par Gallimard. Il est intéressant de les comparer.

b. **Recherches:** Le film se prête bien à des recherches sur l'impressionnisme: le mouvement en lui-même, mais aussi les réactions du public, des critiques et celles des autres peintres, la vie des Impressionnistes (Mémoires, biographies), et l'impact qu'ont eu les œuvres sur la peinture du XXe siècle.

c. **Chanson:** "Regard impressionniste" d'Yves Duteil évoque différents tableaux des Impressionnistes. Les paroles sont disponibles sur www.paroles.net.

CHAPITRE 18

La vie et rien d'autre

La vie et rien d'autre aborde pudiquement un sujet largement méconnu: les conséquences de la Première Guerre mondiale.

Il est classé PG aux Etats-Unis, "Famille" par Monsieur Cinéma et "Adultes et adolescents" par *Télérama*. Il me semble que le sujet intéressera les élèves à partir de 15 ans.

C'est un film long (2h15) et surtout lent, ce qui indispose certains étudiants habitués aux films américains rapides et mouvementés. Il est donc important de les prévenir en disant que c'est un drame historique dans lequel la psychologie des personnages l'emporte sur l'action.

Les recherches sur le contexte ("Repères culturels") sont nécessaires pour que les étudiants comprennent la période et l'étude de la bande-annonce est précieuse pour leur faire prendre connaissance du contexte en douceur.

PREPARATION

Traduisez!

1. Le travail de Dellaplane est de rechercher et d'identifier les disparus.

2. Le soldat a été tué quand il a déterré un obus.

3. La Croix-Rouge était habituée aux cadavres dans le gisement.

4. La veuve n'est pas à l'aise avec sa belle-famille maintenant qu'elle sait qu'ils étaient des traîtres pendant la guerre.

2. Repères culturels

a. Elle a été déclarée en 1914.

b. Elle a été provoquée par l'expansion économique de l'Allemagne, et par des disputes et des rivalités territoriales entre les grands pays européens.

c. La France, la Grande-Bretagne, et la Russie (puis, plus tard, la Serbie, la Belgique, l'Italie et les Etats-Unis) se battaient contre l'Allemagne, l'Autriche-Hongrie, la Turquie et la Bulgarie.

d. Une terrible bataille a opposé les armées françaises et allemandes à Verdun entre février et décembre 1916. La France en est sortie victorieuse, mais y a perdu 360 000 hommes (330 000 Allemands tués).

e. Ils sont entrés en guerre en 1917.

f.   Il a été signé le 11 novembre 1918.

g.   Le Traité de Versailles (signé le 28 juin 1919) mettait officiellement fin à la Première Guerre mondiale, forçait l'Allemagne à payer de gros dommages de guerre, et restituait l'Alsace et la Lorraine à la France.

h.   La guerre a fait environ 8 700 000 morts au total, dont 1 400 000 Français.

i.   C'est un soldat français, mort pendant la guerre de 1914-1918, et dont personne n'a pu reconnaître l'identité. Il a été enterré sous l'Arc de Triomphe, à Paris, le 11 novembre 1920. Il représente et honore tous les morts de la Première Guerre mondiale.

3. Bande-annonce

1.   Nous voyons les trois personnages principaux (Dellaplane, Irène de Courtil et Alice) en gros plan, et des soldats dans les portraits de groupes.

2.   Dans les scènes d'extérieur on voit une plage et la campagne (des champs). On voit aussi des rails et des casernes. Le ciel est gris, il y a du brouillard.

3.   C'est une chanson de soldats qui parle des femmes.

4.   Les couleurs dominantes sont foncées, ternes: du gris, du bleu, du noir. Elles sont représentatives du film et conditionnent le spectateur qui comprend vite qu'il n'a pas affaire à une comédie. Les couleurs servent donc le contexte.

5.   L'humeur générale n'est pas gaie. Les personnages semblent soucieux et mélancoliques, on sent qu'il y a des tensions entre eux.

CONVERSATION EN CLASSE

2.   Le film se passe en octobre-novembre 1920.

3.   Irène recherche son mari disparu pendant la guerre. Elle visite tous les hôpitaux militaires dans l'espoir de le retrouver.

4.   Dellaplane est le chef du bureau des recherches et de l'identification des militaires tués ou disparus. Le gouvernement français veut qu'il choisisse un soldat non-identifié pour servir de soldat inconnu sous l'Arc de Triomphe, mais Dellaplane refuse par conscience professionnelle et parce qu'il pense que ce soldat pourra être identifié plus tard. Il se bat contre l'administration et les faux chiffres.

5.   Le paysan déterre un obus. Ensuite on entend une explosion et on devine que le paysan a été tué.

6.   Leurs rencontres sont marquées par de la méfiance, de l'agressivité et de l'impatience de part et d'autre.

7.   Nous savons qu'Irène appartient à la grande bourgeoisie car elle a une automobile, un chauffeur, ainsi que les vêtements et les manières d'une grande dame.

8.   Alice est l'institutrice remplaçante du village. Elle recherche son fiancé disparu.

9. Il utilise des photos et des dessins, réalise des portraits-robots, et note tous les renseignements et les anecdotes qu'il peut trouver: couleur des yeux et des cheveux, taille, où et quand ils ont été vus pour la dernière fois.

10. La sculpture se porte extraordinairement bien, car chaque village veut son monument aux morts.

11. Delaplanne fait une analogie entre Irène (l'antilope), et les soldats (les babouins). Les antilopes ont les yeux noirs et elles ont peur (comme Irène).

12. Il lui donne le laissez-passer qu'elle n'a pas, et lui fait servir un repas.

13. Irène est mal à l'aise car elle n'est pas dans son milieu et n'est pas habituée aux plaisanteries et aux chansons grivoises.

14. Il l'interrompt car il se demande à qui elle parle, qui est Poney. "C'est comme si j'étais jaloux", lui dit-il plus tard.

15. Cette messe ressemble à une mascarade, avec la répétition bruyante du concert en arrière-plan.

16. Elles racontent toutes les deux que leur mari et leur fiancé s'était cassé la main sur un retour de manivelle. Delaplanne comprend alors qu'elles recherchent le même homme.

17. Au début de ses recherches elle voulait le retrouver vivant, puis elle a commencé à être "terrorisée à l'idée de le découvrir au fond d'un hôpital. Vivant mais détruit". Finalement, elle explique à Alice qu'elle ne se sent pas triste, juste "apaisée".

18. Il avait choisi de s'engager pour échapper à sa famille et aux privilèges qu'il en tirait. On peut aussi supposer qu'il y avait été encouragé par son père, pour cacher ses transactions malhonnêtes avec les Allemands.

19. Dellaplane annonce très brutalement à Alice que son supposé fiancé était déjà marié.

20. Il les déteste car pendant la guerre ils ont aidé l'armée allemande pour protéger leurs intérêts. Ce sont des traîtres.

21. Il voudrait qu'une décision soit prise quant au statut de son fils pour pouvoir reprendre ses activités économiques. Si le fils est officiellement déclaré disparu, c'est un honneur pour la famille d'avoir un fils mort pour la patrie, et M. de Courtil peut réouvrir son usine dignement.

22. Irène n'aime pas cette ambiance de guerre, et se sent exclue en tant que femme.

23. Ils ont besoin de se divertir et de se changer les idées car "ils sont jeunes" et "ils ont tellement souffert".

24. Dellaplane n'ose pas. Il est timide, gauche, et glacé par Irène. Elle le prend comme un refus, et quitte la voiture car son honneur et sa fierté sont atteints.

25. Il était en panne de voiture, mais surtout en panne d'inspiration pour répondre à la proposition d'Irène.

26. Elles sont heureuses de s'être rencontrées et ne s'oublieront pas. Il y a une connivence

entre elles, car elles ont partagé un moment douloureux. Irène donne sa chaîne avec le médaillon à Alice mais elle enlève la photo de son mari. C'est extrêmement important pour que les deux femmes ne sachent jamais qu'elles recherchaient le même homme.

27. Dellaplane veut qu'Alice refasse sa vie. Il lui dit donc que Charles était marié pour qu'elle puisse tourner la page et recommencer. C'est un cas différent avec Irène, qui est veuve et qui n'aimerait pas savoir que son mari avait une maîtresse. Il ne leur dit pas qu'elles recherchaient le même homme pour ne pas ternir leur souvenir (celui de François/Charles, et celui de leur amitié).

28. Irène est à New York.

29. La lettre date du 6 janvier 1922. Cela fait 14 mois qu'ils se sont quittés. Dellaplane écrit car il a reçu une lettre d'Irène.

30. Dellaplane avoue à Irène qu'il l'aime, et lui offre sa maison et sa vigne. Il est difficile de savoir si cette lettre pourrait décider Irène à revenir. C'est elle qui a écrit la première (elle pense donc toujours à Dellaplane), mais peut-être a-t-elle refait sa vie, et nous savons qu'elle a le projet de partir pour le Wisconsin. Ceci dit, quand elle a quitté la France elle pensait que rien ni personne ne l'y rattachait. Désormais, elle sait que Dellaplane l'attend, et elle semble émue et très heureuse à la lecture de la lettre.

APPROFONDISSEMENT

1. Vocabulaire

A. Retrouvez les mots qui se cachent derrière les lettres mélangées:

1. médaille
2. plaisanterie
3. tranchée
4. aveu
5. douloureux
6. envahir
7. parachutiste
8. paix

B. Complétez la phrase en choisissant l'expression qui convient.

1 c - 2 b - 3 c - 4 b - 5 a - 6 a - 7 c - 8 a

2. Réflexion - Essais

1. Dellaplane travaille dans un théâtre transformé provisoirement en Préfecture. Les bureaux sont petits et séparés par des cloisons en bois, mais sont correctement équipés avec des armoires, des classeurs, des fichiers, et des cartes. Les couloirs sont étroits et il est très facile d'entendre les conversations des bureaux alentours.

2. La guerre est finie depuis deux ans et pourtant partout présente: la campagne est en-

core dévastée, il y a des casques et des obus dans les champs (certains explosent de temps en temps), les maisons sont en ruines, il y a des soldats partout, la guerre est le sujet des conversations, les familles sont en deuil, et il y a tous les blessés, estropiés, unijambistes, aveugles pour nous rappeler les ravages de la guerre.

3. L'Armée est hypocrite, parfois incapable (comme le Capitaine Perrin), et elle veut oublier la guerre en privilégiant les apparences. Elle ne veut surtout pas des chiffres précis de Dellaplane, car elle ne veut pas rendre compte des dommages de la guerre. En fait, dans sa volonté d'oublier et de tourner la page, un général a même écrit que " la guerre avec ses allures dévastatrices n'a que l'apparence de la destruction".

   En honorant un soldat inconnu, ils espèrent clore officiellement la guerre. En plus, en ne voyant qu'un soldat sous l'Arc de Triomphe, on n'a pas l'impression qu'elle a fait tant de morts. Cette cérémonie est peut-être leur façon de s'excuser pour les 350 000 disparus, mais c'est surtout le moyen d'arrêter de les compter.

4. Irène résume la situation des femmes de son milieu ainsi:"Chez les Courtil on ne parle pas affaire devant les femmes. Trop compliqué pour nos petites cervelles". Dans la grande bourgeoisie, les femmes recevaient une éducation, mais n'étaient pas supposées s'en servir intelligemment.

   Alice est institutrice remplaçante (une bonne situation pour l'époque) mais perd son travail car l'instituteur titulaire revient. Ils n'avaient embauché une femme pour faire la classe que parce que les hommes étaient à la guerre.

5. Les couleurs sont symboliques de l'état d'esprit du film et de l'humeur de Dellaplane: elles sont sombres et tristes. Le gris est décliné sur tous les tons avec le ciel, la mer, le brouillard et le manteau d'Irène (qui est en demi-deuil), les uniformes sont bleu ardoise, la terre et le tunnel sont noirs, et beaucoup de gens portent le deuil.

6. L'hôpital militaire que visite Irène au début du film est une vision désolante. Pourtant, on est amusé par le soldat qui est épaté par le nombre de morts et qui est ravi d'en avoir plus que l'Allemagne! Pour Mercadot, la guerre est une aubaine, et il remercie les morts de lui donner tout ce travail. Il est d'un enthousiasme saisissant: il parle de "l'âge d'or", de "la résurrection!" La recherche désespérée de Perrin pour trouver un Français tout à fait anonyme est attristante et pourtant drôle: la fermière à laquelle il demande des renseignements lui parle de soldats américains, arabes et allemands, ou alors de Français dont elle connait l'identité! Pendant son repérage, il se perd dans un épais brouillard, et quand il a enfin trouvé un soldat, les Annamites refusent de l'aider à soulever le cercueil car c'est interdit par leur religion! Enfin, les deux hommes qui veulent que les frontières de leur commune soient changées car ils n'ont pas eu de mort et n'ont donc aucune subvention est un moment affligeant, mais lui aussi tragi-comique.

7. Ils ont des tempéraments opposés: Dellaplane est timide, maladroit, bourru, il a besoin de réfléchir, et il se trouve vieux pour Irène. Il a aussi vécu tant de traumatismes dûs à la guerre qu'il ne connaît plus le langage de l'amour et se glace devant cette Irène passionnée. C'est aussi "un homme de l'ancien temps. Un homme de 1913" comme il le dit lui-même, et donc un homme décontenancé par les avances d'une femme.

8. Nous plaignons Alice quand Dellaplane lui ôte ses illusions à propos de Charles, mais nous savons qu'elle est courageuse, qu'elle a les pieds sur la terre, et qu'elle va refaire sa vie. Quand elle part avec Julien à la fin du film, on est plein d'espoir pour son avenir.

Irène est moins à plaindre car elle n'a pas souffert matériellement de la guerre et elle est privilégiée. Bien sûr elle a perdu son mari, mais elle dit elle-même qu'elle n'a rien fait pour le retenir. Elle a perdu ses illusions sur sa belle-famille, et semble avoir bien pris son destin en main à la fin du film.

Le cas de Dellaplane est différent. Il est plus vieux que les deux femmes donc son avenir est plus aléatoire. Il est très marqué par la guerre, est désolé et révolté par l'attitude de l'armée, et n'a pas beaucoup de branches auxquelles se raccrocher. On peut espérer qu'Alice se marie et qu'Irène refasse sa vie d'une certaine façon, mais d'après la lettre qu'il envoie à Irène on ne voit pas comment Dellaplane pourrait être heureux sans elle. C'est une victime de la guerre, plus que les deux femmes.

9. Ce film est un hymne à la paix. Tavernier montre l'horreur, la bêtise et l'absurdité de la guerre, le sacrifice inutile de toute une génération, particulièrement inutile et absurde puisqu'il faudra une deuxième guerre pour faire revenir la paix en Europe. Quant à l'après-guerre, il dénonce l'oubli et les faux chiffres, le mercantilisme (Mercadot et ses monuments aux morts), et les escroqueries (Eugène Dilatoire et sa supposée accréditation pour aider les familles dans leurs recherches).

10. Le titre anglais, *Life and Nothing But*, peut surprendre. La traduction la plus évidente serait *Life and Nothing Else*, mais elle aurait une connotation négative, comme s'il manquait quelque chose, comme si la vie ne suffisait pas. En fait, c'est tout le contraire, et *Life and Nothing But* (sous-entendu *But Life*) insiste sur le fait que ce qui compte désormais, c'est de vivre.

11. La première scène se passe à Berck, sur la Mer du Nord, et la dernière scène est partagée entre New York et les terres de Dellaplane dans le sud de la France.

Les situations respectives d'Irène et de Dellaplane sont très claires dès la première scène: Irène est une grande dame qui recherche son mari en arpentant les routes dans une voiture, et Dellaplane est un militaire en plein travail pour identifier les disparus.

Ils ont tous les deux beaucoup changé dans la dernière scène. Irène a émigré à New York, elle s'est fait couper les cheveux à la mode de 1920, et elle ne porte plus le deuil mais une robe en dentelle blanche. Quant à Dellaplane, il n'est plus en tenue militaire et n'est plus au milieu des soldats, des morts et des reliques. Il est maintenant en civil sur ses terres vertes, fertiles et ensoleillées. Il est aussi beaucoup plus à l'aise pour avouer ses sentiments à Irène.

3. Analyse d'une photo

1. Ils sont dans une église aménagée en salle de café-concert pour la circonstance.

2. Irène observe Dellaplane qui regarde la chanteuse Cora Mabel.

3. Il ne leur est pas possible de se parler pendant la chanson. Cependant, ils s'observent à tour de rôle et échangent des regards intéressés et éloquents.

4. Analyse de citations

1. C'est ce que répond Dellaplane au Général Villerieux quand celui-ci lui demande de désigner un corps pour le soldat inconnu. Dellaplane, fidèle à ses principes, refuse d'obéir à un ordre de son supérieur, car cela est complètement contre ses convictions.

2. Dellaplane est persuadé qu'Alice ne retrouvera pas son fiancé et lui fait donc cette remarque brutale pour lui faire perdre ses espoirs. Il pense qu'Alice perd son temps et qu'elle ferait mieux de rentrer chez elle.

3. Ceci est la déclaration d'Irène à Dellaplane, déclaration à laquelle il ne répond rien. Dellaplane est pétrifié par l'aisance d'Irène, par son honnêteté et sa franchise.

5. Sous-titres

a. L'adjectif possessif précise la pensée d'Irène. C'est un procédé souvent employé dans les sous-titres car il permet de clarifier les répliques sans ajouter de mots.

b. Les verbes "mépriser" et "to scorn" ont le même sens mais "se mépriser" veut dire que François de Courtil se méprisait lui-même, qu'il avait honte de la situation dans laquelle il était.

c. "social position" traduit surtout "sa situation". "Ses relations familiales", c'est-à-dire la protection dont il bénéficiait, ne sont pas mentionnées en anglais.

d. Le verbe "se jeter" implique une décision, une volonté de la part de François de Courtil. Cette idée n'est pas rendue dans le sous-titre.

e. "Je n'ai pas su" veut dire qu'Irène ne savait pas comment faire pour le retenir, alors que "I couln't" veut dire qu'elle n'en était pas capable.

f. Les sous-titres sont beaucoup plus courts que l'original mais l'idée principale est bien traduite. Irène donne des exemples de ce qu'elle aurait fait pour retenir son mari si elle l'avait voulu. Le spectateur anglophone n'a besoin que d'un exemple bien choisi ("I'd have laid down in front of his train") pour comprendre ce qu'elle veut dire.

6. Les critiques

1. Il est clair que la population reprend goût à la vie car tout est en reconstruction, et les gens retrouvent le plaisir de chanter et de danser (sur des airs de jazz!). Bien sûr, il y a aussi l'espoir d'une relation amoureuse entre Julien et Alice, et peut-être même entre Dellaplane et Irène.

2. Il est vrai que les personnages sont fort attachants, et que l'on aurait mille questions à leur poser, d'autant que certains aspects de leur personnalité et de leur histoire restent dans l'ombre (il serait intéressant d'en savoir plus long sur la belle-famille d'Irène et leurs activités pendant la guerre notamment). Nous ne fréquentons nos personnages que pendant quelques jours, mais c'est assez pour attiser notre curiosité sur leur passé, et surtout sur leur avenir.

7. Parallèles avec d'autres films

1. Les deux films se passent à des époques et dans des contextes bien différents. Pourtant, Dellaplane et M. Arnaud ont beaucoup en commun. Ils sont tous les deux vieillissants, seuls, divorcés, et il y a un certain mystère autour de leur personne (Irène pose quelques questions, Nelly découvre le passé de M. Arnaud grâce à son autobiographie et ses confidences). Tous les deux s'éprennent (sans réellement se l'avouer) d'une femme bien plus jeune, et leurs relations sont marquées par leur jalousie (Dellaplane veut savoir qui est Poney, M. Arnaud veut des détails sur la vie amoureuse de Nelly). A chaque fois, le spectateur a le sentiment qu'une relation aurait pu être possible bien qu'elle n'ait pas eu lieu. Cependant, dans les deux films la fin est assez ouverte pour une interprétation personnelle de l'avenir du couple.

2. Les deux films sont de Tavernier, qui a choisi de donner le même prénom (Irène) aux deux femmes. *Un dimanche à la campagne* se passe en 1905, *La vie et rien d'autre* en 1920. Il n'y a donc que quinze ans d'écart entre les deux, et pourtant la différence est énorme. Dans *Un dimanche à la campagne* l'ambiance est insouciante, légère. On mange bien, on fait la sieste, on va danser dans les guinguettes. C'est une ambiance d'avant-guerre. Dans *La vie et rien d'autre*, au contraire, les personnages sont blessés, marqués, endurcis par les ravages de la guerre. Au lieu de la belle maison de M. Ladmiral, avec son jardin impressionniste, on a les champs de bataille de la Meuse, sans arbres et sans fleurs. La splendide journée d'*Un dimanche à la campagne* a fait place au froid, à la grisaille et au brouillard de novembre. Enfin on a le sentiment qu'Irène Ladmiral, si elle s'était mariée, aurait pu devenir Irène de Courtil: même vivacité, même indépendance, même exigeance.

3. Pauline et Irène tombent toutes les deux amoureuses contre toute attente: Pauline est mariée et elle aime son mari, et Irène est encore perturbée par la mort de son mari. Toutes les deux avouent leur amour, et sont repoussées par des hommes qui les aiment. Angelo et Delaplanne sont timides, maladroits, bien élevés et ont un grand respect des femmes. Comme ils ont peur de leurs sentiments ils préfèrent rester distants plutôt que d'avouer leur amour.

4. Pour tous ces personnages un départ pour les Etats-Unis est une façon d'oublier le passé et de refaire sa vie. Moishe espère que Bronka acceptera de partir avec lui pour qu'ils puissent enfin vivre ensemble. Irène et Jacques vont partir pour se marier et vivre loin de la France, de la guerre, des compromissions et du souvenir de Charles. Quand à Irène de Courtil, elle est partie à New York car elle n'a plus personne: elle est veuve, les révélations sur sa belle-famille l'ont déçue, et Dellaplane l'a repoussée.

8. Lectures

1. Extrait du scénario

1. Irène est ébranlée pour deux raisons: elle est choquée par l'accident dans le tunnel et elle ne sait pas comment traiter Dellaplane. Elle ressent sans doute à la fois de la pitié et de la colère envers cet homme qui l'exaspère mais qu'elle admire et qui l'intrigue.

2. Dellaplane a interrompu la conversation téléphonique d'Irène, puis a eu le mauvais goût de venir lui "rendre visite" dans sa chambre. Ces maladresses l'embarrassent terriblement devant Irène. Il faut aussi, bien sûr, ajouter l'accident dans le tunnel, qui a bouleversé et épuisé Dellaplane.

3. Cette proximité met Dellaplane mal-à-l'aise. Il apprécie l'aide d'Irène mais ce n'est ni dans sa nature ni dans son éducation d'être familier avec les femmes.

4. Il est révolté par la politique de l'oubli qui règne en 1920: il ne faut plus parler de la guerre, il ne faut pas compter les morts, il faut tourner la page.

5. La question est très surprenante puisque Dellaplane la pose sans transition et de façon naturelle juste après sa tirade véhémente sur la politique d'après-guerre.

6. Son obstination révèle son attachement à Irène.

7. Irène trouve la question déplacée. Cela ne regarde pas Dellaplane et il fait preuve de curiosité malsaine.

8. Dellaplane est soulagé de savoir que Poney n'est pas l'amant d'Irène. Il est aussi amusé en pensant que ce sénateur arrogant et autoritaire a un surnom si ridicule!

2. Nouvelle: La Dame en vert

1. Le narrateur est un médecin qui travaille dans un hôpital militaire.

2. Rabot ressemble à un petit animal peureux et triste. Il a eu une enfance malheureuse, n'a pas mangé à sa faim et n'a pas reçu l'affection dont il avait besoin. Il a l'air maladif et ne brille pas par son intelligence. Sa vie, ou plutôt sa survie, fait pitié: il a de très graves blessures et ne joue pas avec les autres car il ne peut pas bouger et ne s'intéresse pas aux activités des autres patients. Il a tellement perdu le sens du contact et des relations humaines qu'il ne sait pas comment offrir ses cigarettes à ses camarades.

3. Le narrateur aimerait voir Rabot rire.

4. La conduite de l'officier est honteuse: il s'adresse à lui comme si Rabot était une chose ou un animal ("C'est celui-là?"), puis lui reprend les décorations. Il fait preuve d'une insensibilité confondante.

5. Rabot n'a sans doute pas reçu beaucoup de cadeaux dans sa vie. C'est donc un grand jour pour lui quand l'officier lui remet les décorations. Cela explique qu'il les admire toute la journée, puis qu'il pleure pendant des heures quand elles lui sont enlevées.

6. M. Gossin va chercher de nouvelles décorations qu'il donne à Rabot pour le consoler, car il a pitié de lui.

7. Cette dame en vert fait grande impression. On se demande qui elle peut bien être pour mériter une telle description. Sa beauté, ses vêtements, son allure et le respect auquel elle a droit attisent l'intérêt du lecteur. On ne connaît pas son nom car on ne va pas vraiment faire sa connaissance. Cette femme a un rôle symbolique.

8. Cette visite est importante pour les patients qui ont très peu de distractions. Ils arrêtent de jouer, de parler, de fumer pour regarder la dame. On a la même impression quand Irène visite les hôpitaux militaires: les hommes se lèvent et arrêtent de chanter quand elle arrive.

9. Dans la nouvelle les hommes sont ensemble dans une grande salle. Ils subissent donc les inconvénients de la collectivité, mais sont réconfortés par la présence des autres. Leur vie sociale est comparable à celle des patients du film, que l'on voit discuter, plaisanter, graver des croix. En revanche, les hommes du film ne semblent pas vivre dans une grande pièce. Il dorment dans des chambres et se déplacent, ou sont déplacés, dans la journée pour faire leurs activités.

10. Dans ce cas le tutoiement est un manque de respect. La dame se sent supérieure aux deux hommes, qu'elle regarde de haut. Irène ne se comporte pas de la même façon avec les patients qu'elle voit. Elle est plus humaine.

11. Sa façon de parler n'a rien de naturel. Elle semble réciter des passages d'un livre. Elle ne s'intéresse pas à eux mais les associe à des souvenirs de lectures: Sorri avec l'Afrique et Rabot avec "l'ardeur enthousiaste du combat". Irène rend visite aux patients pour retrouver son mari, alors que la dame en vert vient en promenade. Elle n'est pas touchée par le destin des hommes, elle reste à l'extérieur.

12. Rabot rit parce que la dame en vert lui a parlé. Il croit qu'elle s'est adressée à lui personnellement, alors qu'elle aurait pu prononcer le même discours à n'importe quel soldat. Il a été ébloui. Il rit de façon nerveuse, tendue.

13. La dame en vert et Irène ont des points communs: elles sont différentes des hommes qu'elles approchent et elles font grande impression sur eux. En revanche, la dame en vert n'a aucune profondeur alors que la personnalité d'Irène est riche et complexe.

14. Georges Duhamel et Bertrand Tavernier partagent le même point de vue sur la guerre. Ils en montrent les horreurs, mais ils le font tous deux de manière discrète: il ne s'agit pas de décrire des combats sanglants mais plutôt d'en montrer les conséquences. C'est donc un message pacifiste qui émane de leur œuvre.

9. Pour aller plus loin

a. **Lectures:** Le scénario est disponible et contient, outre les dialogues du film, une présentation par le scénariste Jean Cosmos ainsi que des extraits de presse. Jean Cosmos a aussi écrit un roman (*La vie et rien d'autre*) inspiré du scénario (publié par Robert Laffont). D'autre part *Le voyageur sans bagage* de Jean Anouilh explore les conséquences de l'amnésie due à la guerre.

b. **Chanson:** "Les deux oncles" de Georges Brassens est une chanson antimilitariste et insolente sur l'absurdité de la guerre. Les paroles sont disponibles sur www.paroles.net.

c. **Films:** On peut prolonger l'étude de *La vie et rien d'autre* en le comparant à d'autres films ayant lieu pendant la Première Guerre mondiale: *La grande illusion* de Jean Renoir, *Capitaine Conan* de Tavernier et *La chambre des officiers* de François Dupeyron.

d. **Recherches:** Les étudiants peuvent effectuer des recherches sur des aspects précis de la Première Guerre mondiale (le soldat inconnu, les hôpitaux militaires, témoignages de vétérans, la vie en 1920, etc…).

CHAPITRE 19

Le dernier métro

Le dernier métro est un grand classique du cinéma français. Il a été tourné par un réalisateur très connu et apprécié et avec de grands acteurs (ceci dit Deneuve et Depardieu sont beaucoup plus célèbres aujourd'hui qu'ils ne l'étaient à l'époque), et a eu un succès retentissant.

Il est classé PG aux Etats-Unis, "12 ans et plus" par Monsieur Cinéma et "Adultes et adolescents" par *Télérama*. Le classement américain est assez surprenant car le climat du film ne convient pas à un jeune public. *Le dernier métro* me semble approprié à partir de 15 ans.

C'est un film sophistiqué qui a lieu dans un monde clos à une époque bien définie. Il requiert donc une classe bien préparée. Les étudiants doivent être familiarisés avec le contexte pour comprendre et apprécier le film.

PREPARATION

Traduisez!

1. Le metteur en scène est caché dans la cave sous la scène.

2. Lucas a réussi à écouter la pièce grâce à un trou dans un tuyau.

3. Marion l'a dissuadé de fuir car il pourrait être arrêté.

4. Elle avait le trac avant la représentation mais elle était rassurée quand le public a applaudi.

2. Repères culturels

1.

	Dramaturges:	Pièces:
XVIIe siècle:	Corneille	*Le Cid* (1636), *Horace* (1640)
	Molière	*Les précieuses ridicules* (1659), *Tartuffe* (1664), *Le misanthrope* (1666), *L'avare* (1668), *Le bourgeois gentilhomme* (1670), *Le malade imaginaire* (1673)
	Racine	*Andromaque* (1667), *Britannicus* (1669), *Phèdre* (1677)

XVIIIe siècle:	Marivaux	*La double inconstance* (1723), *Le jeu de l'amour et du hasard* (1730)
	Beaumarchais	*Le barbier de Séville* (1775), *Le mariage de Figaro* (1784)
XIXe siècle:	Hugo	*Hernani* (1830), *Ruy Blas* (1838)
	Musset	*Les caprices de Marianne* (1833), *On ne badine pas avec l'amour* (1834), *Lorenzaccio* (1834)
	Rostand	*Cyrano de Bergerac* (1897)
XXe siècle:	Giraudoux	*La guerre de Troie n'aura pas lieu* (1935), *La folle de Chaillot* (1945)
	Anouilh	*Antigone* (1943)
	Claudel	*Le soulier de satin* (1943)
	Sartre	*Huis clos* (1944), *Les mains sales* (1948)
	Ionesco	*La cantatrice chauve* (1950), *Rhinocéros* (1959)

2. a. **L'Occupation:** entre 1940 et 1944 la France a été envahie, puis occupée par les troupes allemandes. On appelle cette période l'Occupation.

   b. **La zone occupée, la zone libre et la ligne de démarcation:** en 1940, la France a été divisée en deux zones: le nord était occupé par les Allemands, le sud était libre. C'est là que s'est installé le gouvernement de Vichy avec le maréchal Pétain à sa tête. La ligne entre les deux zones s'appelait la ligne de démarcation.

   c. **La milice:** créée en janvier 1943 par le gouvernement français, la milice collaborait avec les Allemands.

   d. **La Gestapo** était la police politique du IIIe Reich. Elle était terrifiante car elle avait des pouvoirs presque illimités dans toute l'Europe occupée, et s'en servait pour torturer, exécuter, et envoyer ses prisonniers dans les camps de concentration.

   e. **un collaborateur:** pendant l'Occupation, certains Français coopéraient avec l'Allemagne nazie (ils travaillaient pour eux, les renseignaient, dénonçaient les Juifs). Ces Français étaient des collaborateurs.

   f. **La Résistance** a commencé en 1940, par des appels du Général de Gaulle sur la BBC, et la formation de groupes et de réseaux clandestins. Les résistants s'occupaient du sabotage des installations allemandes, de la protection des Juifs, de la transmission d'informations aux Alliés, et luttaient contre le gouvernement français (qui collaborait avec l'Allemagne). Petit à petit, les noyaux de Résistance se sont fédérés au niveau national et le mouvement a reçu l'appui et la participation de plus en plus de Français. En 1944 la Résistance était aux côtés des Alliés pour libérer la France.

   g. **un passeur:** c'est une personne qui aide clandestinement ceux qui veulent traverser une frontière.

h. **le couvre-feu:** l'interdiction pour les habitants de sortir de chez eux (généralement la nuit).

i. **le marché noir:** le marché noir existe surtout en période de guerre, ou quand les gens sont rationnés. Pour se ravitailler, ils vendent et achètent alors clandestinement des marchandises à des prix très élevés.

j. **la ville de Paris** a été libérée le 25 août 1944.

CONVERSATION EN CLASSE

2. Le film se passe à Paris, en 1942. La moitié nord de la France est occupée par les Allemands.

3. Ils vont aux spectacles car ils ont froid chez eux.

4. Le certificat d'aryennité de Rosen est faux car il est juif. Comme Marion cache Lucas dans le théâtre, elle ne veut prendre aucun risque, et ne veut surtout pas attirer la police.

5. Jean-Loup n'approuve pas les idées de Daxiat, mais il sait que celui-ci peut lui obtenir l'autorisation de jouer la pièce. Il veut donc être en bons termes avec lui. En revanche, Marion refuse le dîner car elle le déteste et ne veut pas se plier à ce genre de bassesse.

6. C'est Raymond qui obtient le jambon au marché noir, pour un prix très élevé. Marion l'achète pour Lucas.

7. Lucas ne peut plus fuir le pays car le passeur qui devait l'aider a été arrêté. Ensuite, la zone libre a été envahie et Lucas est connu et a un fort accent.

8. Grâce à un trou dans le mur, relié à un conduit de chauffage, il peut entendre tout ce qui se passe sur la scène.

9. Bernard a des rendez-vous avec un ami résistant. Quand il dit qu'il fait l'ingénieur il est en train de préparer une bombe qu'il va cacher dans un pick-up. Plus tard, un amiral allemand sera tué par le pick-up piégé.

10. La musique devient lugubre, elle est prenante et elle fait peur.

11. Daxiat est venu voir Marion pour lui dire que Lucas n'a pas quitté la France. Il a en main la carte d'identité de Lucas, qui a été trouvée sur un passeur. Il veut provoquer Marion, pour voir comment elle réagit, et lui montrer l'influence qu'il a.

12. Marion a besoin d'argent, mais Merlin (l'administrateur du théâtre) la dissuade de se séparer de ses bijoux.

13. La soirée tourne court: Nadine ne peut pas rester car elle a un rendez-vous avec les producteurs d'un film, Bernard quitte précipitemment les lieux quand il remarque la quantité de casquettes allemandes au vestiaire, et Marion part avec un ami de Jean-Loup, en le laissant seul avec Arlette.

14. Lucas est d'un énervement extrême. Pendant qu'il s'agite, Marion mange calmement et essaie de le rassurer. En fait, elle a le trac elle aussi, et elle vomit avant la représentation.

15. Daxiat arrive en retard, avec une Allemande, alors que la pièce a déjà commencé. Il dérange donc les autres spectateurs, et rend Marion furieuse: "Quel salaud, ton Daxiat" lance-t-elle en aparté à Jean-Loup. A la fin, il applaudit avec conviction.

16. Marion passe voir Lucas quelques minutes. Il a pris des notes qu'il veut lui lire, mais elle ne veut pas et ne peut pas rester avec lui. Elle doit rejoindre le reste de la troupe. Il n'apprécie pas qu'elle le quitte ainsi.

17. Bernard déteste Daxiat, et lui en veut de la mauvaise critique qu'il a faite de la pièce dans son journal. Il lui ordonne donc de présenter ses excuses à Marion, et le passe à tabac quand il refuse. Marion est outrée de son comportement, elle le traite d'"irresponsable" et de "brute", et lui demande de "ne plus jamais [lui] adresser la parole". Leurs relations seront très refroidies, à peine professionnelles.

18. Ils ont sans doute été envoyés par Daxiat (bien que cela ne soit pas clair). C'est une vengeance et une menace.

19. Lucas pense déjà à la pièce qu'il montera après "La disparue". Il lui parle du personnage principal en disant que c'est une femme "douce, tendre, elle est même amoureuse, et pourtant, elle est cruelle". En fait, c'est la description exacte de ce qu'il pense de Marion. Elle le sait, et elle comprend le message.

20. Daxiat explique à Jean-Loup qu'au regard de la loi le théâtre n'appartient à personne, et qu'il peut donc tomber aux mains des Allemands. La seule façon d'éviter cela, est de mettre à sa tête une personne qui plairait aux Allemands, comme lui par exemple.

21. Marion se rend à la Propagandastaffel pour rencontrer le Docteur Dietrich, qui est au-dessus de Daxiat, et auquel elle espère pouvoir plaider sa cause pour sauver le théâtre. Cependant, le Docteur Dietrich vient de se suicider. Marion se retrouve alors dans un bureau avec le Lieutenant Bergen, qui lui serre la main si longtemps et de façon si appuyée qu'elle prend peur et ne peut fuir que lorsqu'un autre militaire entre dans la pièce.

22. Bernard assiste à l'arrestation par la Gestapo de son ami résistant.

23. Bernard annonce à Marion qu'il va quitter le théâtre pour entrer dans la Résistance. Marion pense qu'il s'en va car ils ne s'entendent pas, et le gifle car elle croit qu'il se moque d'elle. Elle ne savait pas qu'il était résistant.

24. Elle lui demande de l'aider à cacher Lucas, ce qu'il accepte.

25. Lucas annonce à Bernard que Marion est amoureuse de lui, et lui demande ses sentiments de façon directe ("mais vous, est-ce-que vous l'aimez?"). Bernard est embarrassé, détourne le regard et ne répond rien.

26. Oui, elle a obtenu le rôle principal pour un film.

27. Au début de la scène, il semble tout à fait clair que Marion rend visite à Bernard, blessé, dans un hôpital. Elle est très amoureuse, elle veut refaire sa vie avec lui, et il semble que son mari est mort. En fait, on découvre qu'ils jouent dans une pièce. Pour la première fois, Lucas réapparaît, et a droit à une ovation de la part du public, enthousiasmé. Il

monte sur scène. Tous les trois saluent, Marion au centre et tenant la main des deux hommes.

APPROFONDISSEMENT

1. Vocabulaire

A. Trouvez l'intrus:

corde - passager - tuyau - gifler - Musset - vestiaire

B. Retrouvez les mots du Vocabulaire en utilisant une syllabe de chaque colonne:

2. Menace
3. Valable
4. Rassurer
5. Costume
6. Théâtre
7. Descendre
8. Entracte
9. Tragédie
10. Intrigue
11. Projecteur
12. Envahir

2. Réflexion - Essais

1. a. Lucas se cache dans la cave du théâtre, que Marion aménage petit à petit. Il passe le temps en lisant des livres et des journaux, en écoutant la radio, et en faisant des mots-croisés, mais tout ce qu'il voit et entend est antisémite. Il réfléchit aussi à la prochaine pièce et attend les visites de Marion. Il étouffe tellement en captivité qu'il est prêt à sortir au grand jour. Il supporte mieux la situation une fois qu'il a trouvé un moyen d'écouter ce qui se passe sur scène.

   b. Ce stratagème lui permet de continuer à faire son métier. Certes il est caché, mais il dirige la pièce, à l'insu des acteurs. Lucas peut vivre car il a un rôle et de l'importance. Rien ne peut l'empêcher de travailler: il est opprimé par le régime, mais il est plus fort qu'eux, puisque même caché il continue à avoir de l'influence. A la fin c'est lui qui a gagné: quand il sort de l'ombre des coulisses il est ovationné par le public.

   c. Lucas comprend rapidement que Marion tombe amoureuse de Bernard, mais il est impuissant, il ne peut rien y changer. Il ne lui fait pas de grande scène de jalousie, comme s'il prenait tout cela pour un jeu. Il pense aussi que si Marion et Bernard sont amoureux dans la vie, ils auront plus l'air amoureux sur scène et cela servira la pièce.

   d. Lucas est victime du triangle amoureux, puisque Marion s'intéresse à un autre homme. Ceci dit, il est surtout victime de l'Histoire. S'il n'avait pas été persécuté, il aurait dirigé sa pièce sur scène, et les rapports entre Marion et Bernard auraient sûrement été différents. Il n'est pas non plus la seule victime des circonstances: il est difficile, risqué et angoissant pour Marion de le cacher.

2. a. Marion donne l'impression d'être froide et distante. Arlette trouve qu'"elle est sans pitié Marion. Elle est trop dure, elle est trop froide.[…] Elle ne s'intéresse à personne." Bernard, quant à lui, sent que Marion cache quelque chose mais il ne sait pas quoi.

   b. Au début Marion est aimante, elle lui remonte le moral, elle pense à lui, fait des projets pour qu'il puisse fuir, mais elle s'éloigne petit à petit. Un soir elle n'écoute pas vraiment les recommandations de Lucas pour la pièce et rentre tôt à l'hôtel ("tu désertes le taudis conjugal", lui dit Lucas). C'est surtout avant de sortir à La Joconde que l'on remarque de l'énervement des deux côtés et c'est le moment que choisit Lucas pour lui parler de la scène d'amour dans la pièce. Marion est mal-à-l'aise ("Qu'est-ce-que tu essaies de me dire au juste?"). En lui répondant "essaie d'être… plus sincère…", Lucas lui fait comprendre qu'il sait que Marion éprouve des sentiments pour Bernard. Ce moment est représentatif de leurs rapports. Ils se comprennent à demi-mots. Plus tard, Lucas lui explique ce qu'il ressent en disant simplement que le personnage principal de la prochaine pièce est une femme cruelle, ce qui sera "un rôle pour [elle], sur mesure". Marion est constamment tiraillée entre son devoir, la fidélité conjugale et sa loyauté envers Lucas, et la trahison et l'adultère.

   c. Au début, leurs rapports sont professionnels. Marion est connue et appréciée, et elle dirige le théâtre. Bernard est un jeune premier. Rapidement, Marion et Bernard sont intrigués l'un par l'autre: elle l'observe, il sent qu'elle cache quelque chose. Le soir de la première, Marion embrasse Bernard, mais l'état de grâce ne dure pas. Leurs rapports se glacent après la bagarre entre Bernard et Daxiat. Finalement Bernard annonce qu'il quitte le théâtre pour la Résistance, ce qui encourage Marion à lui demander son aide pour cacher Lucas. Ils partagent donc un secret et deviennent amants avant le départ de Bernard. A la fin, il est toujours là, comme si rien n'avait changé.

   d. Rien n'est résolu. Marion est placée entre les deux hommes, elle leur tient la main. C'est une fin ouverte qui laisse à penser qu'elle n'a pas choisi. Elle est toujours entre son mari et son amant.

3. Bernard est un homme honnête, intègre, et qui a des convictions assez solides pour appartenir à la Résistance et pour refuser de serrer la main de Daxiat. Il lui casse la figure pour venger Marion , et aussi pour se venger lui-même, car il déteste cet homme et tout ce qu'il représente. Bernard est très entreprenant avec les femmes, et avec Arlette en particulier ("Elle me fait l'effet d'un croissant chaud"). Il est attiré par Marion mais il est intimidé.

4. a. Les Parisiens doivent respecter le couvre-feu, se réfugier dans les abris pendant les alertes, subir des perquisitions et avoir recours au marché noir. Il fait froid, et il manque beaucoup de commodités, notamment des bas, donc les femmes qui ne peuvent s'en offrir se colorent les jambes pour faire illusion.

   b. Le théâtre subit beaucoup de contraintes: interdiction d'engager de Juifs, nécessité d'obtenir des autorisations pour les représentations, obligation de respecter le couvre-feu (donc les pièces doivent finir avant le dernier métro), fouilles. Les pannes d'électricité deviennent tellement régulières à la fin de la guerre que Raymond est obligé d'utiliser des phares d'automobiles, qu'il alimente en pédalant une bicyclette, ceci pour éclairer la scène.

5. a. *Jean-Loup Cottins:* Jean-Loup est le metteur en scène à la place de Lucas, dont il suit les indications à la lettre. Il a beaucoup de relations, certaines sont douteuses, comme Daxiat qu'il fréquente pour obtenir la permission de jouer la pièce.

   b. *Raymond:* Raymond est le régisseur du théâtre. C'est un homme de confiance, mais il est naïf. C'est ainsi que Nadine profite de sa relation avec lui pour voler dans le théâtre. Il est fidèle et ingénieux, et toujours aux côtés de Marion.

   c. *Arlette:* Arlette est la décoratrice et la costumière du théâtre. Elle connaît Marion depuis longtemps. Celle-ci est étonnée et désemparée devant l'homosexualité d'Arlette.

   d. *Nadine:* Nadine est arriviste et prête à tout pour réussir. Elle travaille partout, veut se montrer, être présentée à tout le monde. Son ambition est servie à la fin puisqu'elle a été choisie pour le rôle principal des "Anges de Miséricorde".

   e. *Daxiat:* Daxiat est ambigu comme il le dit lui-même à Marion: "Je suis un paradoxe vivant. J'adore le théâtre, je vis pour le théâtre, et je suis détesté par la grande majorité des gens de théâtre". Ce qui est sûr, c'est que Daxiat est un antisémite abject et convaincu, qui harcèle les Juifs à la radio, et qui tente de manipuler Jean-Loup pour obtenir la direction du théâtre. Son importance dans le film nous fait prendre conscience du poids et de l'influence du critique de théâtre sur une troupe.

6. Les Allemands sont présents mais n'ont pas de rôle important. Au début on voit un soldat caresser la tête de Jacquot (le petit garçon de la pièce), on en voit un autre peindre dans la rue. A la première de la pièce, un Allemand accompagne sa femme (française). Il y a aussi bien sûr le lieutenant de la Gestapo à la Propagandastaffel dont l'attitude envers Marion est passablement inquiétante.

7. Le film présente un tableau nuancé: la grande majorité des gens ne font rien, ni pour aider ni pour combattre l'ennemi. Ils font du marché noir pour manger, et la plupart des gens qui collaborent le font pour survivre, ce n'est pas une collaboration volontaire comme celle de Daxiat. Beaucoup tentent de rester neutres pour servir leurs intérêts (comme Jean-Loup, qui n'aime pas Daxiat, mais qui est poli avec lui pour que celui-ci lui permette de monter sa pièce). Il y a aussi les extrêmes: les résistants comme Bernard et son ami et ceux qui collaborent avec les nazis.

8. Marion cache Lucas à tout le monde, et cache à Lucas son attirance pour Bernard. Bernard fait de la Résistance, ce que personne ne sait. Arlette cache son homosexualité (qui était considérée comme criminelle par le régime de Vichy), et même Jacquot a un secret: il fait pousser du tabac, ce qui est illégal.

   Le théâtre sert de refuge à Lucas, et il permet de cacher les activités pour la Résistance de Bernard, l'homosexualité de Jean-Loup et d'Arlette, et le marché noir. Le théâtre est aussi un refuge pour la liberté d'expression: il permet de continuer à s'exprimer (même si tout est soumis à la censure), et de continuer à vivre.

9. Les couleurs qui dominent dans le film sont sombres. Ce sont des couleurs d'automne, des variations de brun et de noir. Beaucoup de scènes se passent la nuit ou dans la pénombre, et la lumière est presque toujours artificielle. Le fait qu'il n'y ait pas de soleil et très peu de lumière naturelle accentue l'impression de claustrophobie, qu'on aurait moins s'il y avait des scènes de plein-air ensoleillées. Ces lumières blafardes sont angoissantes et évoquent bien l'atmosphère pendant l'Occupation.

10. *Le dernier métro* a lieu dans un théâtre, lieu par excellence de l'ombre et de la lumière, et pendant l'Occupation, période pendant laquelle beaucoup de gens devaient se cacher ou cacher certaines de leurs activités. L'ombre et la lumière servent l'intrigue en accentuant la tension dramatique: Lucas vit dans une pénombre étouffante, Marion passe de la lumière de la scène à l'ombre des trappes et des escaliers pour arriver à la pénombre de la cave et le couvre-feu oblige les acteurs à terminer les représentations avant le dernier métro. Tous les personnages ont aussi une part d'ombre qui finit par être mise en lumière.

11. Au théâtre tout est ambigu, rien n'est clair. Le film joue avec cette ambiguïté dans les scènes de *La disparue*, qui reflètent les sentiments des acteurs. Quand Carl (Bernard) dit à Héléna (Marion): "Tu es belle Héléna, si belle que te regarder est une souffrance. [...] C'est une joie et une souffrance", il prononce les répliques de la pièce, mais il dit aussi ce qu'il pense. Quand Marion répond "Je n'avais pas le droit d'aimer, ni d'être aimée", elle fait en même temps référence au fait qu'elle n'a le droit ni d'aimer, ni d'être aimée par un autre que son mari.

   On retrouve cette ambiguïté dans la dernière scène: alors que l'on croit Marion en train de rendre visite à Bernard dans un hôpital, on découvre qu'ils jouent la comédie.

12. Pendant l'Occupation il était interdit de circuler en ville après 23 heures. Pour respecter ce couvre-feu, il était donc très important que les gens ne ratent pas le dernier métro pour rentrer chez eux. Les spectacles devaient en tenir compte et baisser le rideau à temps.

13. La voix off nous présente la situation politique et historique de la France sous l'Occupation. On voit en même temps des rues de Paris, des drapeaux nazis, des magasins et des couloirs du métro.

   Lucas est présenté en premier. On sait juste que c'est le directeur du théâtre et qu'il n'est plus là, mais les raisons de son départ sont un mystère. Bernard apparaît dans une scène comique qui contraste avec la suite de l'histoire. Il donne l'impression d'être dragueur et pas sérieux. Marion est présentée dans le contexte du théâtre. C'est une femme d'affaires stricte et autoritaire.

   A la fin rien n'a changé. Ils sont tous les trois sur la scène et Marion est entre les deux hommes. Leurs mains et leurs visages sont filmés en gros plan pour mettre l'accent sur leurs relations et leurs émotions (Lucas est radieux d'être à nouveau sur scène et Marion est mal-à-l'aise de voir Bernard entre eux).

3. Analyse d'une photo

1. Les acteurs sont sur la scène du théâtre. Ils répètent leurs rôles.

2. Cette scène a lieu au début de l'histoire, donc Bernard est en train de découvrir les autres membres du groupe.

3. Jean-Loup et Marion sont au centre, ce qui est bien normal puisque Jean-Loup dirige les acteurs et Marion dirige le théâtre.

4. Marion répond à Bernard, qui l'écoute en suivant le texte. Marion semble très impliquée dans son rôle.

4. Analyse de citations

1. C'est ce que dit Bernard à son ami résistant à propos de Marion. Il sent bien, sans le comprendre vraiment, que Marion cache quelque chose.

2. Cet échange a lieu juste avant que Marion ne sorte à La Joconde. Il est révélateur de la tension qui existe entre Lucas et Marion, et de la jalousie de Lucas.

5. Sous-titres

a. Le mot "gaulle" n'existe pas mais il faut l'introduire dans le sous-titre pour que les spectateurs comprennent la blague à venir.

b. Le jeu de mots est plus facile à comprendre avec "Deux", et le spectateur va l'associer avec "De". Le sous-titreur a amené la blague progressivement en introduisant le mot "gaulle" comme un nom commun, puis en ajoutant une majuscule.

c. Les jeux de mots sont un défi pour les sous-titreurs mais celui-ci est extrêmement bien rendu, car le sens est clair pour les spectateurs non-francophones.

6. Les critiques

1. Il est vrai que le théâtre est un monde fermé, car les acteurs n'ont aucun contact avec l'extérieur pendant les répétitions. Ils sont dans leur monde à eux, c'est un huis-clos. La pièce de théâtre est le monde, et il est certainement bien différent de la vie à Paris en 1942. Cette impression de monde fermé est aussi renforcée par le fait que Lucas y vit nuit et jour, sans sortir.

C'est aussi un monde complice, où il y a une grande connivence parmi les membres du théâtre, que ce soit les acteurs ou le personnel technique. Ils travaillent ensemble, échangent beaucoup, et finissent par très bien se connaître. D'ailleurs, certains travaillent ensemble depuis longtemps (à propos de Germaine, l'habilleuse, Marion dit "elle est avec moi depuis toujours"). Comme ils passent beaucoup de temps ensemble, leurs vies privées se mêlent à leurs vies au théâtre, et ils finissent même par échanger certains secrets (Marion cache Lucas, Bernard est membre de la Résistance).

2. *Drame et comédie:*
   ~ le film commence par l'évocation de l'Occupation et montre une multitude de drapeaux nazis, mais la scène qui suit est celle où Bernard drague Arlette
   ~ la scène où Marion découvre la teinture sur les jambes de Nadine est amusante, mais elle est suivie par le gros titre du journal: "Les troupes allemandes ont franchi la ligne de démarcation"
   ~ la drame est aussi présent avec les rendez-vous secrets de Bernard et de son ami résistant, et l'arrestation de ce dernier, et la comédie avec Bernard lisant les lignes de la main ("Il y a deux femmes en vous")

   Rire et larmes:
   ~ la troupe fête gaiement son succès au restaurant, mais la soirée tourne mal quand Bernard se bat avec Daxiat
   ~ la blague de Raymond (une gaule et De Gaulle) est drôle mais risquée pendant l'Occupation

   Inquiétude et soulagement:
   ~ quand Lucas décide de sortir de sa cachette, et soulagement quand Marion l'en empêche
   ~ inquiétude quand on voit Daxiat avec le passeport de Lucas dans les mains, mais en fait il ne sait rien de plus
   ~ le soir de la première, puis grand succès
   ~ la visite de Marion à la Propagandastaffel, mais elle en sort indemne
   ~ la visite de la cave par les deux gestapistes

   Doute et certitude:
   ~ on se doute que Lucas est caché à proximité, puis on le voit
   ~ on a un mauvais pressentiment à propos de Daxiat quand Marion refuse de dîner avec lui, puis on comprend pourquoi

7.   Parallèle avec d'autres films

Au revoir les enfants se passe en 1944 dans un pensionnat catholique à la campagne, *L'accompagnatrice* en 1942-43 à Paris, puis à travers la France et à Londres, et *Le dernier métro* en 1942 dans un théâtre parisien. Le pensionnat et le théâtre sont des lieux clos dont les personnages ne sortent presque jamais.

Lucas Steiner du *Dernier métro* et les trois enfants d'*Au revoir les enfants* se cachent car ils sont juifs. Le surveillant du collège, Moreau, se cache pour échapper au STO. Les personnages de *L'accompagnatrice* ne se cachent pas mais fuient Paris quand il devient trop risqué d'y rester.

Chaque film apporte un éclairage particulier sur la guerre. *Au revoir les enfants* parle de la vie quotidienne dans un pensionnat avec les alertes, les privations et l'angoisse des enfants. Le film expose aussi le courage de certains, comme le Père Jean, qui contraste avec la lâcheté des miliciens. *L'accompagnatrice* nous éclaire sur le choix que faisaient certains Français: collaborer avec le régime de Vichy ou résister comme Jacques Fabert. La présence des Allemands à Paris est visible aux concerts d'Irène et aux représentations de la pièce de théâtre dans *Le dernier métro*.

La guerre joue un rôle capital dans *Au revoir les enfants* et *Le dernier métro*. En temps de paix les enfants seraient tranquilles dans leur collège, les enfants juifs ne seraient pas là (Julien et Jean ne se seraient donc pas rencontrés), et le Père Jean n'aurait pas eu l'occasion de prouver son dévouement. Si Lucas n'était pas caché les rapports entre Marion et Bernard auraient été complètement différents. Ces histoires ne peuvent donc exister qu'en temps de guerre. En revanche, si l'on considère que la relation entre Sophie et Irène est au centre de l'histoire dans *L'accompagnatrice*, alors la guerre est seulement là en toile de fond.

8. Lectures

1. Extrait du scénario

1. Lucas pense que "c'était loin d'être parfait". C'est peut-être vrai, mais il se peut aussi qu'il y ait de la jalousie dans sa remarque. Lucas se sent exclu et il est amer.

2. Marion ne peut pas rester car les membres de la troupe l'attendent. Elle n'a pas non plus envie de se retrouver en tête à tête avec Lucas.

3. Marion ne veut pas revenir plus tard dans la nuit car elle veut profiter de sa soirée et être libre de ses mouvements.

4. Lucas est trop exigeant et met Marion dans une situation délicate, mais il est bien normal qu'il soit frustré et qu'il veuille que Marion soit avec lui.

5. Il n'embrasse pas Marion pour marquer sa déception et son amertume.

6. Les autres membres parlent de la représentation et de Daxiat.

7. Jean-Loup se trompe sur Daxiat qui fera une critique négative de la pièce.

8. Lucas bouche le trou pour ne pas être obligé d'entendre les réjouissances. Cela le fait souffrir et il préfère s'isoler.

2. Allocution du général de Gaulle à l'Hôtel de Ville le soir du 25 août 1944

1. De Gaulle exulte. Il a tant espéré ce moment qu'il ne peut plus contenir sa joie et son émotion.

2. La libération de Paris est un événement tellement capital que chaque personne (même lui!) est bien petite en comparaison.

3. La répétition est un processus utilisé couramment dans les discours car elle donne de l'impact à ce qui est dit, ce qui est le cas ici.

4. "La vraie France", "la France éternelle" est celle qui ne se soumet pas à l'ennemi, mais au contraire qui se bat pour sa liberté.

5. Le débarquement a eu lieu le 6 juin 1944 en Normandie et Paris a été libérée le 25 août mais la capitulation allemande n'a eu lieu que le 8 mai 1945 car les Allemands ont résisté longtemps.

6. L'unité nationale est nécessaire pour vaincre l'ennemi, mais De Gaulle est aussi conscient qu'elle sera capitale après la guerre. Il faudra en effet que les Français s'entendent pour former un nouveau gouvernement.

7. Marion, Lucas et Bernard seraient soulagés. Lucas pourrait sortir de sa cachette et reprendre ses activités au grand jour. Marion et Bernard pourraient se consacrer à leur carrière sans avoir d'autres responsabilités (la direction du théâtre et les activités liées à la Résistance). Daxiat, en revanche, devrait fuir en sachant que ses belles années sont terminées.

9. Pour aller plus loin

a. **Lecture:** Le scénario, édité par L'Avant-Scène Cinéma, est aujourd'hui épuisé mais il peut être trouvé en seconde main ou dans les bibliothèques. Un livre sur le film a été écrit par Truffaut et est disponible en livre de poche à la FNAC.

b. **Films:** On peut prolonger l'étude du *Dernier métro* en le comparant à d'autres films ayant lieu pendant la Seconde Guerre mondiale:
~ *Laissez-passer* (de Bertrand Tavernier): la vie de deux réalisateurs qui tentent de travailler sous l'Occupation, sans collaborer avec l'ennemi
~ *Paris brûle-t-il?* (de René Clément): Paris lors du débarquement allié en 1944
~ *La grande vadrouille* (de Gérard Oury): comédie ayant lieu à Paris pendant l'Occupation
~ *Uranus* (de Claude Berri): la vie quotidienne juste après la Libération: politique et règlements de comptes

c. **Recherches:** Il serait intéressant de faire des recherches sur la vie de quelques théâtres pendant l'Occupation. Quelles pièces montaient-ils? Quelle liberté d'action avaient-ils? Quels étaient les grands metteurs en scène? les grands acteurs?

CHAPITRE 20

Le dîner de cons

Le dîner de cons est l'un des plus gros succès commerciaux des dix dernières années en France. C'est drôle, court (1h20) et rafraîchissant.

Le film est classé PG-13 aux Etats-Unis, "Famille" par Monsieur Cinéma, et "Tous" par *Télérama*. Il me semble qu'il est tout à fait adapté à partir de 12 ou 13 ans, quand les jeunes commencent à comprendre et apprécier l'humour.

Les étudiants adorent ce film, qu'ils trouvent "différent des autres films français en général" (ce n'est pas un compliment pour les autres!). Ils aiment les comédies et trouvent le film très facile à comprendre.

Comme ils pensent souvent que les films français sont longs, lents, ennuyeux et déprimants, c'est un bon film à étudier pour leur prouver le contraire et leur faire découvrir une comédie particulièrement bien écrite.

PREPARATION

Traduisez!

1. C'est une comédie légère et divertissante, pleine de quiproquos et de coups de théâtre.

2. Christine quitte Pierre parce qu'elle est dégoûtée par son passe-temps hebdomadaire.

3. L'éditeur doit annuler son dîner à cause d'un tour de reins.

4. Il ment au contrôleur fiscal à propos des tableaux.

2. Repères culturels

1. "Con" est un nom (un con, une conne) et un adjectif (con, conne). C'est un mot très familier qui veut dire bête, crétin, idiot, imbécile.

2. Le vaudeville est une comédie légère, vive et divertissante, avec de nombreux quiproquos et rebondissements.

CONVERSATION EN CLASSE

2. Quand on lance un boomerang, il revient vers soi. Dans cette scène, l'homme le reçoit en pleine figure, comme Pierre qui sera finalement le con de l'histoire.

3. Pignon est gentil, naïf et loin d'imaginer que Pierre puisse lui jouer un mauvais tour. Il

est enthousiaste, bavard, sociable et croit sincèrement que sa passion pour les maquettes est partagée par Pierre.

4. Pignon est comptable au Ministère des Finances. C'est important pour deux raisons. D'abord, c'est une profession généralement considérée comme étant ni glorieuse ni amusante, ce qui laisse supposer que Pignon sera l'ennuyeux parfait. Ensuite, son collègue Cheval servira l'intrigue puisqu'il a accès à l'adresse de Meneaux.

5. Christine trouve ces dîners révoltants. Elle ne voit pas ce qui est drôle dans le fait de se moquer d'un con à son insu. On sent que les relations sont tendues entre Pierre et Christine. On a l'impression qu'ils ne partagent pas grand chose.

6. Pierre trouve Pignon phénoménal, c'est le con parfait. Il exulte car il est sûr de gagner à son dîner.

7. Christine annonce à Pierre qu'elle le quitte. Pierre ne peut pas croire que cette décision soit définitive, mais Pignon, dont la femme est partie, est convaincu qu'elle ne reviendra jamais.

8. Au lieu d'appeler le Dr Sorbier, Pignon appelle Marlène Sassœur, une femme dont Pierre voudrait bien se débarrasser. Pignon croit que Marlène est la sœur de Pierre et lui raconte donc que non seulement il a un tour de reins mais qu'en plus sa femme est partie. Pierre est hors de lui et catastrophé à l'idée que Marlène va venir lui rendre visite.

9. Il accepte de raconter à Pignon comment il a rencontré Christine parce qu'il ne veut pas le perdre. Il en aura besoin la semaine suivante pour le prochain dîner de cons!

10. Cette conversation est un grand moment comique, et résume le film à elle seule. Le stratagème était que Pignon ferait croire à Just qu'il était producteur de cinéma et qu'il voulait acheter les droits de son livre. Comme le livre avait été écrit avec Christine, il allait demander à Just comment il pouvait la contacter. Le stratagème échoue puisque Pignon oublie complètement de parler de Christine!

11. Quand il rencontre Christine, Pignon croit que c'est Marlène. Il s'adresse donc à elle comme si elle était la maîtresse de Pierre. La pauvre Christine quitte donc l'appartement une deuxième fois, alors qu'elle avait décidé de rentrer!

12. Just vient voir Pierre par curiosité (comment son ex-meilleur ami supporte-t-il le départ de sa femme?) et par pitié. Il sait que Pierre est mal en point et va essayer de l'aider. Sa présence ne fait pas avancer l'intrigue mais son rire est contagieux. Just est un élément comique.

13. Pierre comprend que la présence de Cheval dans son appartement risque de lui apporter de nouveaux soucis: le redressement fiscal. Il a donc l'idée de cacher une partie de ses objets de valeur.

14. Il ajoute du vinaigre au vin pour faire croire à Cheval qu'il n'a pas les moyens d'acheter de grands crus.

15. Ils apprennent que Meneaux n'est pas avec Christine, mais avec Charlotte, la femme

de Cheval!

16. Marlène révèle indirectement à Pignon qu'il était invité à un dîner de cons, et qu'il était le con de Pierre.

17. Pignon téléphone à Christine parce qu'il a pitié de Pierre, et parce qu'il cherche à se rattraper de toutes ses erreurs.

18. Pierre a compris plusieurs choses: qu'il tenait à sa femme, que sa méchanceté avait des limites, et que Pignon était moins con qu'il n'en avait l'air.

APPROFONDISSEMENT

1. Vocabulaire

A. Complétez les phrases suivantes avec les mots de la liste :

1. le numéro de téléphone – l'annuaire – est sur la liste rouge
2. laissé un message – portable
3. la ligne est occupée – rappelles
4. décroché – allô – raccroché
5. composerez – un numéro vert

B. Retrouvez les mots du Vocabulaire en utilisant une syllabe de chaque colonne:

1. courante
2. grossière
3. vivante
4. littéraire
5. soutenue
6. écrite
7. maternelle
8. vulgaire
9. étrangère

2. Réflexion - Essais

1. *Pierre Brochant* est un éditeur parisien à succès. Il aime les objets d'art, le golf et les dîners de cons. Il est intelligent, drôle, méchant, arrogant, habile et plus vulnérable qu'il ne le semble au début du film. C'est le mari de Christine, l'ex-meilleur ami de Just et l'amant sans passion de Marlène. Sa méchanceté fait de lui un personnage plutôt antipathique mais le départ de sa femme et la rencontre avec Pignon le rendent plus humain.

François Pignon est comptable au Ministère des Finances. Sa femme l'a quitté il y a deux ans. Il est gentil, bienveillant, naïf, généreux et enthousiaste. Il est aussi collant et c'est le roi des gaffes. Sa maladresse cache un cœur d'or et une bonne dose d'intelligence. Pierre et François ont des physiques opposés: autant Pierre est mince, élégant et sportif, autant

François est petit et rondouillard. Il ne connaît que Cheval au début du film, mais c'est lui qui téléphone à tous les autres personnages (Marlène, puis Just, puis Cheval, puis Meneaux, puis Christine). C'est un personnage sympathique, attachant et émouvant.

Just Leblanc est l'auteur d'un livre écrit avec Christine, avec laquelle il vivait jusqu'à ce qu'elle le quitte pour Pierre. Just et Pierre ne s'étaient pas parlé depuis deux ans, mais le départ de Christine les rapproche. Les remarques sarcastiques et les fous rires de Just participent au comique de la situation. C'est un personnage sympathique et léger.

Christine est la femme de Pierre mais ils ne semblent pas avoir grand chose en commun. Elle déteste les dîners de cons et quitte Pierre quand celui-ci refuse d'annuler son dîner pour rester avec elle. Elle semble déçue et désabusée et est persuadée que Pierre ne l'aime pas. On ressent de la sympathie et de la pitié pour elle.

Lucien Cheval est un personnage secondaire mais sa présence est nécessaire au développement de l'intrigue. Son travail de contrôleur fiscal lui permet de nous éclairer sur le sort de Christine. D'abord présenté comme fervent supporter de l'OM (Olympique de Marseille), on le voit ensuite choqué et attristé par l'infidélité de sa femme. Il reste malgré tout bien maître de lui et l'on sent que les problèmes de Pierre avec les impôts ne font que commencer. Son métier et son attitude vis-à-vis de Pierre le rendent plutôt antipathique, mais c'est surtout une victime qui permet à l'histoire de rebondir.

Marlène Sassœur est la jeune femme qui poursuit Pierre de ses assiduités. Il dit d'elle qu'elle est hystérique et nymphomane. Elle profite du départ de Christine pour "venir au secours" de Pierre. C'est peut-être le personnage le moins attachant du film.

2. La présence de la femme et de la maîtresse est classique et typique du vaudeville. Le départ de Christine est capital, puisque Pierre passe le reste du film à essayer de la retrouver. C'est pour savoir où elle est que Pignon appelle Just, puis Cheval, puis Meneaux. Christine est donc peu présente à l'écran mais elle occupe les esprits.

Marlène est moins importante mais elle sert l'histoire de deux façons: c'est en l'appelant que Pignon fait sa première gaffe, et c'est elle qui lui révèle qu'il était invité à un dîner de cons.

3. a. Il est possible que le coup de fil de Pignon donne envie à Christine de revenir, tout au moins pour s'expliquer avec Pierre, notamment au sujet de Marlène. Il a compris qu'il tenait à elle, donc un nouveau départ est envisageable.

   b. Une relation à long terme serait surprenante. Quand on repense à la raison pour laquelle ils se sont rencontrés, on se demande ce qu'ils pourraient bien avoir à se dire!

   c. A les voir ensemble pendant cette soirée, on a l'impression qu'ils n'ont jamais été brouillés. Toutefois leur amitié ne semble possible que si Christine ne revient pas. Sinon, on imagine aisément qu'elle serait dans une situation délicate entre son ex et son mari!

   d. Pierre a de quoi s'inquiéter! De toute évidence il n'est pas en règle avec la loi et Cheval est un contrôleur pointilleux qui a été humilié chez lui.

4. Le téléphone est nécessaire pour faire avancer l'intrigue car tout (ou presque) se passe

dans l'appartement. Le téléphone permet donc d'avoir un contact avec l'extérieur et d'introduire d'autres personnages. Il donne aussi l'occasion d'avoir de fréquents rebondissements et accélère le rythme de l'histoire.

5. Pignon est sur le point de partir cinq fois, mais il reste à chaque fois pour:
   ~ téléphoner au Dr Sorbier (il téléphone à Marlène à la place)
   ~ téléphoner à Just pour savoir si Christine est avec lui
   ~ dire à Pierre qu'il a renvoyé Marlène (sans savoir que c'était Christine)
   ~ téléphoner à Cheval
   ~ parler à Marlène qui est en train de laisser un message désespéré sur le répondeur.

6. Pignon est le roi des gaffes:
   ~ il tombe sur Pierre en essayant de l'aider
   ~ il téléphone à Marlène au lieu du Dr Sorbier et lui raconte que Christine est partie
   ~ il rate le coup de fil à Just: non seulement il oublie de parler de Christine mais en plus il donne le numéro de téléphone de Pierre à Just
   ~ il prend Christine pour Marlène
   ~ il ouvre la porte de la chambre où les tableaux sont cachés
   ~ il décroche le téléphone alors qu'il devait être dans une cabine

7. Pignon est la victime la plus évidente, celle que l'on devine dès le début puisqu'il est trompé par Pierre. Pierre est victime de lui-même: tous les problèmes qui pleuvent sur lui (le tour de reins excepté) sont dûs à sa méchanceté et son égoïsme. Christine fait d'ailleurs les frais de cet égoïsme. Enfin Cheval est plutôt victime de la situation. Ce n'est pas de la faute de Pierre si sa femme est avec Meneaux! L'histoire l'oblige non seulement à apprendre que sa femme le trompe, mais en plus à faire cette découverte devant Pierre et Just qui trouvent ce retournement de situation hilarant!

8. Plusieurs éléments indiquent que *Le dîner de cons* était d'abord une pièce de théâtre:
   ~ il y a unité de lieu, de temps et d'action: tout se passe dans l'appartement de Pierre, en une soirée et le seul but de l'action est de retrouver Christine.
   ~ la caméra est très près des acteurs, donc on a l'impression d'être en face d'eux, comme au théâtre.
   ~ les acteurs parlent continuellement. Il n'y a pas de description comme dans un film plus classique.

9. *Le dîner de cons* est une farce, une histoire légère et sans grande profondeur, mais il y a une morale. "Tel est pris qui croyait prendre" est un célèbre proverbe qui s'applique parfaitement à la situation de Pierre. Il s'est laissé prendre à son propre jeu, et le plus con de l'histoire n'est pas celui qu'on croit. Le boomerang du début du film lui est revenu en pleine figure.

   Une autre questions se pose: le passe-temps de Pignon n'est certes pas glorieux, mais est-ce donc si "con" de construire des maquettes avec des allumettes? Il a au moins une vraie passion dont il peut parler avec enthousiasme. Les conversations de Pierre sont-elles plus profondes, plus intelligentes? Est-il capable de s'enthousiasmer pour quelque chose?

10. *Le dîner de cons* est un titre fort en français. L'utilisation d'un mot très familier dans un titre laisse supposer que le registre de langue utilisé dans le film sera similaire. On ne s'attend donc ni à une tragédie classique ni à un drame historique!

Le titre anglais est plus faible et n'évoque rien de précis. Les traducteurs ont opté pour le mot "game" pour insister sur l'aspect ludique du dîner et de l'histoire en général. C'est un parti pris intéressant et il faut reconnaître que le mot "con" n'a aucun équivalent exact en anglais. Il est dommage cependant de ne pas avoir choisi un titre qui évoque davantage la comédie.

11. La première scène est une succession de quatre scènes très courtes. La première présente un amateur de boomerang distingué, la deuxième un homme plus simple parlant à des amis dans un café. On comprend rapidement que tous les deux sont les cons des dîners de cons. Le lien est fait facilement avec la scène suivante puisque Pierre évoque ses difficultés à trouver un con à son ami Jean Cordier, qui lui en trouvera un en la personne de François Pignon. Ces courtes scènes présentent donc le principe des dîners, les différents types de cons et les deux personnages principaux.

Pierre et Pignon sont les seuls présents à la fin. C'est une scène plus statique (elle se passe dans un seul lieu, ils sont assis), mais elle est fidèle à l'esprit du début. Certes les rapports entre les deux ont évolué, mais le ton (sérieux pendant la conversation avec Christine) redevient léger ("mais quel con! mais quel con! le con! le con!").

Le film commence et se termine de façon comique, impression accentuée par le choix des musiques: une chanson légère de Brassens sur le fait d'être con pour le générique du début, et une musique guillerette pour celui de la fin.

3. Analyse d'une photo

1. Cheval parle à Charlotte, sa femme. Il vient d'apprendre qu'elle le trompe avec Meneaux. Il lui demande de rentrer immédiatement à la maison.

2. Pierre et Just sont soulagés de savoir que Christine n'est pas chez Meneaux. C'est aussi comique de voir Cheval effondré, après l'avoir entendu décrire les talents de don Juan de Meneaux!

3. Pignon est franchement désolé pour Cheval. Sa bonté naturelle et son expérience personnelle lui permettent de compatir.

4. Analyse de citations

1. Pignon parle à Marlène, qu'il prend pour la sœur de Pierre. Ce qu'il dit est vrai, mais il ne se rend pas compte que certaines choses ne se disent pas. Cette remarque est révélatrice de sa naïveté et de sa maladresse.

2. Pignon dit cela pour convaincre Pierre que Cheval pourra l'aider. Là encore il ne se doute pas que sa remarque va donner de nouvelles inquiétudes à Pierre.

3. C'est en parlant de Pierre à Christine que Pignon dit cela. Il veut dire qu'il a beaucoup appris et réfléchi en une soirée et qu'il va prendre un nouveau départ.

5. Sous-titres

a. Pignon comprend "Just" dans le sens de "just" en anglais (it's just his first name). Le sous-titre est excellent car il rend bien le malentendu.

b. Le mot "Just" est utilisé deux fois, dans ses deux sens différents, comme en français. Le sous-titre est donc très adroit.

c. Les quatre mots du sous-titre sont bien choisis puisqu'ils rendent fidèlement le sens de l'original.

d. L'adjectif "Breton" existe en anglais mais beaucoup de spectateurs ne le comprendraient pas. "Britanny" est donc un choix judicieux pour que le sens soit clair.

6. Les critiques

1. *Le dîner de cons* est une comédie acide, piquante, méchante, mais c'est avant tout une comédie. Il est vrai que la cruauté du principe du dîner de cons peut mettre mal-à-l'aise, mais les dialogues et les acteurs sont tellement drôles qu'on se laisse prendre par l'histoire sans se poser de question.

2. Jacques Villeret est effectivement grandiose et son César du meilleur acteur est amplement mérité. Il EST François Pignon à tel point qu'on se demande quel autre acteur aurait pu jouer ce rôle. Plusieurs "moments d'anthologie" viennent à l'esprit, moments où il exprime "le rien":
   ~ quand il croit que Just Leblanc n'a pas de prénom.
   ~ quand il voit la vraie Marlène et comprend que la femme qu'il a renvoyée   n'était pas "la folle".
   ~ quand il comprend par Marlène qu'il était le con de Pierre.

7. Parallèles avec d'autres films

1. Dans *Trois hommes et un couffin* la comédie est basée sur l'inexpérience des trois hommes. On rit donc de leur maladresse et on peut s'identifier à eux. On ne se moque pas d'eux et on ne rit pas méchamment. Dans *Le dîner de cons*, en revanche, c'est la méchanceté qui fait rire. On rit avec Brochant à l'insu de Pignon. On rit donc des personnages dans les deux films, mais différemment: on se sent à égalité avec les trois hommes et on rit <u>avec</u> eux, alors que l'on se sent supérieur à Pignon et on rit <u>de</u> lui.

2. Dans *Ridicule* Grégoire est moqué car c'est dans les habitudes des courtisans de recevoir les étrangers ainsi. C'est aussi par vengeance personnelle que la Comtesse se moque de lui. Il en est bien conscient et répond pour se défendre, mais finit par se lasser et quitte Versailles. On ne peut pas dire cependant que les courtisans ont remporté la bataille. En effet, ils n'ont pas détruit Grégoire qui mènera son projet à bien, alors que beaucoup d'entre eux devront fuir ou seront guillotinés.

   Dans *Le dîner de cons* la moquerie est traitée différemment. Pignon est moqué car il s'y prête bien et c'est le but du dîner. Il n'en est pas conscient et c'est ce qui rend le film drôle. Quand il s'en rend compte il est déçu et amer, et ne comprend pas pourquoi Brochant le trouve si "con". Ni l'un ni l'autre ne remporte la bataille. En effet Brochant a beaucoup perdu pendant la soirée et n'a plus la force de se moquer de Pignon, qui ne peut pas être déclaré vainqueur non plus puisque sa maladresse finale démontre qu'il n'a rien perdu de sa naïveté.

Dans les deux films la moquerie joue un rôle-clé et elle affecte tout le monde, les moqueurs comme les moqués.

8. Lectures

1. **Veber joue aux cons**

   1. On fait peu attention aux décors extérieurs car ce sont les dialogues et les acteurs qui attirent l'attention des spectateurs.

   2. Les décors étaient importants pour que les spectateurs n'aient pas l'impression d'assister à une pièce de théâtre.

   3. Il devait être clair pour Alain Poiré que le film serait un succès. En effet, la première partie est tellement hilarante qu'elle a suffi pour le convaincre.

   4. Pour qu'une pièce de théâtre fonctionne il faut que les personnages aient des raisons de se retrouver sur scène. Ils ont tous ce point commun, ce qui n'existe pas au cinéma.

   5. Il est impératif qu'une comédie soit courte pour éviter tout temps mort.

   6. Veber puise dans ses souvenirs et son expérience personnelle pour écrire. Il ne s'inspire pas de la vie quotidienne telle qu'il la vit aujourd'hui.

   7. D'après Veber, si l'on arrive dans un pays étranger après 15 ans, on sera toujours étranger: on aura un accent et on ne sera pas aussi à l'aise dans la culture du pays d'adoption que dans celle du pays d'origine.

2. **Devine qui vient dîner ce soir?**

   1. L'idée des dîners de cons est drôle mais répugnante car elle est foncièrement méchante. Il faut une bonne dose de bassesse pour se moquer gratuitement de quelqu'un à son insu, et donc sans que la personne ne puisse se défendre.

   2. Il est bien évident qu'on est toujours le "con" de quelqu'un dans la vie. Personne n'est immunisé contre le jugement des autres.

   3. Il est cruel de rire de la souffrance morale ou physique. En revanche, beaucoup d'autres sujets se prêtent bien à la comédie.

   4. Veber est un travailleur acharné car il est difficile d'écrire une comédie. Il faut trouver le juste équilibre pour faire rire, et les raisons du succès restent un mystère pour lui.

9. Pour aller plus loin

a. **Lectures:** Les pièces de vaudeville sont faciles à lire car l'intrigue est très simple. On peut recommander les pièces de Labiche et celles de Feydeau.

b. **Chanson:** La chanson de Georges Brassens ("Le temps ne fait rien à l'affaire") entendue au début est intéressante et amusante à étudier (les paroles sont disponibles sur www.paroles.net), et la bande originale du film est disponible aux César du Cinéma.

c. **Films:** On peut comparer *Le dîner de cons* à d'autres célèbres comédies de Francis Veber, notamment *La chèvre*, *Les compères* et *Le placard*.